国家出版基金项目
NATIONAL PUBLICATION FOUNDATION

"十四五"
国家重点出版物
出版规划项目

建设金融强国丛书
主编　张晓晶

普惠金融

李建军　彭俞超　马思超 / 著

南方传媒 | 广东经济出版社
· 广州 ·

图书在版编目（CIP）数据

普惠金融 / 李建军，彭俞超，马思超著．-- 广州：广东经济出版社，2025．4．--（建设金融强国丛书）．-- ISBN 978-7-5454-9427-3

Ⅰ．F832.1

中国国家版本馆 CIP 数据核字第 2024W36W83 号

策　　划：刘卫平　刘亚平
责任编辑：李　璐　李泽琳
责任校对：李玉娴　黄思健
责任技编：陆俊帆
封面设计：奇文雲海 CHIVAL design

普惠金融
PUHUI JINRONG

出 版 人：刘卫平
出版发行：广东经济出版社（广州市水荫路 11 号 11 ～ 12 楼）
印　　刷：广州市豪威彩色印务有限公司
（广州市增城区宁西街新和南路 4 号一楼 106 房）

开　　本：787mm×1092mm　1/16　　印　　张：19.25
版　　次：2025 年 4 月第 1 版　　印　　次：2025 年 4 月第 1 次
书　　号：ISBN 978-7-5454-9427-3　　字　　数：289 千字
定　　价：68.00 元

发行电话：（020）87393830

建设金融强国丛书
编辑委员会

总　序

2023年召开的中央金融工作会议提出了加快建设金融强国的宏伟目标。这是以习近平同志为核心的党中央深刻把握国际国内形势变化，立足两个大局，着眼于党和国家事业的长远发展所作出的重大战略部署。当前和今后一个时期的金融工作都要围绕加快建设金融强国这个目标来展开。

纵观公元1500年以来的大国兴衰史，金融在各国的现代化进程中发挥了不可或缺的关键支撑作用。“金融活，经济活；金融稳，经济稳。”作为国民经济的血脉，金融通过发挥资源动员、资源配置、交易媒介、风险管理、价格发现和支付清算等核心功能，为实体经济的发展创造稳定、安全、有活力的货币金融环境。同时也要注意到，金融强国应建立在强大的经济基础之上。“经济兴，金融兴；经济强，金融强。”实体经济是金融的根基，经济的繁荣和强盛为金融的强大提供坚实的物质基础。

当今世界，百年未有之大变局加速演进，大国博弈日趋激烈。俄乌冲突爆发之后出现的一系列对俄金融制裁事件清晰表明，金融是大国博弈的必争之地，金融对强国建设的作用更加凸显。如果一个国家的金融血脉受制于人，甚至被人“卡脖子”，势必导致经济与金融之间的循环不畅，那么该国的现代化进程就有可能迟滞甚至中断。

中国共产党在长期的革命和建设过程中高度重视金融工作。新中国成立70多年来，特别是改革开放40多年来，我国金融改革发展稳定各项工作取得历史性成就，金融业总体规模位居世界前列，金融体制改革沿着市场化法治化方向阔步前行，同时也牢牢守住了不发生系统性金融风险底线，助力创造“两大奇迹”，有力支撑了中国式现代化建设大局。

立足当下，面向未来，我国已进入新发展阶段，中国共产党正带领全国人民朝着全面建成社会主义现代化强国的宏伟目标前进。坚持高质量发展这个新时代的硬道理，推动我国经济实现质的有效提升和量的合理增长，是推进强国建设的必由之路，也为优化金融服务指明了方向和目标。金融乃国之重器，关系中国式现代化建设全局。加快推动金融高质量发展，进而实现我国金融由大到强的历史性转变，是以中国式现代化推进强国建设、民族复兴伟业的必然要求。金融强国建设是一项复杂的系统工程，绝不是轻轻松松、敲锣打鼓就能完成的。在加快建设金融强国的新征程上，我们必须保持历史耐心和战略定力，长期努力，久久为功，蹄疾步稳地做好金融改革发展稳定各项工作。

第一，加快建设金融强国，必须坚持守正创新，在坚定不移走中国特色金融发展之路的前提下不断深化金融体制改革。一方面，作为中国特色金融发展之路基本要义的“八个坚持”，是党和人民推动金融创新发展的经验总结和智慧结晶，必须长期坚持。另一方面，金融强国建设对金融体制改革提出许多新要求新任务，必须牢记金融服务实体经济的初心使命，根据生产力发展要求和金融强国建设要求，不断深化金融体制改革，建立与新质生产力发展相适应的新型生产关系，为金融强国建设提供强大动力。

第二，加快建设金融强国，必须坚持以高质量发展为主题。当前，我国金融发展的基本特征是“大而不强”，说到底就是金融发展质量不高，不能充分满足实体经济和人民群众的金融服务需要。必须坚持经济和金融“一盘棋”思想，统筹推进经济和金融高质量发展，在做好科技金融、绿色金融、普惠金融、养老金融、数字金融五篇大文章的过程中不断增强我国金融的适应性、竞争力和普惠性，逐步从金融大国迈向金融强国。

第三，加快建设金融强国，必须在确保国家金融安全的前提下稳步推进。安全是发展的前提，发展是安全的保障，二者辩证统一，必须把金融发展和金融安全统一到金融强国建设全局中加以系统谋划，系统把握金融发展与金融安全之间的内在关系。一方面，要树立底线思维，增强忧患意识，为推动高质量发展创造安定的环境和稳定的预期；另一方面，要在实现金融稳定的前提下推动经济增长，优化要素禀赋结构，改变力量对比，实现主动安全、动态安全。

在中国式现代化进程中，加快建设金融强国是一项前无古人的伟大事业，需要调动一切积极因素来加以推进，需要一系列主客观条件的支撑和保障。其中，金融强国理论研究的作用不可低估。正如恩格斯所说，“一个民族要想站在科学的最高峰，就一刻也不能没有理论思维”。对金融强国开展系统深入的理论研究，有助于全面总结全球范围内金融强国建设的经验教训，探究我国金融强国建设的历史逻辑、理论逻辑和实践逻辑，为加快建设金融强国提供学理支撑和理论先导。

基于上述考量，我们邀请多位国内一流金融学者，共同编写这套“建设金融强国丛书”，力图对金融强国建设问题进行多层面、多维度的理论透视，激发更多金融学人投身金融强国理论研究，为以金融高质量发展助力强国建设、民族复兴伟业作出积极贡献。

本套丛书由七部专著构成，可以用“1+6”（即“1个总论+6个分论”）来概括。

作为总论的《建设中国特色金融强国》一书由中国社会科学院金融研究所张晓晶、董昀撰写，力图从历史、理论和现实三个维度开展研究，为理解中国特色金融强国建设搭建“四梁八柱”。

在6个分论当中，中金公司彭文生等撰写的《科技金融》，复旦大学陈诗一、李志青、黄明撰写的《绿色金融》，中央财经大学李建军、彭俞超和首都经济贸易大学马思超撰写的《普惠金融》，西南财经大学林义等撰写的《养老金融》，北京大学黄益平、黄卓、谢绚丽撰写的《数字金融》等五部著作围绕做好金融五篇大文章这个总题目展开，深入探讨以做好五篇大文章推动金融高质量发展和金融强国建设的一系列关键问题，涉及相关理论基础、现状、目标、路径、方法等方面。西南财经大学王擎等撰写的《大国金融安全》则从统筹发展和安全的战略视角，系统探讨维护国家金融安全的若干重大理论和现实问题，致力探寻为金融强国建设提供可靠安全屏障的战略路径。

建设金融强国是一项极具开拓性和探索性的事业，需要我们在实践中持续探索。同样，推进中国特色金融强国理论建设、建构中国自主的金融学知识体系，也绝非一朝一夕可以完成的工作，亦需要我们持之以恒地推进。从这个意义上讲，“建设金融强国丛书”的编写和出版只是一个开始。我们恳切期望得到广大同行和各界朋友的批评指正。

張曉晶

2024年11月

目　录

CONTENTS

Chapter 1

第一章

导 论

第一节

坚定不移走中国特色金融发展之路

中国特色金融发展之路是在特定的历史背景、理论依据与现实需求下形成的，旨在通过金融领域的创新与改革，服务国家经济社会发展大局，实现金融与实体经济的良性循环。

一、中国特色金融发展之路的背景

近代以来，中国经历了从闭关锁国到被迫开放再到独立自主探索现代化的曲折历程，中国金融体系的发展经历了从计划经济体制下的金融模式向社会主义市场经济体制下的金融体系转变的过程。在改革开放初期，随着市场机制的引入，中国经济进入快速增长期。面对计划经济遗留的金融体系僵化、金融服务效率低下等问题，中国开始探索适合自身国情的金融改革之路。随着经济全球化和金融自由化浪潮的兴起，中国没有盲目跟随西方国家的金融发展模式，而是在中国共产党的领导下，创造性地结合国家信用和市场机制，走出了一条既遵循现代金融发展规律又符合中国实际的金融发展道路。

中国特色金融发展之路的理论基础，是马克思主义经济学原理与中国实际相结合的成果。一方面，它借鉴了现代金融理论，重视市场机制在资源配置中的决定性作用；另一方面，它坚持党的领导，强调政府在金融监管、宏观调控中的重要作用，体现了有效市场与有为政府协同理念。在此基础上，理论界和政策制定者深入研究金融与实体经济的互动关系，探索金融如何更好地服务国家重大战略，如供给侧结构性改革、乡村振兴等。党的十八大以来，习近平新时代中国特色社会主义思想为中国特色金融发展提供了理论指引，强调金融安全是国家安全的重要组成部分，要求深化对金融本质和规律的认识，立足中国实际，不断创新金融理论与实践。

进入21世纪，中国面临着经济结构调整、产业升级、环境保护等多重挑战。国际金融危机后外部环境的不确定性增加，经济新常态下转型升级的压力增大，这对金融体系提出了更高要求。中国特色金融发展之路应运而生，旨在通过金融创新支持实体经济发展，特别是加大对中小微企业、“三农”、绿色经济的支持力度，同时防控金融风险，维护金融稳定。在实践中，这包括金融科技的广泛应用、多层次资本市场的建设、普惠金融的发展以及金融监管体系的完善。

综上所述，中国特色金融发展之路的形成是一项系统性工程，是在深刻把握历史逻辑、理论逻辑与现实逻辑的基础上，结合国家发展战略和时代要求，不断探索和实践的结果。这条道路旨在促进金融与实体经济的深度融合，提升国家金融竞争力，为实现中华民族伟大复兴的中国梦提供坚实的金融支撑。

二、中国特色金融发展的独特路径

2023年中央经济工作会议指出，必须把推进中国式现代化作为最大的政治，聚焦经济建设这一中心工作和高质量发展这一首要任务，把中国式现代化宏伟蓝图一步步变成美好现实。必须牢记高质量发展这个新时代的硬道理，在以习近平同志为核心的党中央集中统一领导下，坚定不移走中国特色金融发展之路，以加快建设金融强国为目标，以推进金融高质量发展为主题，以深化金融供给侧结构性改革为主线，以金融队伍的纯洁性、专业性、战斗力为重要支撑，以全面加强监管、防范化解风险为重点，扎实推动金融高质量发展，加快建设金融强国，不断开创新时代金融工作新局面，为经济社会发展提供高质量金融服务，在有力支撑中国式现代化的进程中使中国特色金融发展之路越走越宽广。2024年7月18日，党的二十届三中全会召开，通过了《中共中央关于进一步全面深化改革　推进中国式现代化的决定》（简称《决定》），对如何建设金融强国提供了明确的路径和策略。

（一）锚定金融强国目标，加快构建中国特色现代金融体系

要建立健全科学稳健的金融调控体系、结构合理的金融市场体系、分工协作的金融机构体系、完备有效的金融监管体系、多样化专业性的金融产品和服务体系、自主可控安全高效的金融基础设施体系，逐步拥有强大的货币、强大的中央银行、强大的金融机构、强大的国际金融中心、强大的金融监管、强大的金融人才队伍，加快建设金融强国。

（二）营造良好的货币金融环境，为经济社会发展提供高质量服务

《决定》指出，要加快完善中央银行制度，畅通货币政策传导机制。这意味着金融强国的建设需要一个高效、灵活的货币政策操作框架，以确保货币政策的意图能够迅速、准确地传导至实体经济。要着力完善金融宏观调控，更加注重做好跨周期和逆周期调节，充实货币政策工具箱，加强货币供应总量和结构双重调节。要着力打造现代金融机构和市场体系，疏通资金进入实体经济的渠道。

（三）优化金融市场结构，促进资本市场健康发展

《决定》指出，要发展多元股权融资，加快多层次债券市场发展，提高直接融资比重。这说明建设金融强国需要进一步优化金融市场结构，拓展资本市场的深度和广度，通过直接融资渠道有效配置资源，减少对间接融资的依赖，从而降低金融系统的整体风险。同时，支持长期资金入市，提高上市公司质量，强化上市公司监管和退市制度。完善大股东、实际控制人行为规范约束机制，完善上市公司分红激励约束机制，健全投资者保护机制。推动区域性股权市场规则对接、标准统一，建立增强资本市场内在稳定性长效机制。

（四）全面加强金融监管，有效防范化解金融风险

建设金融强国必须建立健全监管框架。《决定》指出，要完善金融监管体系，依法将所有金融活动纳入监管，强化监管责任和问责制度，加强中央和地方监管协同。这需要确保金融活动的透明度和合规性，实现金融监管横向到边、纵向到底，消除监管空白和盲区，防范化解系统性金融风险，维护金融市场的稳定。同时，建设安全高效的金融基础设施，这意味着要强化金融基础设施的安全性和效率，为金融市场运行提供坚实支撑。

（五）扩大对外开放，提升金融服务的国际化水平

坚持“引进来”和“走出去”并重，稳步提升国际竞争力。《决定》指出，要完善准入前国民待遇加负面清单管理模式。这表明中国将通过优化外资准入机制，吸引更多国际资本参与中国市场。同时，推动金融高水平开放，稳慎扎实推进人民币国际化，发展人民币离岸市场，通过人民币国际化和离岸市场的拓展，提高人民币的国际接受度，提升中国在全球金融体系中的地位。同时，建立统一的全口径外债监管体系，推进自主可控的跨境支付体系建设，强化开放条件下的金融安全机制，并积极参与国际金融治理。

（六）坚持法治和德治相结合，积极培育中国特色金融文化

要植根于中华民族丰沃的文化土壤，将中华优秀传统文化的重要元素转化为金融强国建设的强大内生动力，做到诚实守信，不逾越底线；以义取利，不唯利是图；稳健审慎，不急功近利；守正创新，不脱实向虚；依法合规，不胡作非为。

三、中国特色金融发展之路的政策支持与保障机制

中国特色金融发展之路的政策支持与保障机制，是国家为促进金融业稳定健康发展、服务实体经济、防控金融风险、深化金融改革、推动金融开放而提出的一系列政策措施和制度安排。这些政策措施和制度安排旨在为金融体系的创新、发展和监管提供全面的指导和支持，确保金融资源的高效配置，促进经济繁荣发展和社会全面进步。

（一）货币政策与宏观调控

中央银行通过灵活运用货币政策工具，如调整法定存款准备金率、公开市场操作、调控利率走廊等，保持货币供应量合理增长，稳定市场预期，支持实体经济发展。同时，通过宏观审慎管理，加强对系统性金融风险的识别和防控，确保金融稳定与经济增长的平衡。

（二）金融监管政策

构建审慎监管、行为监管、功能监管相结合的现代金融监管框架，提高监管的专业性、统一性和穿透性。通过设立中央金融委员会等机构，加强跨部门协调，形成监管合力。实施分类监管，对不同性质和规模的金融机构采取差异化监管措施，促进各类金融机构健康发展。

（三）金融服务实体经济政策

制定和实施一系列金融服务实体经济的政策措施，如定向降准、再贷款、再贴现等，引导金融机构加大对中小微企业、“三农”、科技创新、绿色发展等重点领域的资金投放力度。优化信贷结构，鼓励直接融资，发展多层次资本市场，拓宽企业融资渠道，降低融资成本。

（四）普惠金融政策

政府出台多项政策推动普惠金融发展，包括设立中小微企业发展基金、农业保险保费补贴、扶贫小额信贷等，提高金融服务的覆盖率、可得性和满意度。利用数字技术，如移动支付、大数据征信等，降低金融服务门槛，扩大金融服务的触达范围，尤其关注农村地区和弱势群体的金融需求。

（五）金融开放与国际合作政策

逐步放宽外资金融机构市场准入限制，扩大金融业双向开放，鼓励外资参与中国金融市场。加强与国际金融组织的合作，参与国际金融治理，推动人民币国际化进程。同时，建立健全跨境资本流动的监测和管理机制，有效防范跨境金融风险。

（六）绿色金融政策

构建绿色金融政策框架，通过财政补贴、税收优惠、绿色债券、绿色信贷等工具，引导资金流向绿色低碳项目，支持环境友好型和资源节约型产业发展。建立绿色金融标准体系，加强环境信息披露，推动金融机构开展环境风险评估。

（七）金融科技创新支持政策

鼓励金融科技发展，制定相关法律法规，为金融科技企业提供良好的创新环境。支持数字货币研发、区块链应用、人工智能在金融领域的探索，提高金融服务效率；同时，建立健全金融科技风险防控体系，确保技术安全与数据安全。

（八）金融人才培养与引进政策

加强金融高等教育和职业培训工作，构建多层次的金融人才培养体系。实施更加开放的人才引进政策，吸引国际顶尖金融人才，提升金融行业的整体素质和创新能力。建立科学合理的激励机制，激发金融人才的创新活力和服务实体经济的热情。

综上所述，中国特色金融发展之路的政策支持与保障机制，涵盖了从宏观调控到微观操作、从国内改革到国际协作的全方位布局，旨在打造一个稳定、高效、包容、开放的金融体系，为经济社会的持续健康发展提供坚实的金融基础。

四、未来展望

中国特色金融发展之路的未来趋势，是在全球经济一体化与国内经济结构调整的大环境下，不断深化金融体制改革，强化金融服务实体经济的能力，同时确保金融稳定，促进经济高质量发展。这一发展路径呈现出多元化、科技化、绿色化、国际化等鲜明特征，具体表现在以下几个方面。

（一）金融与科技的深度融合与创新应用

随着大数据、云计算、人工智能、区块链等新技术的快速发展，金融科技将成为推动金融行业转型升级的关键力量。中国特色金融发展将更加注重金融与科技的深度融合和创新应用，通过数字化转型，提升金融服务效率，降低运营成本，增强风险管理能力。例如，智能投顾、区块链与供应链金融、数字货币等新兴业务模式将逐渐成熟，为用户提供更为个性化、更为便捷的金融服务，也为监管科技（RegTech）的实施提供技术支持，实现对金融市场的有效监管。

（二）金融服务实体经济能力的持续提升

服务实体经济是金融的本质要求。未来，中国特色金融发展将继续围绕这一本质要求，优化金融资源配置，加大对战略性新兴产业、中小微企业、乡村振兴、绿色经济等重点领域的金融支持力度。通过完善多层次资本市场体系，如深化注册制改革，推动科创板、创业板等板块发展，拓宽直接融资渠道，促进更多优质企业上市融资。同时，发展普惠金融，利用数字技术扩大金融服务的覆盖范围，特别是提高农村地区和中小微企业金融服务的可得性和便捷性。

（三）绿色金融体系的不断完善

面对全球气候变化挑战，绿色金融将成为推动经济绿色转型的重要抓手。中国特色金融发展将加快构建绿色金融政策体系，通过绿色信贷、绿色债券、绿色基金等金融产品和服务，引导资金流向绿色低碳项目。同时，完善绿色金融标准，提高环境信息披露要求，推动金融机构实施环境风险评估，为实现碳达峰、碳中和目标提供金融支撑。

（四）金融开放与国际合作的深化

在金融全球化的背景下，中国将继续稳妥推进金融开放，完善市场准入负面清单制度，吸引更多外资金融机构参与中国市场，同时鼓励中资金融机构“走出去”，提升国际竞争力。通过参与国际金融治理，加强与国际金融机构的合作，推动人民币国际化进程，提高中国在全球金融体系中的影响力和话语权。此外，积极参与全球绿色金融、金融科技等领域的标准制定和规则制定，贡献中国方案。

（五）金融风险防控体系的强化

在金融创新和开放过程中，风险防控是不可忽视的重点。中国特色金融发展将建立健全金融风险防控长效机制，强化宏观审慎管理和微观审慎监管，加强对系统性金融风险的识别、预警和处置。通过金融科技手段提升监管效能，实施穿透式监管，确保金融市场稳定运行。同时，完善存款保险制度，保护存款人利益，维护金融消费者权益，构建公平、透明、健康的金融市场环境。

（六）金融理论与实践的融合创新

中国特色金融发展离不开理论的指导和实践的探索。未来，将更加注重金融理论与实体经济运行的结合，鼓励金融理论的创新，形成具有中国特色的金融学说。同时，加强金融教育和人才队伍建设，培养既懂金融又懂科技、具有国际视野的复合型人才，为金融行业发展提供智力支持。

综上所述，中国特色金融发展之路的未来趋势，是金融与科技的深度融合与创新应用、金融服务实体经济能力的持续提升、绿色金融体系的不断完善、金融开放与国际合作的深化、金融风险防控体系的强化，以及金融理论与实践的融合创新，这些都旨在构建一个更加稳定、高效、包容、开放的金融体系，为中国式现代化建设提供强大的金融支撑。

第二节

建设金融强国目标下的普惠金融

一、金融强国的内涵与目标

2023年10月30日至31日，中央金融工作会议在北京举行。会议首次提出“加快建设金融强国”目标。会议强调，金融是国民经济的血脉，是国家核心竞争力的重要组成部分，要加快建设金融强国，全面加强金融监管，完善金融体制，优化金融服务，防范化解风险，坚定不移走中国特色金融发展之路，推动我国金融高质量发展，为以中国式现代化全面推进强国建设、民族复兴伟业提供有力支撑。当今世界正经历百年未有之大变局，金融已然成为大国竞争的核心领域。纵观大国发展史，英国和美国等国家的崛起无一不以强大的金融体系作支撑，中华民族伟大复兴也必将经历从金融大国走向金融强国的过程。面对全球金融环境的新挑战，中国必须加快构建中国特色现代金融体系，实现金融高质量发展，从而在全球金融格局中占据更加主动的位置。

建设金融强国要以“人民性”突出中国特色社会主义建设的本质要求。强调人民性是因为金融活动与人民生活息息相关，金融强国的目标应该是让金融更好地服务于人民，促进经济发展和社会进步。坚持以人民为中心的价值取向，需要重点从以下三个方面入手：一是强化金融监管，保护消费者、投资者权益；二是推进普惠金融，促进金融公平和包容性增长；三是鼓励金融创新，推动经济社会发展。

建设金融强国要以“市场化”保障金融资源配置效率最优化。深入推动市场改革，提高金融资源的市场化配置水平，一方面是要大力发展资本市场，优化融资结构，更好发挥资本市场枢纽功能；另一方面是要稳步推进利率市场化改革，让利率充分发挥引导资源配置的作用。

建设金融强国要以“国际化”强化中国金融的集聚和辐射能力。其一，扩大本币使用范围，促进本币自由兑换，积极推进人民币国际化；其二，积极加入国际金融组织或多边机构，建立双边或多边合作机制；其三，优化外资准入机制，加强对跨境资本流动的监管，吸引更多外资金融机构和长期资本来华展业兴业。秉持“引进来”与“走出去”并重的双向开放策略，不断拓展金融领域的国际合作与交流，以高效的服务支持“一带一路”倡议的深入推进，由此为建设金融强国打开更大的空间。

建设金融强国要以“科技化”推动金融发展的技术动能深度转换。2023年中央金融工作会议指出，要加快培育新动能新优势。人工智能、区块链、大数据、云计算等前沿科技的蓬勃发展，给金融行业带来了一场全面的数字化变革，进一步优化了金融业的支付结算、资源配置等功能。这种金融与科技的深度融合，为实现金融强国的目标提供了前所未有的机遇和驱动力。

建设金融强国要以“普惠性”增进人民福祉实现公平正义。大力发展普惠金融，帮助中小微企业、“三农”主体、偏远地区等获得金融服务，让每个人都能够以合理的价格、便捷的方式获取金融产品、享受金融服务，调整金融供求失衡，促进经济包容性增长和社会和谐发展。

建设金融强国要以“安全性”牢牢守住不发生系统性金融风险的底线。要全面加强金融监管，有效防范化解金融风险。金融行业具有较强的外部性和社会性，金融风险具有较强的传染性和隐蔽性，这就要求必须建立健全金融监管体系，对金融市场和金融机构进行依法监管，防范金融风险并维护投资者利益。

二、普惠金融在金融强国中的定位

普惠金融是指立足机会平等要求和商业可持续原则，以可负担的成本为有金融服务需求的社会各阶层和群体提供适当、有效的金融服务，最早由联合国于2005年在“国际小额信贷年”会议上明确提出。世界银行扶贫协商小组和联合国提出要把小额信贷和微型金融整合到主流金融体系之后，发展普惠金融体系在学术界出现了研究热潮以至“百家争鸣”的学术盛况。杜晓山（2006）等学者作为将普惠金融引入中国的先驱，明确指出普惠金融是国家主流金融体系的有机组成部分，能提供高质量的金融服务以满足大规模群体的金融需求，且主要致力于拓展更贫困和更偏远地区的客户群体，降低金融需求群体和服务提供者双方的成本。

普惠金融的概念进入中国学者的视野后，就一直受到国家的高度关注，我国在普惠金融领域取得了瞩目成就。2013年，党的十八届三中全会通过的《中共中央关于全面深化改革若干重大问题的决定》正式提出“发展普惠金融。鼓励金融创新，丰富金融市场层次和产品”。同年，时任中国人民银行行长周小川指出，切实推动包容性金融发展，让金融改革发展的成果惠及广大人民群众。2015年，《推进普惠金融发展规划（2016—2020年）》明确提出，通过提高金融服务的覆盖率、可得性和满意度，实现我国普惠金融发展水平达到国际中上游水平的目标。十年来，我国普惠金融加速发展，多层次、广覆盖、可持续的全民普惠金融服务体系基本形成，金融服务覆盖率、可得性和满意度显著提升。截至2024年3月末，我国金融机构本外币小微企业贷款余额为62.04万亿元，其中具有普惠性质的小微企业贷款余额为33.41万亿元，同比增长20.3%，再创新高；金融机构本外币涉农贷款余额为60.19万亿元，同比增长13.5%；金融机构本外币脱贫人口贷款余额为1.2万亿元，同比增长11%；农业保险保费规模达1880.21亿元，并创新性地推出具有普惠性质的专属商业养老保险和城市定制型商业医疗保险。普惠金融已经成为服务经济高质量发展的重要力量。

普惠金融在中国特色金融强国建设中扮演着重要角色。2023年10月，《国务院关于推进普惠金融高质量发展的实施意见》发布。该实施意见指出，要在未来五年基本建成高质量的普惠金融体系，努力实现基础金融服务更加普及、经营主体融资更加便利、金融支持乡村振兴更加有力、金融消费者教育和保护机制更加健全、金融风险防控更加有效、普惠金融配套机制更加完善的目标。同年，中央金融工作会议提出，要加快建设金融强国，全面加强金融监管，完善金融体制，优化金融服务，防范化解风险，坚定不移走中国特色金融发展之路，推动我国金融高质量发展。2024年7月，党的二十届三中全会指出，要积极发展科技金融、绿色金融、普惠金融、养老金融、数字金融。普惠金融作为五篇大文章之一，不仅体现了我国金融工作以人民为中心的价值取向，更体现出普惠金融高质量发展在建设金融强国、推动我国金融高质量发展中的突出地位。

三、普惠金融的战略意义

普惠金融作为一种旨在扩大金融服务覆盖面、提升金融服务质量、确保所有社会阶层和群体都能公平便捷地获取适宜的金融服务的理念与实践，已成为全球金融业发展的重要趋势。普惠金融的战略意义深远，不仅关乎经济的包容性增长、社会公平正义的促进，还涉及金融体系的稳定与创新。普惠金融通过拓宽融资渠道、降低金融服务门槛、促进技术创新和市场机制完善，为经济转型升级和高质量发展提供了强有力的支撑。未来，随着科技的不断进步和政策环境的进一步优化，普惠金融将继续在全球范围内发挥其独特价值，成为推动包容性增长、实现可持续发展目标的关键力量。

（一）普惠金融有助于推动经济转型升级和高质量发展

一方面，创新创业活动是推动经济转型升级的重要力量，而普惠金融能够有效降低交易成本，提高资金的可获得性，特别是对传统金融服务难以覆盖的群体而言，这意味着更多的创业机会、更高的生产效率和更广泛的市场参与。例如，小额信贷服务的引入显著提高了农村家庭的投资水平和收入，促进了农业生产和非农产业的发展，从而为经济多元化和转型升级奠定了基础。普惠金融通过为中小微企业提供更加便捷、低成本的融资渠道和金融服务支持，可以促进其创新发展和转型升级。例如，以中国的蚂蚁金服、肯尼亚的M-Pesa等为代表的金融科技公司，通过移动支付、网络借贷等创新服务，大幅降低了金融服务门槛，使得数以亿计的用户首次被纳入现代金融服务体系。这些服务不仅便利了日常交易，更重要的是为中小微企业提供了及时的资金支持，激发了创业活力，促进了就业增长和经济多元化。

另一方面，普惠金融可以促进产业升级和结构调整。在中国，普惠金融政策的实施已帮助数百万中小微企业解决了融资难题，促进了经济结构调整和转型升级，特别是在数字经济、绿色经济等领域，普惠金融的推动作用尤为显著。通过为传统产业提供金融支持和服务，可以推动其转型升级和结构调整；通过支持新兴产业和绿色产业的发展，可以推动经济向更加绿色、低碳、可持续的方向发展。

（二）普惠金融有助于促进金融公平与包容性增长

普惠金融不仅是解决社会不平等问题的有效工具，更是推动经济高质量发展的强大引擎，其核心理念在于实现金融服务的普及化、均等化，让每一个人都能享受到金融发展的成果。这一理念与我国社会主义市场经济的本质要求高度契合，体现了金融工作的政治性和人民性。《国务院关于推进普惠金融高质量发展的实施意见》明确提出，要构建高水平普惠金融体系，进一步提升金融服务覆盖率、可得性和满意度，确保金融服务惠及广大人民群众。

其一，普惠金融能够有效促进资源在更广泛的社会群体中优化配置，为小微企业、农村地区及低收入家庭提供信贷、储蓄、保险等服务，激活这些群体的生产潜力和消费潜力，对于缩小城乡差距、促进区域协调发展具有重要意义。其二，普惠金融通过提供保险、养老金等产品，帮助弱势群体应对疾病、自然灾害等风险，减少因病返贫、因灾致贫的现象。根据联合国2030年可持续发展议程，普惠金融是实现金融包容和减贫目标的重要手段，可以为贫困人口和边缘群体提供更多的机会和选择，让他们参与经济和社会发展，共同实现包容性增长、可持续发展目标。其三，普惠金融能够促进性别平等，为女性创业者提供金融支持，增强女性在经济活动中的参与度和影响力。中国提出的《推进普惠金融发展规划（2016—2020年）》明确指出，要通过健全多元化广覆盖的机构体系、创新金融产品和服务手段、加快推进金融基础设施建设等，提高金融服务的覆盖率、可得性和满意度。由此可见，普惠金融不仅是金融服务的方式和手段，更是金融文化的倡导。在中国特色金融强国建设进程中，培育金融文化是建构国家金融软实力的重要路径。

（三）普惠金融有助于促进金融体系的稳定与创新

普惠金融通过扩大金融服务的覆盖面和提高金融服务的质量，能够在宏观和微观层面有效降低金融风险。一方面，普惠金融有助于减少非正规金融市场的活动，后者往往缺乏监管、透明度低，易滋生高利贷、非法集资等风险行为。正规金融体系的扩展和深化，特别是数字技术的应用，能够提升金融服务的效率和安全性，为更多人提供安全可靠的金融服务，减少因信息不对称导致的风险。另一方面，研究表明，当小微企业和低收入群体能够获得正规信贷支持时，其对高风险、高成本的融资方式的需求会降低，从而减少经济不平等，降低金融犯罪的发生率，提高金融体系的抗风险能力，维护金融市场的稳定和健康发展。

普惠金融的推进要求金融体系不断创新，以适应不同群体的需求，这一过程促进了金融产品的多样化和服务模式的变革。实践中，许多国家的普惠金融项目充分展示了其在促进金融体系的稳定与创新方面的成效。例如，肯尼亚的M-Pesa移动支付系统，不仅极大地提高了金融服务的普及率，降低了交易成本，还通过数字技术有效控制了风险，成为全球普惠金融创新的典范。中国的微众银行、蚂蚁金服等金融科技公司，利用大数据分析和智能风控技术，为中小微企业和个体经营者提供了便捷的融资渠道，同时通过实时风险监测和预警系统，维护了金融交易的安全稳定，展现了普惠金融与金融科技创新融合的强大力量。

第三节

创新驱动下的数字普惠金融发展

一、数字技术在普惠金融中的应用

近年来，移动互联网、大数据、云计算、人工智能和区块链等数字技术为普惠金融的深化发展提供了前所未有的技术支撑。由于物理网点的限制、运营成本高昂以及风险评估困难等，传统普惠金融体系难以在商业可持续性与普惠性之间寻求平衡，而数字技术在一定程度上打破了这些限制，以低成本、高效率的方式极大地推动了普惠金融的发展，成为实现全球金融包容性发展目标的关键驱动力。《推进普惠金融发展规划（2016—2020年）》明确提出，要大力发展普惠金融，提高金融服务的覆盖率、可得性和满意度。《G20数字普惠金融高级原则》强调，数字技术是实现普惠金融目标的关键工具，鼓励G20（二十国集团）成员采取措施促进其应用。数字技术赋能普惠金融这一理念在全球范围内得到了广泛的认同与实践，标志着普惠金融进入了全新的发展阶段。

（一）移动互联网与移动支付

移动互联网的普及为金融服务的远程访问提供了基础设施，智能手机成为连接金融服务的桥梁。移动支付如支付宝、微信支付等，以便捷、快速的特点，极大地降低了交易成本，不仅简化了日常交易，还为偏远地区提供了接入金融服务的便捷通道，显著提高了资金流转效率。

（二）云计算

云计算是一种基于互联网的计算方式，它提供了共享的计算资源和数据给计算机和其他设备，包括计算资源、存储资源、网络资源以及应用程序和服务。一方面，云计算技术为金融服务提供商提供了弹性、高效的计算资源，降低了信息技术基础设施的建设和维护成本，使得小型金融机构和初创企业也能以较低的门槛提供金融服务，轻松实现规模经济。例如，阿里云为众多金融机构提供的金融云解决方案，可以降低单位服务成本，从而为客户提供更优惠的金融产品和服务。另一方面，云计算支持银行和在线金融服务平台，增强可访问性，让偏远地区的用户只需一部智能手机或一台电脑即可享受银行开户、转账、贷款申请等服务。这种无界限的服务模式极大地提高了金融服务的可达性，消除了地理障碍。

（三）大数据与人工智能

大数据分析与人工智能技术在信用评估、风险管理、个性化服务等方面的应用彻底改变了普惠金融的服务模式。传统金融依赖于财务报表和人工审核，而大数据可以从多维度搜集信息，包括社交媒体行为、交易记录、地理位置等信息，形成更为全面的信用画像。人工智能则可以处理这些海量数据，快速且准确地评估信用风险，为企业和个人提供个性化金融服务。例如，智能客服机器人、推荐个性化理财产品等，都极大地提升了用户体验和金融服务的个性化程度；蚂蚁金服的“芝麻信用”体系、微众银行的“微粒贷”等基于大数据信用评估的在线信贷产品，则能快速响应中小微企业的融资需求，通过算法模型准确评估其信用风险，有效缓解中小微企业融资难、融资贵的问题。

（四）区块链

区块链技术以去中心化、不可篡改的特性，对金融服务的透明度、安全性和效率进行革新。在普惠金融领域，区块链可以用于创建分布式账本，实现小额信贷、保险理赔等场景下的快速结算与减少欺诈风险。一方面，传统金融体系中的跨境支付、汇款等服务往往涉及多个中间环节，导致费用高昂且耗时较长，而区块链技术可以通过去中心化的设计直接连接资金的发送方和接收方，极大地减少了中间环节。例如，联合国世界粮食计划署（WFP）利用区块链技术，确保援助资金直接、透明地送达受援者手中，减少了中间环节，降低了成本。另一方面，区块链的分布式账本和加密技术确保了交易记录的不可篡改性和透明度，有助于打击欺诈和洗钱等非法活动，增强了金融系统的整体安全性和信任度。例如，在供应链金融领域，区块链的应用使得供应链上下游的交易更加透明，中小微企业能够更容易获得基于真实贸易背景的融资，有效缓解融资信任问题。

综上所述，数字技术的广泛应用极大地扩展了金融服务的覆盖范围，提高了信息透明度，降低了服务成本，提升了服务效率，为普惠金融的深化发展开辟了新路径。未来，随着技术的不断进步和政策环境的持续优化，数字普惠金融有望在全球范围内发挥更大的作用，为实现金融的普遍可及与可持续发展目标作出更大贡献。然而，这一过程也会伴随着数据隐私、数字鸿沟等挑战，需要政府、企业和社会各界共同努力，制定合理的政策，加强监管，推动数字素养教育，确保数字普惠金融的健康发展，真正实现金融的普惠价值。

二、数字普惠金融的发展历程

我国数字普惠金融的发展历程是一个从萌芽探索到快速发展再到深化创新的过程。这一过程紧密伴随着政策引领、技术革新和市场需求的共同推动。

（一）萌芽探索期：政策引导启动与数字技术初现（21世纪10年代初—2015年）

2013年，党的十八届三中全会首次提出“发展普惠金融”，将发展普惠金融确立为国家战略。随后，中国人民银行等机构发布了一系列政策文件，为普惠金融的发展指明方向。这一阶段，数字支付率先突破，支付宝、微信支付等第三方支付平台迅速普及，改变了民众的支付习惯。互联网银行、小额贷款公司等新型金融机构兴起，开始尝试利用数字技术提供小微贷款、消费信贷等服务，降低了金融服务的门槛，提升了金融服务的可得性，但总体服务范围和深度有限。

2015年12月31日，我国首个国家级普惠金融发展战略规划《推进普惠金融发展规划（2016—2020年）》发布。该规划确立了发展普惠金融的指导思想，指出要坚持借鉴国际经验与体现中国特色相结合、政府引导与市场主导相结合、完善基础金融服务与改进重点领域金融服务相结合、防范风险与推进创新并举。

（二）快速发展期（2016—2020年）

2016年9月，在杭州举办的G20峰会上，中国首次提出了数字普惠金融的概念，主导通过了《G20数字普惠金融高级原则》，并与各国达成了包括“倡导利用数字技术推动普惠金融发展”在内的八条原则以指导各国实践。此后，数字普惠金融进入快速发展期，数字技术的运用也使得数字金融发展能够兼顾商业的可持续性和普惠性，从而促进了普惠金融发展。2019年，《金融科技（FinTech）发展规划（2019—2021年）》发布，强调利用科技手段提升金融服务质效，特别是对农村、偏远地区和弱势群体的金融服务支持力度。农村金融服务得到显著改善，通过手机银行、移动支付等工具，农民可以方便地进行转账、缴费、申请贷款等操作。

这一时期，人工智能、区块链、云计算等技术进一步融入金融服务，推动了金融服务的个性化、智能化发展，同时提高了金融系统的安全性与效率。数字信贷、保险、理财等服务日益丰富，个性化金融产品满足了不同群体的多元化需求。此外，政府、金融机构、科技企业、消费者等多主体协同合作，共同推动数字普惠金融的深化发展，使得数字金融生态圈逐步形成。同时，监管科技开始应用，监管机构利用技术手段加强对金融市场的动态监控，防范风险。

（三）深化创新期：政策持续优化与技术迭代创新（2021年至今）

2021年，随着“十四五”规划的开局，政策层面进一步明确了数字普惠金融的战略地位，强调利用数字技术提升金融服务的可得性和质量，特别是在农村金融、小微企业融资、消费者权益保护等方面，推动构建数字普惠金融的长效机制。例如，《关于金融支持全面推进乡村振兴 加快建设农业强国的指导意见》鼓励金融机构运用新一代信息技术打造适应地方实际的惠农利民金融产品和服务，有效拓展了农村金融服务的广度和深度；《金融科技发展规划（2022—2025年）》则布局健全金融科技治理体系、充分释放数据要素潜能、打造新型数字基础设施等八项重点任务，明确提出到2025年，要实现金融科技整体水平与核心竞争力的跨越式提升，金融与科技的深度融合达到新高度，形成适应现代金融市场特点的金融科技应用体系。

与此同时，5G（第五代移动通信技术）、物联网等技术的快速发展，为金融服务的无界化、实时化提供了可能。例如，通过物联网设备收集农业生产数据，为农业保险提供精准定价；利用5G技术实现实时支付、远程银行服务，特别是在边远地区，极大地拓宽了金融服务的边界。云计算为金融机构提供了弹性的计算资源和存储资源，降低了运营成本，而边缘计算则提高了数据处理的时效性，两者结合进一步提升了金融服务的响应速度和用户体验。区块链技术在供应链金融、资产证券化、数字身份认证等领域的应用，增强了交易透明度，降低了信用成本，为中小微企业融资提供了新途径。例如，一些试点项目利用区块链技术建立可信的供应链融资平台，缩短了资金流转周期，降低了融资成本。

我国数字普惠金融的发展将持续聚焦技术创新与政策优化的双轮驱动。一方面，随着技术的不断成熟，预计会有更多基于人工智能、区块链等技术的金融解决方案涌现，进一步推动金融服务的智能化、个性化和无界化。另一方面，政策环境将更加有利于创新与风险平衡，监管科技的运用将更加广泛，助力构建一个既安全又高效的数字金融生态。同时，绿色金融与数字普惠金融的融合将成为新的亮点，支持可持续发展目标，促进经济社会的绿色转型。总体而言，我国数字普惠金融的发展前景光明，有望在推动金融包容性发展、支持实体经济、服务民生福祉等方面发挥更大作用。

三、未来发展的机遇与挑战

数字普惠金融作为全球金融体系的重要组成部分，近年来，在技术创新、政策推动下实现了快速发展，为解决金融服务覆盖不均问题、提升金融包容性提供了有效路径。未来，数字普惠金融在继续拓展服务边界的同时，也将面临一系列机遇与挑战。

（一）数字普惠金融发展的机遇

1.政策支持与法规完善

各国政府及国际组织正逐步出台政策与法规，为数字普惠金融的健康发展保驾护航。例如，中国人民银行等八部门联合发布的《关于进一步强化中小微企业金融服务的指导意见》强调了利用数字技术提升金融服务质效的重要性。同时，多国正在制定数据保护、电子支付等方面的法律法规，旨在平衡创新与风险，为数字普惠金融创造良好的政策环境。这些政策的实施，无疑为数字普惠金融提供了坚实的制度基础和明确的发展导向。

2.技术进步与模式创新

随着人工智能、区块链、云计算、大数据等技术的不断成熟与融合应用，数字普惠金融的效率、安全性、个性化服务能力将得到显著提升。例如，人工智能在信用评估中的应用，能够高效处理海量数据，为缺乏传统信用记录的个人和中小微企业提供信贷服务。区块链技术则有助于构建信任机制，降低交易成本，提升金融服务的透明度。

3.市场需求与用户习惯变化

随着数字经济的蓬勃发展，用户习惯逐渐向线上迁移，更多人尤其是年轻一代对数字化金融服务的需求日益增长，为数字普惠金融的普及提供了广阔的市场空间。中国互联网络信息中心（CNNIC）发布的第53次《中国互联网络发展状况统计报告》显示，截至2023年12月，我国IPv6地址数量为68042块/32；“.CN”域名保有量为2013万个，连续9年稳居世界第一；网民规模达10.92亿人，较2022年12月增长2480万人；农村网民规模达3.26亿人，较2022年12月增长1788万人，城乡数字鸿沟加速弥合。

4.国际合作与经验共享

在全球化背景下，国际合作成为推动数字普惠金融发展的重要途径。世界银行、国际货币基金组织等国际机构通过技术援助、知识分享等方式，促进了全球数字普惠金融经验的交流与推广。例如，《G20数字普惠金融高级原则》的提出，为各国制定数字普惠金融策略提供了指导框架，加强了这一领域的国际协同合作。

（二）数字普惠金融发展的挑战

1.数据安全与隐私保护

虽然大数据在提升金融服务效率方面发挥了关键作用，但数据泄露、数据滥用等问题也日益凸显，给用户隐私和数据安全带来威胁。如何在利用数据推动金融创新的同时，建立健全数据保护机制，是数字普惠金融面临的一大挑战。学者和政策制定者正积极探讨如何在《中华人民共和国个人信息保护法》等法律框架内，平衡数据利用与保护的关系。

2.数字鸿沟问题

尽管数字普惠金融有潜力覆盖更广泛的群体，但现实中的数字鸿沟问题不容忽视。城乡、不同年龄层在数字技术获取和使用能力上的差异，可能导致部分人群无法充分享受数字金融服务的便利。政策制定者和业界需要采取措施，如提供数字金融教育、改善基础设施来缩小这种鸿沟。

3.风险管理与金融稳定

数字普惠金融的快速扩张也可能带来新的风险，如信用风险、操作风险、网络风险等。特别是对于小额、高频的交易，如何在扩大服务覆盖面的同时，确保金融系统的稳定性，是业界和监管机构面临的共同挑战。加强金融科技、监管科技的应用，提升风险监测预警能力，成为增强系统韧性的重要方向。

总体而言，数字普惠金融的未来充满了机遇与挑战。政策支持与技术创新为其提供了广阔的发展空间，但同时也要求在数据安全、数字鸿沟、法律法规适应性和风险管理等方面采取有效措施，确保其健康可持续发展。通过国内外合作、跨界融合及持续的政策支持与技术创新，数字普惠金融有望进一步促进金融包容性增长，为全球经济的均衡增长贡献力量。

Chapter 2

第二章

普惠金融理论发展

第一节

金融排斥、普惠金融与相关范畴

一、金融排斥与普惠金融内涵的界定

（一）金融排斥

国外学者对金融排斥的关注始于20世纪90年代。1993年，金融排斥的概念由Leyshon et al.（1993）提出。1997年，金融排斥开始成为国外政府部门金融管理决策过程中优先考量的议题。早期，对金融排斥的研究主要集中在地理排斥上，金融排斥是指由于管制放松、信息技术发展等因素，有金融分支机构撤出农村及边远地区造成弱势群体无法得到金融服务的现象。随着研究的深入，研究者把研究对象扩展到较少使用或不使用金融服务的人以及金融排斥的过程，并且更加注重对微观个体的分析。本书认为，金融排斥是指有金融服务需求的经济主体，包括个人、企业、机构等，在一定的金融体系下，由于客观条件或主观因素无法有效获得金融服务的状况。

（二）普惠金融

普惠金融一般指普惠金融体系。多数学者认为，普惠金融体系是一个可以更广泛地获得金融服务，能够可持续地为一国或地区弱势人群、弱势产业和弱势地区提供方便快捷、价格合理的基础金融服务，可以促进经济更快更公平增长的金融体系。本书所指的普惠金融是广义上的金融服务，并不是与传统金融体系相割裂的单独的金融体系，而是现代金融体系在包容性发展理念下的升级转型形态，是承担社会责任的体现。从金融管理者的角度看，普惠金融体系是包容了小微金融机构、地方金融服务机构等的金融服务体系。

与普惠金融相关的概念还有金融密度与信息化普惠金融。金融密度借鉴物理学

的密度概念，指在特定行政区域内提供金融服务的金融机构网点数或人均金融机构网点数。金融密度是普惠金融的重要方面。“信息化普惠金融”一词在理论界并不多见，类似的词还有“数字普惠金融”。本书所指的信息化普惠金融是指以现代信息技术为主要手段的普惠金融体系。信息技术应用与金融服务以20世纪80年代计算机应用与账户管理为代表。20世纪90年代初互联网的快速发展，推动了金融机构之间的信息传递效率，实现了跨机构实时信息交互。进入21世纪以后，现代信息技术不断发展，云计算、人工智能和区块链等技术应用使得金融服务的时空范围大大拓展，同时也降低了成本。现代信息技术无疑拓展了金融服务的包容性，有助于增强金融机构的商业可持续性，使得金融体系走向现代普惠金融体系。

二、金融排斥与普惠金融范畴的关系

（一）金融排斥是研究起点

金融排斥与金融包容实际上是一个问题的两个方面。正规金融机构的信贷歧视导致弱势群体在资质审核、信用评估、金融产品定价等阶段被排斥在主流金融服务体系之外，大量优质的金融资源被优先分配给富裕人群、发达城市、国有大型企业，而低收入人群、农村地区及民营中小微企业的金融需求往往被忽视和拒绝。银行、保险公司等金融机构的倾向性资金配置行为导致金融服务的地理渗透性、服务有效性和产品匹配性在居民部门、企业部门与地区经济之间存在较大差异。因此，消除金融歧视需要从供给侧入手，通过政策引导、差异化监管、推动创新等方式，促使商业银行、证券公司和保险公司关注弱势群体，并且通过建立信用评级制度、完善风险控制机制、加强贷后监督等方式为低收入阶层、中小微企业和落后地区提供储蓄、信贷、保险等服务，进而改善不同经济主体之间的金融密度差异，构建公平、包容、可持续的金融体系。

金融排斥是一个多维度动态复合的概念。Cebulla（1999）根据金融排斥产生的原因，将其划分为结构排斥和主体排斥两个维度。Kempson et al.（1999）认为金融机构的信贷歧视行为可以归结为银行账户的开立条款和条件、银行费率、银行机构的地理可及性、金融服务的可得性以及受排斥主体的心理和文化程度这五个方面。Sarma（2008）则提出了地理排斥、评估排斥、条件排斥、价格排斥、营销排斥和自我排斥六个指标，从金融服务供给方和潜在需求方的角度剖析了金融排斥产生的原因。地理排斥是指因营业网点、ATM机（自动柜员机）关闭和撤出带来的可及性降低而导致的排斥；评估排斥是指金融机构借助严格的风险评估手段将客户合理的贷款和投资需求拒之门外的现象；条件排斥是指金融机构通过设置借款人财富状况、抵押品价值、信用等级等附加条件，拒绝为部分群体提供金融服务的现象；价格排斥和营销排斥分别反映金融机构通过不合理的产品定价手段和差异化营销方案设计，限制弱势群体从事正常金融活动的行为；自我排斥是被排斥方因不悦借贷经历、风俗习惯、金融意识薄弱、风险承受能力较弱等原因，主动将自己隔绝于金融体系之外的现象。

（二）金融密度是中介机制

金融排斥导致储蓄、信贷、基金、理财、保险等金融资源空间配置失衡，即金融密度差异。金融密度差异是金融排斥的结果，也是金融包容性发展改进路径的起点。石盛林（2011）借鉴保险密度的概念提出金融密度概念，认为金融密度是指在一定区域范围内设立的金融机构网点数或者按照人口数量计算的人均金融机构网点数。田杰 等（2012）选取县（市）人均金融机构网点数来衡量农村金融密度。然而，现有对金融密度的界定范畴和测算视角过于狭隘。金融密度受微观主体信用风险、区域制度环境、当地文化风俗、宏观经济环境等因素的共同作用，反映了金融机构将有限资源在不同经济主体之间进行选择性配置的结果。金融密度实际上是一个多层次、多维度的概念，资源的动员与空间配置由金融机构来完成，最终作用于微观部门。因此，金融排斥是导致金融密度差异的根源，从排斥方来看，银行、证券公司、保险公司是金融资源配置的决策者和主导者；从被排斥方来看，正规金融机构的歧视行为导致不同居民部门、企业部门和经济主体之间的金融密度差异。

因此，对于金融密度的测算，从单位面积或单位人口机构网点数的单一角度很难准确、深入地反映金融资源在不同经济主体之间的地域配置差异情况。对于金融密度状况的衡量需要兼顾排斥方和被排斥方，从银行、保险、证券三个行业，居民部门、企业部门和经济主体三个维度进行测算。

（三）普惠金融是应对之道

普惠金融和金融包容是消除金融排斥、改善金融密度分布不均衡的主要力量。普惠金融即金融包容，该理念认为，金融服务应该惠及每一个人、每一个群体，特别是很难从传统金融机构获得金融服务的弱势群体。不同个体所具有的先验禀赋和后验禀赋不一致导致要素配置的非均等性，由此演化出普惠金融的政策导向（王颖 等，2016）。普惠金融包括“普”和“惠”两个层面。“普”即广泛包容性，指金融机构能够为社会各个阶层提供金融服务；“惠”即能够以合理的价格为居民、企业提供金融产品。我国民间金融在正规金融体系覆盖广度不足的背景下应运而生，为个体工商户、中小微企业等被排斥方提供金融服务，在一定程度上缓解了弱势群体的融资约束问题，但民间借贷的高额利率导致其不具有商业可持续性，很难成为弱势群体长期融资的渠道。因此，这种“普而不惠”的金融模式不属于普惠金融的范畴。普惠金融也区别于金融扶持低收入群体，金融扶持低收入群体是指通过财政贴息、小额贷款、再贷款等方式为低收入人群、落后地区和弱势产业等提供金融支持，其贷款利率和保费一般低于市场价格，但是这种输血而非造血的救济模式很难惠及所有弱势群体。因此，“惠而不普”的金融扶持低收入群体也不是消除金融排斥的举措。我国普惠金融的发展经历了从小额信贷到微型金融再到普惠金融的演化过程，也反映了由服务需求到金融创新再到服务供给的内在逻辑（星焱，2016）。因此，金融包容不仅要求金融机构网点的地理可及性、金融产品和服务的可触性，还需要关注“三农”、中小微企业等容易被金融机构拒之门外的特定主体，并且保证金融供给方的商业可持续性。

第二节

普惠金融的内涵界定与理论架构

一、普惠金融的内涵界定

（一）普惠金融范畴的演进脉络

普惠金融的提出，主要是为了解决由于金融的商业属性造成的金融排斥问题。在不同的时期，人们在实践中采用不同的方式加以应对。普惠金融发展的主要脉络如下：

普惠金融的雏形真正出现于20世纪70年代，在此之后普惠金融的发展经过了小额信贷、微型金融、普惠金融三个阶段，经过不断演变，最终形成今天人们认可的普惠金融概念。第一个阶段是小额信贷阶段。在这一阶段，小额信贷主要是由政府主导，以扶持低收入群体融资为目的。小额信贷真正突破扶持低收入群体融资的概念要到20世纪80年代。这时，人们意识到小额信贷机构应该实现盈亏平衡，在实现自身可持续发展的基础上向中小微企业和低收入居民提供更加全面的金融服务，至此，小额信贷在商业范围内真正实现了独立。到了20世纪90年代，政府和金融机构开始意识到仅仅提供贷款不足以满足中小微企业和低收入居民的金融需求，随后，小额信贷的范畴逐渐被更加全面的微型金融概念所取代。微型金融在原来小额信贷的基础上，衍生出了一系列包括借贷、储蓄、保险、支付在内的金融服务，使中小微企业和低收入居民所接受的金融服务更加全面。进入21世纪后，许多学者又在微型金融的基础上提出应当以各个独立的微型金融机构为基础，建立起一个包容性的微型金融体系，提倡用普惠金融的概念继续深化微型金融的概念。这种转变意味着金融服务的外延和内涵都进一步扩大，更加重视金融服务的广度和深度。

从普惠金融的发展进程可以看出，普惠金融的概念并不是凭空出现的，而是人们在实践中为了解决金融排斥问题，经过一次次尝试积累而形成的。普惠金融从最初的信贷合作社、贷款基金，到现代意义的小额信贷，再到服务全面多样化的微型金融，最后到体系更加健全的普惠金融。虽然形式和范围变了又变，但解决金融排斥问题，让所有人平等地获得金融服务的理念一直流传下来，这也是普惠金融真正的内涵范畴。

（二）普惠金融的内涵

金融排斥的问题很早就出现了，但真正提出从普惠金融范畴的角度解决金融排斥问题的想法，要追溯到2005年。联合国于2005年在蓝皮书*Building Inclusive Financial Sectors for Development*中对普惠金融体系的前景如此描绘：每个发展中国家都应该通过政策、立法和规章制度的支持，建立一个持续的、可以为人们提供合适产品和服务的金融体系。

中国的学者们在对联合国提出的定义的理解之上，将“inclusive”翻译成了“普惠”。它的核心应从两个方面进行理解：第一，作为一个体系，普惠金融体系应当将各个微型金融的主体包含其中，将其外延尽可能地扩大，尽可能地让所有人都能享受到更加全面的金融服务。第二，普惠金融体系的目的是让所有人都能从这个系统中受益，让所有人都能够获得自己需要的金融服务，通过金融服务改善经济状况，让金融在促进国民经济发展中发挥更大作用。国务院发布的《推进普惠金融发展规划（2016—2020年）》指出，普惠金融是指立足机会平等要求和商业可持续原则，以可负担的成本为有金融服务需求的社会各阶层和群体提供适当的、有效的金融服务。

对于普惠金融的真正内涵，学者们众说纷纭，但从其根源出发，对普惠金融内涵的理解还是要回到对金融概念的理解上来。通常而言，金融的主要功能是支付清算、汇兑、配置资源、管理风险和资产定价。但在金融排斥地区，包括支付清算在内的很多金融功能需求无法被满足。普惠金融最主要的目的就是解决金融排斥地区金融功能的缺失问题，即构建能够惠及所有人的金融体系，更好地实现金融的核心职能。

二、普惠金融的理论架构

经过十年的发展，普惠金融的理论研究已经成熟，并形成了较为全面的普惠金融体系架构。本节通过对普惠金融理论研究进行梳理，从宏观层面把握普惠金融理论的系统架构。

（一）普惠金融的目标

根据普惠金融的内涵，普惠金融的目标主要有四点：第一点是实现可持续的发展，实际上就是提供长期的金融服务；第二点是让金融服务需求者以合理的成本获得广泛的金融服务；第三点是通过金融服务的竞争性促进金融服务的多样化；第四点是增强金融机构和金融体系的稳健性。

从内部而言，它应该是一个严控的体系；从外部而言，它应该是一个高效的或者健全的金融规制。这是普惠金融的基本目标。

（二）普惠金融体系架构

在普惠金融体系的建立过程中，应当建立起从宏观支持到微观服务的一整套金融服务体系，这样才能将更多的低收入居民纳入普惠金融的框架中，通过普惠金融体系改善生活状况。具体而言，应当从下列三个层面进行建设。第一，在微观领域层面，普惠金融体系仍然应当以微观金融机构为主，向中小微企业和低收入居民提供全方位、多层次的金融服务，形式上可以有小微贷款机构、银行网点等各种类型。第二，在中观领域层面，应当以基础设施建设为主，串联所有的微观金融机构，通过规模效应的方式降低金融服务的提供成本，加强信息共享，扩大金融服务覆盖面和拓展金融服务深度，让整个普惠金融体系能够更有效率地运行。第三，在宏观领域层面，以中央银行为首的政府机构应当为普惠金融体系的建立和发展提供良好的法律环境和政策环境，通过政策的鼓励和支持吸引更多的金融机构，并通过适宜的法律法规为普惠金融提供良好的生长土壤，让整个普惠金融体系能够良好、持续地发展。

（三）普惠金融体系的基础制度保障

构建普惠金融体系需要三个基础制度保障。第一，在法律和监管政策方面提供适当的空间，实施差别化政策，给予基础性金融服务提供商更多的包容。第二，大力发展小额信贷和微型金融服务，鼓励银行等传统金融机构面向弱势群体开展小额信贷及其他专属化的金融服务。第三，加强社会信用体系建设，突破传统的信用评价范式，推进创新。在这三个基础制度保障中，加强社会信用体系建设最为关键。

第三节

普惠金融发展的评价

国内外学者从财务可持续性、覆盖面和社会绩效三个层面对已有框架进行评价。

从财务可持续性和覆盖面出发，国内外学者积极构建财务可持续性和覆盖面的评价指标，不仅对普惠金融发展进行了评价，还探讨了财务可持续性和覆盖面的关系。Cull et al.（2007）对全球49个国家的124个微型金融机构（MFIs）的数据进行了微型金融绩效分析，收集了财务自足率、经营自足率、经调整的资产收益率、女性借款人比例等财务可持续性数据和覆盖面数据，进行对比分析后发现，财务绩效与覆盖面之间存在矛盾关系。

2006年，普惠金融理念引入中国，很多国内学者进行了相关的研究。谢平 等（2006）利用问卷调查收集各区域农村信用合作社的利润、不良贷款率、贷款平均利差、农户贷款比例、信用贷款比例等指标数据并进行了简要分析。发展普惠金融具有巨大的社会绩效，这已是各界的共识。国内外学者在进行一系列实证检验后发现：在微观层面，普惠金融的发展能够通过放松流动限制进而促进储蓄、投资的方式，提高居民的收入水平和受教育水平，减少低收入者的数量和缓解不平等现象；在宏观层面，普惠金融的发展在促进经济增长、提高金融体系稳定性方面起到重要作用。

由于长期存在金融抑制，我国农村的普惠金融的发展程度并不高，仍然存在着金融网点普及率低、金融领域竞争极度弱化和法律法规不完善等一系列问题（杜晓山，2007；尹振涛 等，2016），小微企业和农村弱势群体的金融需求远远得不到满足，只能以高昂的代价获得有限且不可持续的金融服务，最终陷入恶性循环。而低收入也会抑制居民的有效需求，进而对我国经济增长造成明显的消极影响（贝多广，2016）。

因此，普惠金融的发展对于经济发展、创造就业、增加收入、改善小微企业经营状况等方面都有极为重要的社会意义（焦瑾璞，2010）。

一、G20的普惠金融指标体系

《G20普惠金融指标体系》由G20框架下的普惠金融全球合作伙伴（Global Partnership for Financial Inclusion，GPFI）整理发布。2016年，在G20杭州峰会的要求下，普惠金融全球合作伙伴提供了更多的数字金融数据，包含电子支付和电子基础设施两方面的数据。《G20普惠金融指标体系》按金融服务的使用情况、可获得性和质量等3个维度，制定了19个大项指标，包含39个子项指标。其中，正规金融账户、存款等10项指标用以衡量金融服务的使用情况，网点数量、借记卡拥有量等4项指标用以衡量金融服务的可获得性，信息披露要求等5项指标用以衡量金融服务质量。39项指标中有世界银行的7项调查，经济合作与发展组织（Organization for Economic Co-operation and Development，OECD）的3项调查，以及国际货币基金组织和盖洛普的各1项调查，指标数值在普惠金融全球合作伙伴官网可查询。

二、世界银行的指标体系

全球金融包容性指数数据库（Global Findex）提供了近300项指标，涉及账户所有权、支付、储蓄、信贷和财务弹性等主题。数据按性别、收入（针对生活在最富裕的60%家庭和最贫穷的40%家庭中的成年人）、劳动力参与率（针对进出劳动力市场的成年人）、年龄（针对年轻人和老年人）以及农村和城市居住地进行了总结，共有2011年、2014年、2017年三个版本的调查数据。2021年数据库显示，还有很多为无银行账户人口提高金融服务可获得性的机会，尤其是推广数字支付。这些人中约有8500万人以现金形式领取政府拨款。如果将某些款项的支付方式转为数字支付，那么不仅可将收款人纳入正规金融体系，还可以降低成本、减少腐败。

三、国际货币基金组织的指标体系

根据中央银行、监管部门和相关统计机构的数据，2009年国际货币基金组织开始开展金融服务可获得性调查（Financial Access Survey，FAS），提供世界各国的个人和企业的金融服务可获得和使用情况，从供给端评估普惠金融。该指标体系分为综合指标、金融服务可获得性、金融服务使用情况等3个维度，总共242项指标，为《G20普惠金融指标体系》中7项指标的指定数据库，并展示了15项指标数据。其中，综合指标类包括人口数、存款需求、国土面积和国内生产总值（GDP）等；金融服务可获得性类细分为金融机构、金融机构分支机构、ATM机和移动货币代理网点的总数、单位面积数和人均数；金融服务使用情况类细分为储蓄、贷款、保险和移动货币的人数、账户数、余额等。

四、经济合作与发展组织的指标体系

经济合作与发展组织涉及普惠金融的调查共有3项，分别为国际成人金融素养能力调查（International Survey of Adult Financial Literacy Competencies）、中小企业和企业家金融状况调查（Financing SMEs and Entrepreneurs Scoreboard）和国际学生评估项目（Program for International Student Assessment）中的金融素养调查部分。

国际成人金融素养能力调查从需求端评估金融知识、金融态度和金融行为等方面内容，目的在于发掘大众的金融知识需求，以指导相关金融教育项目的制定。其中，金融知识主要指对部分金融名词的认知；金融态度主要指提前消费、对金钱的认知等消费观；金融行为包括消费决定、按时支付账单、长期金融规划、了解金融时事、家庭预算、主动储蓄和投资、金融产品信息收集、分析与决策等。

中小企业和企业家金融状况调查集中在企业贷款保有情况、贷款种类、贷款条件、贷款使用和违约情况、贷款利率及差异情况、抵押情况、付款延期情况和破产情况等13项核心指标。2024年经济合作与发展组织公布了“Financing SMEs and Entrepreneurs 2024：An OECD Scoreboard”，涉及近50个国家的中小企业和企业家的融资状况及金融监管趋势。

国际学生评估项目的对象为15岁的学生，金融教育调查从2012年开始纳入金融素养范围，评估包括金融教学综合情况、学生金融知识教育、金融知识教育和学生背景的关联性以及学生的金融经验、观念和行为等方面内容，从需求端每三年评估一次。

五、中国人民银行的指标体系

中国人民银行发布的《中国普惠金融指标分析报告（2019年）》显示，中国人民银行所用的普惠金融指标包括以下三大类：一是金融服务使用程度指标。主要包括银行结算账户和银行卡人均拥有量、活跃使用账户拥有率、电子支付普及率、移动支付业务量、非银行支付机构网络支付规模、购买投资理财产品成年人比例、普惠小微贷款规模、建档立卡低收入人口贷款覆盖面等内容。二是金融服务可得性指标。主要包括银行网点乡镇覆盖率、助农取款服务点村级行政区覆盖率、人均银行网点数、ATM机具数、POS（销售终端）机具数等内容。三是金融服务质量指标。主要包括金融消费权益保护制度和机制建设、国民金融素养、农户信用贷款比例、金融信用信息基础数据库收录的自然人数和企业数等内容。

六、普惠金融发展指标体系

为简化普惠金融发展评价过程，增强普惠金融发展的可比性，近年来，国内外的许多学者进行了普惠金融单一指数构建的研究和实践。

印度经济学家Sarma（2008）率先成功采用线性功效函数法和欧氏距离法构建了普惠金融指数（Index of Financial Inclusion，IFI），最后计算了55个三维度的普惠金融指数来衡量不同国家普惠金融的发展状况。

后来许多学者在Sarma（2008）的基础上进行了改进，并取得了发展。Chakravarty et al.（2010）采用了度量普惠金融发展的公理化测量方法，使得该指数可以用来确定各种因素的贡献率。Gupte et al.（2012）则综合了Chakravarty et al.（2010）的文献的指标体系，设计了更为全面的包含银行服务覆盖率、交易便利性和交易成本等多维度的指标体系，并以此为基础构建普惠金融指数。

国内学者大多在国外研究的基础上，结合中国国情分析中国普惠金融的发展状况。邢乐成 等（2019）从语义学、功能主义、金融学、社会学和伦理学等多个视角探讨了中国普惠金融的文化根源、根本目的和技术基础，并提出基础功能主义的“三三原则”作为实践指引。黄益平 等（2019）对中国数字金融的发展、影响和风险进行了全面的梳理与分析。李建军 等（2020a）从广泛的包容性、特定化配比程度和商业可持续性三个维度构建了中国的普惠金融指标体系，研究结果表明，普惠金融发展对经济增长的促进作用在东部地区更强，而对收入分配的改善作用在西部地区更强，反映了普惠金融发展在实现不同目标时具有不同的经济条件。

此外，聚焦数字普惠金融发展，北京大学数字金融研究中心和蚂蚁集团研究院组成联合课题组，利用蚂蚁集团的交易数据，构建了北京大学数字普惠金融指数，该指数覆盖了2011—2020年中国内地31个省（区、市）、337个地级以上城市和约2800个县三个层级的数据，并在总指数基础上，从不同维度（覆盖广度、使用深度和数字支持服务程度，以及支付、保险、货币基金、征信、投资、信贷等业务分类指数）细分数字普惠金融指数。

Chapter 3

第三章

普惠金融的实践探索

第一节

普惠金融实践模式

综合国内外普惠金融实践经验，普惠金融的主要模式分为五种：小贷与微型金融模式、商业银行模式、合作金融模式、政策导向模式、金融创新模式。

小贷与微型金融模式是指提供小额信贷的机构以及在此基础上发展起来的能提供除小额信贷以外其他服务的微型金融机构，其主要服务对象为被正规金融排斥的低收入农民和中小微企业。该模式的典型代表有孟加拉乡村银行、孟加拉社会进步协会、非政府组织小额信贷机构、中国的小额贷款公司等。

商业银行模式是指商业银行向中小微企业和个人提供金融服务的模式。不同的商业银行在服务中小微企业和个人上的贡献不同。小型商业银行的贡献较大，而大型商业银行的贡献较小。

合作金融模式一般指由农村的个人或企业单位发起成立，旨在解决成员融资等问题的金融组织。这一模式较为古老，起源于德国，现在为全世界所采用，其典型代表有德国中央合作银行、中国的农村信用合作社和农村资金互助社等。

政策导向模式是指由政府组织设立并由政策主导的政策性金融机构或项目。该类金融机构或项目往往是非营利性质的，旨在为低收入人群、中小微企业和农业等提供政策金融服务。该模式的典型代表有法国“4+1”金融支农模式、日本保险和信用保障制度、中国农业发展银行等。

金融创新模式是指在组织、制度、技术等层面进行创新而形成的金融模式，其核心是运用了金融创新从而为个人或中小微企业提供普惠金融服务。在组织、制度创新层面，本书把代理银行制度纳入金融创新模式，如巴西代理银行。在技术创新层面，本书把信息化金融纳入金融创新模式，如肯尼亚手机银行、网络银行、网络小额贷款平台等。

这五种普惠金融模式在中国得到了不同程度的发展。下面举例分析这五种普惠金融模式在中国的发展状况。

一、小贷与微型金融模式

小贷与微型金融模式在我国的典型代表有非政府组织小额信贷机构、小额贷款公司、典当行、消费金融公司、民间借贷组织等。下面我们主要介绍非政府组织小额信贷机构和小额贷款公司。

1.非政府组织小额信贷机构

1993年，中国社会科学院农村发展研究所在河北易县建立了我国首家小额信贷机构——扶贫经济合作社，这标志着我国公益性小额信贷阶段的开启。随后，国内外的非政府组织（Non-Governmental Organization，NGO）相继发起成立了不同的小额信贷机构，这些小额信贷机构大部分是公益性质的。它们的主要资金来源是个人或国际机构的捐助以及软贷款。这些小额信贷机构大多数注册为社会团体、基金会、私人经营的非营利性企业和机构，统称为非政府组织小额信贷机构。目前，最大的扶持低收入群体小额信贷机构之一是中国扶持低收入群体基金会。中国扶持低收入群体基金会旗下的中和农信，运用小额信贷的方式解决低收入农户贷款难问题，截至2023年末，中和农信在全国设立了510家分支机构，员工7700余人，服务覆盖21省（自治区、直辖市）超过10万个乡村的约2亿人口，平台累计交易客户数超过400万名。除了中和农信，大多数其他非政府组织小额信贷机构规模都很小。

2.小额贷款公司

2005年10月，我国在五省开展了小额贷款公司的试点。2005年12月，两家小额贷款公司在山西省晋中市平遥县获准成立并开始发放贷款。2008年，《关于小额贷款公司试点的指导意见》的出台规范了小额贷款公司的发展，该意见明确指出小额贷款公司不得吸收公众存款，只能在其所在地行政区域范围内经营。小额贷款公司的客户主要是“三农”、小微企业，它们的资质很难满足银行贷款要求，小额贷款公司的发展为普惠金融事业做出了贡献。截至2024年6月末，全国共有小额贷款公司5428家，贷款余额7581亿元，与上年同期相比减少100亿元；而截至2023年12月末，全国共有小额贷款公司5500家，贷款余额7629亿元，与上年同期相比减少1478亿元。对比来看，半年来，小额贷款公司数量减少了72家。

二、商业银行模式

不同的商业银行在服务中小微企业和个人上的专注程度不同。小型商业银行[1]更为专注于普惠金融，大型商业银行凭借规模优势提供大量的普惠贷款。国家金融监督管理总局发布的数据显示，截至2023年末，普惠型小微企业贷款余额29.06万亿元，同比增长23.27%，较各项贷款增速高13.13个百分点；普惠型涉农贷款余额12.59万亿元，同比增长20.34%，较各项贷款增速高10.2个百分点；832个脱贫县各项贷款余额12.3万亿元，同比增长14.7%；160个国家乡村振兴重点帮扶县各项贷款余额1.9万亿元，同比增长15.85%。

三、合作金融模式

从合作金融属性来看，在我国，属于合作金融模式的有农村信用合作社、农村资金互助社。其中，农村资金互助社属于传统合作金融范畴，而农村信用合作社在实际经营过程中兼具传统合作金融属性和商业银行属性。下面我们对它们做简要分析。

1.农村信用合作社

2003年6月27日，国务院印发了《深化农村信用社改革试点方案》，该方案再次启动了农村信用合作社改革的新一轮创新，试点工作在浙江等8个省（市）进行。2004年8月底，试点地区进一步扩大到21个省（区、市），许多农村信用合作

[1] 在我国，小型商业银行主要指股份制商业银行、城市或农村商业银行、农村合作银行、村镇银行等。

社被改制成农村合作银行和农村商业银行。农村合作银行和农村商业银行经过股份制改造后，其股权结构和业务范围与传统信用合作社有了较大的区别。作为银行类金融机构，农村信用合作社有如下特点。

（1）组织形式。农村信用合作社是指由农民和农村的其他个人集资联合组成，以互助为宗旨的合作金融组织，其业务经营是在民主选举的基础上由社员指定人员管理经营，并对社员负责，其最高权力机构是社员代表大会，而负责具体事务管理和业务经营的执行机构是理事会。

（2）主要业务。农村信用合作社的资金来源是合作社社员缴纳的股金、留存的公积金和吸收的存款，贷款主要用于解决其社员的资金需求。起初，农村信用合作社主要发放短期生产生活贷款和消费贷款，后来，随着经济的发展，渐渐扩宽放款渠道，与商业银行贷款没有区别。

（3）服务对象。农村信用合作社以农村地区的农户、个体工商户和中小微企业为主要服务对象，其推出的小额贷款（农户保证贷款和农户联保贷款单户的最高贷款额度为5万元，商户保证贷款或联保贷款的最高贷款额度为10万元）作用突出，采用多种保证和担保形式，很大程度上满足了广大农民的小额资金需求。

农村信用合作社在服务“三农”上有巨大的优势。农村信用合作社系统（包括农村商业银行、农村合作银行和农村信用合作社）网点遍布农村，具有天然的服务农民的优势。截至2023年12月末，农信机构（农村商业银行、农村合作银行、农村信用合作社）共计2129家，其中农村商业银行1607家、农村合作银行23家、农村信用合作社499家。此外，我国还有1636家村镇银行。

2.农村资金互助社

2007年，银监会出台《农村资金互助社管理暂行规定》，指出农村资金互助社是指经银行业监督管理机构批准，由乡（镇）、行政村农民和农村小企业自愿入股组成，为社员提供存款、贷款、结算等业务的社区互助性银行业金融机构。农村资金互助社实行社员民主管理，以服务社员为宗旨，谋求社员共同利益。

农村资金互助社只要有10名以上发起人，以及符合特定要求的注册资本［在乡（镇）设立的，注册资本不低于30万元；在行政村设立的，注册资本不低于10万元］，就可以注册成为独立的企业法人。农村资金互助社的资本金基本由社员存款构成，由于农村资金互助社需要得到官方批准才能增加社员，且不能吸收非社员的存款，所以农村资金互助社发展较为困难。截至2022年6月底，我国共有39家农村资金互助社。农村资金互助社“民主、合作、自愿”的特点，有利于调动社员的积极性，满足农民的资金需求，是合作金融领域的有益补充。

四、政策导向模式

在政策性金融方面，我国主要机构或项目有中国农业发展银行、国家开发银行、中国进出口银行以及扶持低收入群体项目（如大学生助学贷款项目）等。三大政策性银行面向中小微企业提供相应的政策金融服务，扶持低收入群体项目则在政府、银行等单位的共同支持下运转。例如，中国农业发展银行作为政策性银行，为“三农”发展提供资金支持，较好地履行了政策性银行的责任和义务，为我国农村普惠金融的发展作出了重要贡献。2023年，中国农业发展银行全年累放贷款2.78万亿元，政策性贷款占比94.12%。

五、金融创新模式

随着科技的飞速进步，互联网科技公司在普惠金融的发展中扮演着日益重要的角色。这些互联网科技公司利用大数据、人工智能和区块链等技术，为传统金融体系难以覆盖的人群提供了多样化的金融服务。通过开发创新性的金融产品与服务，这些科技公司不仅填补了传统金融机构在服务小微企业和低收入人群方面的空白，还通过平台优势与规模效应降低了服务成本，提高了金融服务的可得性与效率。

例如，阿里巴巴旗下的蚂蚁金服推出的“余额宝”与“蚂蚁借呗”等产品，借助互联网平台实现了小额理财和借贷服务的广泛普及，显著提高了用户的金融参与度。此外，腾讯的微信支付和微众银行也通过社交平台的广泛用户基础，实现了金融服务的创新与普及。这些互联网科技公司的创新，不仅拓展了普惠金融的服务范围，还在推动数字金融与普惠金融融合发展方面发挥了关键作用。

通过与传统金融机构合作，互联网科技公司还探索出了一系列灵活的金融解决方案，为普惠金融的发展提供了新的思路。例如，蚂蚁金服与传统银行合作，通过技术输出和数据支持，帮助银行提高小微企业和个人用户的贷款审批效率。这样的合作模式，不仅推动了普惠金融的广泛覆盖，也提高了金融服务的质量与效率，促进了金融资源的有效配置。

第二节

国外普惠金融实践经验与案例

本节分别介绍国际组织普惠金融的实践经验、发达国家与新兴市场国家普惠金融的实践经验、发展中国家与欠发达国家普惠金融的实践经验，最后归纳得出对我国构建普惠金融体系的启示。

一、国际组织普惠金融的实践经验

20世纪末以来，许多国际组织在普惠金融领域进行了积极探索，为世界各国在理论研究、政策制定、技术资金等方面提供了有力的支持。下面主要介绍世界银行、联合国、普惠金融联盟、G20等国际组织的普惠金融实践。

（一）世界银行

作为最早开始探索普惠金融领域的国际组织之一，世界银行于1995年6月成立了扶贫协商小组（Consultative Group to Assist the Poor , CGAP），并提出了微型金融（micro finance）概念。2012年4月，世界银行发展研究小组开始建立全球普惠金融数据库（Global Financial Inclusion Database）并发布了《2011年全球普惠金融数据库》。随后，世界银行又相继发布了《2014年全球金融发展报告：金融包容性》《2014年全球普惠金融调查报告》《2017年全球普惠金融指数数据库》《2018年全球普惠金融数据小手册》《通过社会保障系统促进金融包容性》《2021年全球普惠金融数据库：在COVID-19时代的金融包容性、数字支付和韧性》等报告，更新并详细分析了全球普惠金融指标数据，反映了全球普惠金融的最新发展趋势，为进一步推动全球普惠金融发展指明了方向。具体见表3-1的统计。

表3-1　世界银行在普惠金融上的实践

时间	内容
1995年	成立扶贫协商小组，提出了微型金融概念
2012年	建立全球普惠金融数据库
2013年	发布《2014年全球金融发展报告：金融包容性》
2015年	发布《2014年全球普惠金融调查报告》
2016年	表示要在2020年实现普惠金融目标
2018年	发布《2017年全球普惠金融指数数据库》 发布《2018年全球普惠金融数据小手册》
2019年	发布《支付之外的普惠金融：数字化储蓄的政策考虑》
2020年	发布《2020年全球普惠金融数据库：衡量金融包容性与金融科技革命》 发布《COVID-19时代的金融包容性：危机中的经验教训》
2021年	发布《非洲数字金融普惠性：应对扩大移动货币挑战的实验》
2022年	发布《2021年全球普惠金融数据库：在COVID-19时代的金融包容性、数字支付和韧性》 发布《利用数字技术提升南亚金融包容性》
2023年	发布《扩大金融准入：数字技术在撒哈拉以南非洲金融包容性中的作用》 发布《全球金融普惠与性别差距：深入探讨与性别相关的金融普惠性挑战》
2024年	发布《2024年数字金融普惠：趋势、机遇与挑战》 发布《金融普惠与可持续发展：世界银行的2024年视角》

资料来源：作者统计。

（二）联合国

2005年，联合国在“国际小额信贷年”会议上提出了“普惠金融”这一概念。普惠金融是指以可负担的成本为有金融服务需求的社会各阶层和群体提供适当的、有效的金融服务，中小微企业、农民、城镇低收入人群等弱势群体是其重点服务对象。2006年5月，联合国发布了“Building Inclusive Financial Sectors for Development”（《构建普惠金融部门促进发展》）报告，第一次提出了建设普惠金融体系的大致思路。该报告在建设零售和微型金融机构、政府政策、法律制度和监管措施等方面给出了有益的分析和启示。2018年11月，联合国宣布成立数字金融促进可持续发展目标工作小组；2020年8月，发布《每个人的金融：数字金融打造可持续未来》报告，讨论了数字金融在疫情突发事件中发挥的优势；2021年3月，发布了《建设包容性数字经济报告》，探讨了建设包容性数字经济的机遇和挑战，重点关注金融包容性作为关键组成部分；2023年5月，联合国资本发展基金（UNCDF）发布了《包容性数字经济评分卡》，评估了各国在数字经济和金融包容性方面的进展。具体见表3-2的统计。

表3-2 联合国在普惠金融上的实践

时间	内容
2005年	在“国际小额信贷年”会议上提出“普惠金融”这一概念
2006年	发布“Building Inclusive Financial Sectors for Development”，第一次提出了建设普惠金融体系的大致思路
2018年	成立数字金融促进可持续发展目标工作小组
2020年	发布《支付之外：数字储蓄的政策考虑》 发布《每个人的金融：数字金融打造可持续未来》 发布《数字金融在实现可持续发展目标中的作用》
2021年	发布《建设包容性数字经济报告》
2022年	发布《金融健康与包容性数字经济报告》
2023年	发布《包容性数字经济评分卡》 发布《可持续发展融资报告》

资料来源：作者统计。

（三）普惠金融联盟

普惠金融联盟（Alliance for Financial Inclusion，AFI）创立于2008年9月，是首个专为发展中国家和新兴市场国家的普惠金融政策制定者设计的全球知识共享和对等交流网络。2011年9月，普惠金融联盟成员集体通过了《玛雅宣言》，各国承诺将发展普惠金融作为核心国策，作出了具体和可测量的承诺并采取有关行动。2013年，普惠金融联盟发布了《玛雅宣言进展报告》，描述了2013年整体工作和区域工作的进展情况，并展望了未来发展前景。同年3月，普惠金融联盟成立的普惠金融战略同行学习小组制定了一份国家普惠金融战略时间表，记录了其成员为发展和执行普惠金融战略而作出的努力。2020年，普惠金融联盟召开了第五届年度会议，敦促成员采取措施应对受新冠疫情影响更为严重的弱势群体的金融服务问题，发布了《2020年全球普惠金融发展政策趋势》。2021年，普惠金融联盟发布了《青年普惠金融政策框架》，号召成员提高对青年群体被排斥在正规金融体系之外问题的认识。具体见表3-3的统计。

表3-3 普惠金融联盟在普惠金融上的实践

时间	内容
2008年	普惠金融联盟创立
2011年	普惠金融联盟成员集体通过了《玛雅宣言》
2013年	发布了《玛雅宣言进展报告》 制定了一份国家普惠金融战略时间表
2020年	发布了《2020年全球普惠金融发展政策趋势》
2021年	发布了《青年普惠金融政策框架》

资料来源：作者统计。

（四）G20

2009年12月，G20峰会承诺提高低收入人群对金融服务的可获得性，并成立了普惠金融专家组（Financial Inclusion Experts Group，FIEG）。2010年6月，G20

核准了创新型普惠金融原则，批准建立普惠金融全球合作伙伴。同时，G20制定了一整套创新型普惠金融原则，旨在支持用创新型方法加快向低收入人群提供金融服务。2013年9月，G20通过了普惠金融全球合作伙伴制定的《G20金融包容性指标》（“G20 Financial Inclusion Indicators”）。该指标全面涵盖了全球的普惠金融数据，即金融服务的可获得性、金融服务的使用情况和金融服务的质量（包括金融认知能力）三个维度。随着互联网的普及和信息技术的发展，2016年9月，中国通过了《G20数字普惠金融高级原则》、《G20普惠金融指标体系》（升级版）以及《G20中小企业融资行动计划落实框架》。2018年12月，G20通过了《数字时代的金融消费者保护措施》。在考虑各自国情的同时，G20就促进数字金融服务提出了自愿性政策建议，并通过了《G20可持续金融路线图》。2020年11月，G20通过了《G20面向青年、妇女和中小企业的普惠数字金融高级别政策指南》《G20普惠金融行动计划》，以指导普惠金融全球合作伙伴未来3年的工作。具体见表3-4的统计。

表3-4　G20在普惠金融上的实践

时间	内容
2009年12月	成立了普惠金融专家组
2010年6月	核准了创新型普惠金融原则，批准建立普惠金融全球合作伙伴
2012年6月	发表了一份正式公报，启动G20金融包容性同行学习计划
2013年9月	通过了普惠金融全球合作伙伴制定的《G20金融包容性指标》
2016年9月	通过了《G20数字普惠金融高级原则》、《G20普惠金融指标体系》（升级版）以及《G20中小企业融资行动计划落实框架》
2018年12月	通过了《数字时代的金融消费者保护措施》
2020年11月	通过了《G20面向青年、妇女和中小企业的普惠数字金融高级别政策指南》和《G20普惠金融行动计划》

资料来源：作者统计。

二、发达国家与新兴市场国家普惠金融的实践经验

（一）美国：社区银行模式

在美国，社区银行通常是指主要从事传统银行业务，为当地居民、中小微企业和农户提供存款、贷款和结算服务的商业银行。美国社区银行模式的典型代表是富国银行，社区业务收入是富国银行最核心的收入来源，截至2019年末，社区业务收入占富国银行总收入的比重达到53%。在富国银行的非个人客户中，年销售额不足百万美元的企业数量占比在九成以上。富国银行连续19年在美国小微企业贷款业务中排名第1位，在2015年末，富国银行市值排名全美第1位。截至2024年，富国银行的市值仍高居全美第5位。它的社区银行模式值得借鉴。

一是低廉的资金成本。富国银行借助于大量低议价能力的中小微企业和个人客户，再通过密布的网点设备和便捷的网上银行服务来获取稳定的资金来源，这样做，付出的资金成本较低。

二是个性化的服务方式。富国银行基于对社区和客户需求的深入了解，能够为客户提供针对性服务。在大量的社区网点、自主存款设备、电子银行等渠道的基础上，富国银行通过交叉销售为客户提供综合全面的金融产品。

三是良好的客户关系。富国银行通过参与社区事务的机会，与社区居民建立了良好的关系。根据富国银行年报，富国银行每年捐赠大量资金用于教育改善、社区发展，从而帮助银行建立了良好的客户关系。

四是灵活的放贷模式。富国银行建立了小微客户的专业化放贷模式，采取自动化审批方式，无须定期审核财务报表，综合考虑了借款人的性格、品质、职业、婚姻状况、社区关系等信息。客户可以通过邮件、电话、网络等渠道申请贷款。

（二）法国：政策支农模式

法国农业信贷银行、国民互助信贷银行、大众银行和法国土地信贷银行等农业信贷机构及农业保险机构（即“4+1”模式）是法国支持“三农”发展的主要金融机构，

为农业发展作出了贡献。政府政策重点是提供资金支持、提供农业保险、进行价格补贴、减免税收等，其中，农业信贷银行系统是法国农村金融组织体系的核心。

农业信贷银行系统是典型的半官半民体制模式。根据互助主义和分权原则，该模式由地方农业信贷银行、地区（省）农业信贷银行和中央农业信贷银行（法国国家农业信贷银行总行）三级组成。地方农业信贷银行是基层组织，由个人成员和集体成员入股组成，下设服务网络营业所，服务于会员；地区（省）农业信贷银行属于半官办性质，是各省农业信贷银行的法人代表。

（三）德国：合作金融模式

德国是世界合作金融组织的发源地，其组织形式表现为合作银行。德国的合作银行体系分为三个层次。最高层是全国性的中央管理机构，即德国中央合作银行（属于信贷合作联合会）。中间层是3家地区性的合作银行，即GZB（Genossenschaftliche Zentralbank）银行、SGZ（Südwestdeutsche Genossenschafts-Zentralbank）银行和WGZ（Westdeutsche Genossenschafts-Zentralbank）银行。最底层是地方性基层信用合作社，包括手工业信用合作社和雷发巽乡村信用合作社。

（四）俄罗斯：金融扫盲模式

2011年，俄罗斯政府开始实施一项为期5年、获得1.13亿美元（含2500万美元的世界银行贷款）资助的国家工程来支持金融教育和金融消费者保护。这是世界上首个与世界银行合作开展的兼具规模性、创新性和复杂性的金融扫盲项目，其最终目标是提高俄罗斯公民的金融素养和金融消费者保护效率。

该项目针对社会弱势群体和年轻人，包括学生和潜在的使用金融服务的中低收入人群。目前，金融扫盲项目已经取得预期进展，主要包括制定了学校儿童和成人的金融核心竞争力知识框架，开展了关于15岁年龄段高中学生的金融知识水平调查和国民金融行为调查，编写了针对目标人群的教育资料，培养了一大批国家级专家和地区级教师与助教等。

三、发展中国家与欠发达国家普惠金融的实践经验

（一）孟加拉国：乡村银行

孟加拉乡村银行的主要模式如下：

（1）孟加拉乡村银行将贷款对象定位为农村低收入群体，并将贷款资源向农村妇女贫困户倾斜。

（2）孟加拉乡村银行借贷模式实行小组责任制，贷款对象自行组成5人（户）小组，目的在于互相帮助和监督，发挥联保作用，形成内部约束机制。

（3）孟加拉乡村银行贷款制度要求小额、有偿、付息、按周还款、实行强制储蓄。

（二）印度尼西亚：小额贷款

印度尼西亚的小额贷款在治理结构、激励机制和管理方式上进行了卓有成效的改革。

（1）建立了良好的组织结构和体制。小额贷款业务部下设地区办公室、分行、次级分行和村级银行。具体而言，共有13个地区办公室、324家分行、163家次级分行和4046家村级银行，组织遍布印度尼西亚全国。

（2）实行了有效的激励机制。印度尼西亚的村级银行都是独立核算的基本经营单位，每家村级银行都会成为一个利润中心，职员的大部分工资是由村级银行所创造的利润决定的。

（3）瞄准了中低收入者和小企业主。较低的贷款限额有效地降低了政治权力干预的可能性。印度尼西亚小额贷款的对象主要是挣固定工资和能提供抵押品的人群，这也是小额贷款能够进一步在农村地区提高覆盖率的主要因素。

（三）巴西：银行代理机构

巴西的代理银行模式的成功经验对中国发展普惠金融具有借鉴意义。巴西有各类银行代理机构约15万家，覆盖全国所有城镇。广泛的银行网点覆盖使得低收入人

群有更大的可能获得金融服务。同时，银行与代理机构签订协议后，代理机构网点会安装POS机、条形码扫描仪、电脑、ATM机等电子网络设备，代理的所有金融业务均由签约银行服务器确认并备份，以保证信息的共享和安全。

（四）肯尼亚：手机银行

肯尼亚的手机银行为低收入人群提供了高价值的金融服务，其模式有以下三个特点。

（1）银行业务完全通过手机办理。目前，肯尼亚的手机银行业务范围已扩展到存取款、汇款、便捷支付、薪酬发放等方面。通过与30多家银行合作，已经实现在ATM机上无卡取现，甚至可以办理贷款业务，与银行功能相差无几。

（2）技术门槛低且安全性高。几乎任何手机都能为开展银行业务提供支持，故技术门槛低。

（3）代理商网络庞大且高效。肯尼亚的手机银行将大中型移动通信业务零售商作为主代理商，同时，其代理网络包括超市、加油站等小型零售店铺，拥有8万多个代理点。

四、世界主要国家发展普惠金融的启示

（一）提高金融服务需求的有效性

一方面，为缓解低收入群体由于知识、性别、年龄以及对金融机构的消极心理等因素而产生的金融排斥，我国政府可以借鉴俄罗斯的金融扫盲项目，提供金融知识普及教育，构建金融消费者权益保护框架，在国家战略层面增强大众更好地利用金融服务的意识；而金融机构可借鉴孟加拉乡村银行对借款人进行必要的金融知识培训这一特色服务，更进一步提升服务对象的金融知识水平。另一方面，为解决中小微企业和个体户由于法律身份、企业类型、治理结构和企业财务可信度等因素而面临的融资困境，政府应通过立法明确相关中小微企业的类型与定位，同时，企业也应该逐步完善治理机制和财务信息披露机制。

（二）增强金融服务供给与需求的匹配性

普惠金融的本质含义是在每个客户领域尤其是被传统金融忽略的客户领域，能够持续提供与客户需求相匹配的金融服务。为增强金融服务供给与需求的匹配性，可以通过可持续的方式将不同层次的客户纳入金融服务体系，一是实现多层次机构合作，二是发挥政策性和公益性金融组织的作用。

1.金融机构实现多层次合作

各国普惠金融体系包括不同类型的金融机构，如商业银行、储蓄联盟、保险机构、租赁公司、专业机构和非政府组织等多种机构形式。金融机构间的合作可增加金融服务供给。一方面，不同类型的金融机构加强合作能够满足不同的金融需求，商业银行、乡村银行、保险机构等金融机构可以通过自身产品服务或资源条件的整合提高金融服务的覆盖率，甚至金融机构与非金融机构的合作也可以有效地拓展金融服务供给的广度与深度，比如巴西代理银行模式。另一方面，不同规模的金融机构可以合作互补，大银行与小银行合作，既拓宽了大型商业银行的服务范围，也满足了小银行发展的要求，同时，还提高了低收入群体金融服务的可获得性。

2.政策性金融服务和公益性金融服务作为必要补充

商业性金融服务并没有为低收入群体提供其所需的金融服务。他们遭受风险后没有其他经济来源偿还贷款，这不符合商业性金融机构的可持续经营目标，因此，需要政策性金融服务和公益性金融服务作为商业性金融服务的补充，商业性金融服务甚至需要与政策性金融服务和公益性金融服务合作，服务于赤贫人群。比如，法国政策支农模式、日本保险和信用保障制度就很好地保障了低收入群体的生产生活需要，提高了低收入群体的福利。

（三）建设普惠金融基础设施

普惠金融基础设施是指普惠金融体系运行所依赖的一系列辅助性服务。高效的普惠金融基础设施对于整个普惠金融体系功能的发挥至关重要。普惠金融基础设施大致包括支付体系、技术支持服务（如专业培训、信息咨询）、信用管理体系、互联网技术等方面。肯尼亚的手机支付方式就解决了肯尼亚因落后的金融基础设施带来的发展瓶颈问题，实现了金融服务的全覆盖。

（四）改善政策、法律和监管环境

在国际普惠金融体系建设中，各国政府一直发挥着重要作用。

1.改善政策环境

从宏观层面来讲，政策环境主要包括经济增长环境、交易环境和金融体系环境。一方面，政府需要加强普惠金融体系的政策定位。在国家层面给予普惠金融政策支持，将其纳入国家整体的金融体系中。另一方面，政府需要配套的经济政策来引导普惠金融的发展。只有金融政策与财税政策协调合作，兼顾价格的市场形成机制，资金才能自发流向低收入群体，金融机构向低收入群体提供金融服务的可持续性才能得到提升。

2.改善法律环境

一方面，以改善普惠金融体系的法律环境为首要重点。法律地位的模糊性和不稳定性会导致严重的消极后果。另一方面，改善法律环境将推动金融机构透明化，保护金融消费者的权益。金融机构中不乏信息不透明的传统金融机构和新型互联网金融机构，消费者尤其是投资者和储蓄者面临较严重的信息不对称问题，其权益面临较大风险。

3.改善监管环境

普惠金融体系监管的宗旨是创造一个既有利于促进普惠金融创新又能维护金融稳定和消费者利益的监管环境。纵观全球，普惠金融发展较好的国家针对普惠金融体系一般都有比较健全的监管模式，并特别强调监管方式的针对性。对不同形态的普惠金融机构监管，应当分为银行法监管、特定普惠金融法监管和自我监管三个层次，从而促进普惠金融的健康发展。

第三节

中国普惠金融的创新实践与成功经验

本节首先回顾中国普惠金融的发展历程，其次梳理中国普惠金融发展取得的成果，最后从宏观经济视角和微观财务视角揭示中国普惠金融发展面临的阻力与存在的问题。

一、中国普惠金融发展历程

本部分综合参考了焦瑾璞 等（2015）关于中国普惠金融发展阶段的划分，认同中国普惠金融的实践发展大致划分为四个阶段：公益性小额信贷阶段、发展性微型金融阶段、综合性普惠金融阶段和创新性数字普惠金融阶段。

（一）公益性小额信贷阶段

1993年，中国社会科学院农村发展研究所在河北省保定市易县建立了我国首家小额信贷机构——扶贫经济合作社。随着国内外的非政府组织相继发起成立了不同的小额信贷机构，我国政府也相继出台了一系列政策支持小额信贷的推广。1999年6月，中央扶贫开发工作会议提出“积极稳妥地推广小额信贷办法”。

（二）发展性微型金融阶段

在20世纪末国有企业改革的背景下，我国城市出现几千万下岗职工，市场资金需求旺盛，人民群众对金融服务有了更高的需求。银行等正规金融机构开始提供小额信贷服务，有效地满足了城市失业人群和农村居民的资金需求。在发展性微型金融阶段，小额信贷的主流作用已非公益性质，而在于提高城乡居民收入、生活水平，并且兼顾营利性；其参与主体不再是以非政府组织、半政府组织为主，而是以大型银行、农村信用合作社等正规金融机构为主。在政府政策和盈利激励的推动下，发展性微型金融的发展惠及广大城乡居民，能够满足部分低收入人群的融资需求，并提高他们的收入水平、改善他们的生活状况。

（三）综合性普惠金融阶段

2005年，中央一号文件明确提出，“有条件的地方，可以探索建立更加贴近农民和农村需要、由自然人或企业发起的小额信贷组织”。这标志着我国的小额信贷进入综合性普惠金融阶段。2005年5月商业性小额信贷组织试点工作开启，2008年小额贷款公司全面试点，小额贷款公司迅速发展。截至2020年12月末，我国共有小额贷款公司7118家，贷款余额8888亿元。与此同时，农村金融机构经历改革，涌现了村镇银行、农商银行等金融机构，典当行、融资担保公司等其他金融机构也不断兴起。在综合性普惠金融阶段，从资金供给角度来看，金融机构呈现多元化、精细化特点，城乡地区的金融服务机构不断涌现；从资金需求角度来看，低收入者和中小微企业的融资难问题不断引起社会的关注，相关的金融服务也在不断完善中。

（四）创新性数字普惠金融阶段

2013年是创新性数字普惠金融阶段的开始。一方面，随着互联网技术的发展和普及，第三方支付、互联网消费金融和供应链金融等开始快速发展；另一方面，传统金融企业也开始不断利用互联网技术发展金融业务，比如，商业银行大力发展手机银行、电子商城，基本能实现线上贷款业务。这个阶段的特点是金融和互联网技术的结合降低了交易成本与获取金融服务的门槛，提高了金融服务的可获得性。截至2023年12月末，我国网民规模达10.92亿人，互联网普及率达77.5%，数字金融的发展有益地延伸了普惠金融的边界，推动了普惠金融的发展。

二、中国普惠金融发展取得的成果

（一）普惠金融需求方

普惠金融需求方是指被正规金融排除在外的低收入者和中小微企业。2012年，扶贫协商小组和世界微型金融日内瓦论坛中国普惠金融工作组共同发布的《中华人民共和国的金融普惠状况》把普惠金融需求方分为四类群体：农民、低薪工人、中小微企业和失业人员。

1.农民

由于居住偏远、资产有限、收入低等因素，许多农民往往难以获得银行贷款及其他服务。2015年，我国农村贫困发生率为5.7%，到了2019年下降为0.6%，随着脱贫攻坚战胜利结束，2020年底，我国现行标准下农村低收入人口全部实现脱贫[1]，低收入农民数量持续减少，这与我国的金融扶持低收入群体政策和金融支持“三农”政策是息息相关的。

2.低薪工人（以农民工为主）

低薪工人难以获得银行服务是因为他们的收入很少，几乎没有抵押品，广大农民工都是外来户，居无定所。国家统计局《2023年农民工监测调查报告》的数据显示，2023年，全国农民工总量达到29753万人，比上年增加191万人，增长0.6%。其中，本地农民工12095万人，比上年减少277万人，下降2.2%；外出农民工17658万人，比上年增加468万人，增长2.7%。近些年，农民工的数量增长变缓，其所能获得金融服务的范围在扩大，但是，广大农民工在城市的金融需求仍旧需要关注。

3.中小微企业

中小微企业很难获得银行服务，一是因为自身偿还能力弱、资产有限等劣势，二是因为有隐性担保的大型国有企业占用了金融资源。《中国小微企业金融服务发展报告（2018）》一书提到，近年来，中小微企业的融资环境已经得到改善，具体表现为信贷投放持续增加、利率水平稳步下降、覆盖面不断拓宽。

4.失业人员（特别是国有企业下岗职工和农村进城求职人员）

失业人员获得银行服务困难是因为向这一群体（没有固定收入）发放贷款的风险很高。2018年末、2019年末，我国城镇调查失业率分别是4.9%、5.2%；2020年

[1]　出自国家统计局发布的《中华人民共和国2015年国民经济和社会发展统计公报》《中华人民共和国2019年国民经济和社会发展统计公报》《中华人民共和国2020年国民经济和社会发展统计公报》。

末，我国城镇调查失业率稳定为5.2%；2024年上半年，这一数据下降至5.1%。普惠金融服务的普及在一定程度上促进了我国新增就业人数和较低失业率的稳定。

总体而言，近几年，普惠金融的推广和发展，一定程度上缓解了低收入者和中小微企业的融资难问题，改善了城乡居民生活和中小微企业发展状况，但普惠金融的需求仍然旺盛，亟待普惠金融服务能力的提高。

（二）普惠金融供给方

我国普惠金融产品和服务的主要供给方分为两类：一类是银行业金融机构，另一类是非银行机构。近年来，金融服务提供机构获得了快速发展。国家金融监督管理总局公布的最新银行业金融机构法人名单显示，截至2023年12月末，全国共有4490家银行业金融机构法人，包括开发性金融机构1家、政策性银行2家、国有大型商业银行6家、股份制商业银行12家、城市商业银行125家、民营银行19家、外资法人银行41家、住房储蓄银行1家、农村商业银行1607家、农村合作银行23家、农村信用合作社499家、农村资金互助社30家、贷款公司1家、村镇银行1636家、信托公司67家、金融资产管理公司5家、金融租赁公司70家、企业集团财务公司241家、消费金融公司31家、汽车金融公司25家、货币经纪公司6家、直销银行2家以及其他金融机构40家。各类金融机构不断发展，推动普惠金融服务能力不断增强。

金融脱贫攻坚精准发力。中国人民银行数据显示，截至2023年12月末，全国普惠小微贷款余额29.4万亿元，余额同比增长23.5%，全年增加5.61万亿元，同比多增1.03万亿元。2023年新发放的普惠型小微企业贷款平均利率为4.78%，较2022年下降0.47个百分点，有力支持了小微企业发展。

（三）普惠金融基础设施

普惠金融基础设施属于普惠金融框架的中观层面，包括基础性金融设施和一系列金融服务。近年来，我国在普惠支付基础设施、会计标准体系、信用环境等方面取得显著成果。

1.支付基础设施不断完善

一是第二代支付系统在全国推广，实现了银行机构以法人为单位在支付系统“一点清算”，进一步提高了支付清算效率。二是人民币跨境支付系统（一期）正式投产运行，进一步整合了现有人民币跨境支付结算渠道和资源。三是完成中央银行会计核算数据集中系统综合前置子系统在北京、上海等23个省（市）上线推广。

2.会计标准体系进一步完善

一是持续完善企业会计准则体系，解决企业会计准则在执行中出现的问题，实现企业会计准则与国际财务报告准则持续趋同和等效。清理会计规范性文件，《信托业务会计核算办法》等39项文件被废止或自动失效；发布《企业会计准则解释第7号》等重要文件，并启动金融工具相关会计准则的修订。二是全面推进建设权责发生制政府综合财务报告制度，发布《财政总预算会计制度》等文件，并就存货等4项政府会计具体准则征求意见。三是进一步扩大可扩展商业报告语言（XBRL）技术的运用，发布《2015版企业会计准则通用分类标准》。

3.信用环境不断改善

在推动中小微企业和农村信用信息数据库建设方面，截至2023年末，金融信用信息基础数据库收录个人11.6亿，企业和其他组织1.3亿户。2023年，提供个人信用报告查询51亿次，企业信用报告查询1.6亿次。

4.普惠金融的其他服务机构正在兴起

近年来，我国高校、企业等单位相继成立普惠金融行业协会或研究中心，进行普惠金融的相关研究；国际普惠金融机构为我国提供了资金技术支持，建立了一些小额贷款机构。但是，我国独立的普惠金融评级机构、咨询技术机构等普惠金融的服务提供机构还未出现，健全的普惠金融指标体系亟待建立。

（四）普惠金融法律监管及政策环境

自20世纪末以来，我国在普惠金融法律法规建设方面取得了较快的进展，为普惠金融法律监管和政策环境的营造创造了条件。以国务院、中国人民银行、国家金融监督管理总局为主体的政府部门在中小微企业、下岗工人和农村金融等方面制定实施了一系列行政法规、规章制度等，各地方政府也根据本地情况制定了相应的法规制度。

1.中小微企业与就业创业金融支持政策

为了解决中小微企业融资难问题，自1999年以来，中国人民银行、财政部等先后出台了《关于建立中小企业信用担保体系试点的指导意见》《关于加强和改进对小企业金融服务的指导意见》《中小企业融资担保机构风险管理暂行办法》，这三个文件从融资担保的角度为中小微企业融资创造了条件。2002年，第九届全国人民代表大会常务委员会第二十八次会议通过《中华人民共和国中小企业促进法》，第一次以法律形式确立了国家对中小微企业融资的支持。而2010年出台的《中国人民银行 银监会 证监会 保监会关于进一步做好中小企业金融服务工作的若干意见》，则要求各方为中小微企业完善多元化融资渠道，包括信贷融资、资本市场融资等。

自2013年以来，随着小微企业关注度的提升，国务院相继推出了《国务院办公厅关于金融支持小微企业发展的实施意见》《国务院关于扶持小型微型企业健康发展的意见》。银监会则从信贷计划、内部考核、金融创新、规范收费等方面提出具体要求，要求商业银行进一步改进小微企业金融服务，出台《中国银监会关于2015年小微企业金融服务工作的指导意见》《中国银监会关于进一步落实小微企业金融服务监管政策的通知》。

新冠疫情暴发以来，监管部门根据中小微企业实际情况及时出台了相关的应对措施。2020年以来，《关于健全支持中小企业发展制度的若干意见》《关于支持"专精特新"中小企业高质量发展的通知》《国务院办公厅关于进一步加大对中小企业纾困帮扶力度的通知》《"十四五"促进中小企业发展规划》等政策相继出台，监管部门作出一系列部署，包括聚焦细分领域补短板、锻长板，支持新业态新模式发展，加速产学研协同、大中小企业融通创新等。这些措施将进一步推动中小企业创新和品质提升。

在助力城市下岗失业人员缓解就业问题方面，相关部门也出台了一系列扶持就业创业的金融措施。2002年，中国人民银行、财政部、国家经贸委、劳动和社会保障部联合发布《下岗失业人员小额担保贷款管理办法》，旨在优先为再就业人员申请小额担保贷款。为进一步推进下岗失业人员小额担保贷款工作，2004年，中国人民银行、财政部、劳动和社会保障部发布的《关于进一步推进下岗失业人员小额担保贷款工作的通知》鼓励各商业银行、农村合作银行和城乡信用社对新增就业岗位吸收下岗失业人员达到一定比例的劳动密集型小企业给予信贷支持，同时提出了一系列针对下岗失业人员和银行的优惠措施。2006年，中国人民银行、财政部、劳动和社会保障部发布的《关于改进和完善小额担保贷款政策的通知》进一步完善了小额担保贷款的管理办法，提出了推进创业培训与小额担保贷款联动机制、利用社区劳动保障工作平台，逐步建立和完善长效机制。2008年，中国人民银行、财政部、人力资源社会保障部发布的《关于进一步改进小额担保贷款管理 积极推动创业促就业的通知》提出创新小额担保贷款管理模式和服务方式、改进财政贴息资金管理、加大对劳动密集型小企业的扶持力度等措施。为改革完善相关体制机制，构建普惠性政策扶持体系，国务院在2015年和2019年分别发布《国务院关于大力推进大众创业万众创新若干政策措施的意见》和《国务院关于进一步做好稳就业工作的意见》。2020年，国务院发布的《国务院办公厅关于支持多渠道灵活就业的意见》鼓励劳动者创办小规模经济实体，支持发展各类特色小店，对下岗失业人员、高校毕业生、农民工、就业困难人员等重点群体从事个体经营的，按规定给予创业担保贷款、税收优惠、创业补贴等政策支持。2024年，国务院发布的《促进创业投资高质量发展的若干政策措施》，旨在优化创业投资发展环境，进一步激发创业投资活力，促进行业高质量发展。

这些政策通过优化金融支持、完善管理机制，逐步形成了一个有利于下岗失业人员再就业和创业的政策扶持体系。特别是创业培训、小额贷款担保、财政贴息等措施，为下岗失业人员提供了实质性帮助，不仅缓解了就业压力，还促进了创业带动就业的良性循环。这些政策的不断调整与完善，充分体现了政府对灵活就业和创新创业的重视，为劳动密集型企业、个人创业者等群体的持续发展提供了强有力的支持和保障。相关法律法规见表3-5。

表3-5　中小微企业和城市下岗失业人员相关法律法规

时间	内容
1999年	《关于建立中小企业信用担保体系试点的指导意见》《关于加强和改进对小企业金融服务的指导意见》
2001年	《中小企业融资担保机构风险管理暂行办法》
2002年	《中国人民银行关于进一步加强对有市场、有效益、有信用中小企业信贷支持的指导意见》 《中华人民共和国中小企业促进法》 《下岗失业人员小额担保贷款管理办法》
2004年	《关于进一步推进下岗失业人员小额担保贷款工作的通知》
2006年	《关于改进和完善小额担保贷款政策的通知》
2008年	《关于进一步改进小额担保贷款管理 积极推动创业促就业的通知》
2009年	《国务院关于进一步促进中小企业发展的若干意见》
2010年	《中国人民银行 银监会 证监会 保监会关于进一步做好中小企业金融服务工作的若干意见》
2013年	《国务院办公厅关于金融支持小微企业发展的实施意见》
2014年	《国务院关于扶持小型微型企业健康发展的意见》
2015年	《中国银监会关于进一步落实小微企业金融服务监管政策的通知》
2019年	《国家发展改革委　银保监会关于深入开展“信易贷”支持中小微企业融资的通知》
2020年	《银保监会 人民银行 发展改革委 工业和信息化部 财政部关于对中小微企业贷款实施临时性延期还本付息的通知》

续表

时间	内容
2020年	《商业银行小微企业金融服务监管评价办法（试行）》 《国务院办公厅关于支持多渠道灵活就业的意见》 《关于健全支持中小企业发展制度的若干意见》
2021年	《关于支持“专精特新”中小企业高质量发展的通知》 《国务院办公厅关于进一步加大对中小企业纾困帮扶力度的通知》 《“十四五”促进中小企业发展规划》 《国务院办公厅关于进一步支持大学生创新创业的指导意见》
2023年	《关于加强财税支持政策落实 促进中小企业高质量发展的通知》 《助力中小微企业稳增长调结构强能力若干措施》
2024年	《促进创业投资高质量发展的若干政策措施》

资料来源：作者整理。

2.发展农村金融和其他金融机构政策

农村金融发展工作一直是我国政府关注的一项重要工作，2004—2024年的中央一号文件都提及农村金融问题。农村金融机构的改革和发展催生了相应的金融法规。2003年，银监会出台《农村商业银行管理暂行规定》《农村合作银行管理暂行规定》，规范管理农村信用合作社改制后的农村商业银行和农村合作银行。2007年，银监会又相继出台了《村镇银行管理暂行规定》《贷款公司管理暂行规定》《农村资金互助社管理暂行规定》来培育和发展新型农村金融机构，并制定了相应的政策规范。2010年，银监会、国家发展改革委等多部门出台了《融资性担保公司管理暂行办法》。2019年，中国人民银行等五部门联合发布《关于金融服务乡村振兴的指导意见》，强调了要建立完善金融服务乡村振兴的市场体系、组织体系、产品体系，促进农村金融资源回流。

随着其他金融机构（如典当行、小额贷款公司等）不断兴起，相关部门分别颁布了试点法规，使得其他金融机构的发展有法可依。2005年，商务部联合公安部推出《典当管理办法》。2008年，银监会和中国人民银行颁布《关于小额贷款公司试点的指导意见》。2009年，银监会出台《消费金融公司试点管理办法》，并于2010年批准首批试点消费金融公司。2016年，银监会出台《P2P网络借贷风险专项整治工作实施方案》，要求各部门对P2P网络借贷平台进行摸底排查、分类处置、总结督导。相关法律法规见表3-6。

表3-6　农村金融和互联网金融相关法律法规

时间	内容
1999年	《农村信用社农户小额信用贷款管理暂行办法》
2001年	《农村信用合作社农户小额信用贷款管理指导意见》
2003年	《农村商业银行管理暂行规定》《农村合作银行管理暂行规定》
2005年	《典当管理办法》
2006年	《中华人民共和国农民专业合作社法》
2007年	《村镇银行管理暂行规定》《贷款公司管理暂行规定》《农村资金互助社管理暂行规定》
2008年	《关于小额贷款公司试点的指导意见》
2009年	《消费金融公司试点管理办法》 《小额贷款公司改制设立村镇银行暂行规定》
2010年	《融资性担保公司管理暂行办法》
2012年	《典当行业监管规定》
2014年	《国务院办公厅关于金融服务“三农”发展的若干意见》
2016年	《互联网金融风险专项整治工作实施方案》 《P2P网络借贷风险专项整治工作实施方案》

续表

时间	内容
2019年	《中国银保监会办公厅关于加强商业保理企业监督管理的通知》 《中国银保监会办公厅关于加强地方资产管理公司监督管理工作的通知》 《国务院办公厅关于促进平台经济规范健康发展的指导意见》 《关于金融服务乡村振兴的指导意见》
2023年	《关于金融支持全面推进乡村振兴 加快建设农业强国的指导意见》 《国务院关于推进普惠金融高质量发展的实施意见》
2004—2024年	中央一号文件

资料来源：作者整理。

为了进一步提升金融服务实体经济和防范化解金融风险的能力，2017年11月，国务院成立了金融稳定发展委员会，并将小额贷款公司、融资担保公司、区域性股权市场、典当行、融资租赁公司、商业保理公司、地方资产管理公司等7类金融机构以及投资公司、农民专业合作社、社会众筹机构、地方各类交易所等统一划归至地方金融监管局进行监管。

3.普惠金融发展规划

为推进普惠金融发展，提高金融服务的覆盖率、可得性和满意度，增强所有市场主体和广大人民群众对金融服务的获得感，2015年12月，国务院制定了《推进普惠金融发展规划（2016—2020年）》。这是我国首个发展普惠金融的国家级战略规划，确立了推进普惠金融发展的指导思想、基本原则和总体目标，从普惠金融服务机构、产品创新、基础设施、法律法规和教育宣传等方面提出了一系列政策措施和保障手段，在推进实施普惠金融、加强组织协调、开展试点示范等方面作出了相关安排。

根据《推进普惠金融发展规划（2016—2020年）》，2016年2月，中国银监会办公厅印发了《中国银监会办公厅关于2016年推进普惠金融发展工作的指导意见》，对银行业金融机构和各级监管部门推进普惠金融发展工作提出了一系列指导意见。2016年9月，财政部推出《普惠金融发展专项资金管理办法》，提出旨在“加强普惠金融发展专项资金管理，提高财政资金使用效益”的一系列措施。2019年9月，为了进一步优化完善财政支持普惠金融发展方式，更好发挥财政资金引导撬动作用，切实提高普惠金融服务水平，推动大众创业、万众创新，服务乡村振兴战略，助力打好防范化解重大风险攻坚战，财政部对2016年发布的《普惠金融发展专项资金管理办法》进行了修订。2023年10月，国务院印发《国务院关于推进普惠金融高质量发展的实施意见》，明确指出未来五年要基本建成高质量的普惠金融体系，重点领域金融服务可得性实现新提升，普惠金融供给侧结构性改革迈出新步伐，金融基础设施和发展环境得到新改善，防范化解金融风险取得新成效，普惠金融促进共同富裕迈上新台阶。

三、中国普惠金融发展面临的阻力与存在的问题

（一）宏观经济视角：中国普惠金融发展的阻力与问题

1.普惠金融的相关政策法规不健全

（1）纲领性文件规划细节不够，普惠金融政策环境不完善。作为我国首个发展普惠金融的国家级战略规划，《推进普惠金融发展规划（2016—2020年）》（简称《发展规划》）这个纲领性文件虽然确立了推进普惠金融发展的指导思想、基本原则和总体目标，但是仍存在许多细节问题。第一，《发展规划》内容过于粗线条，许多重要内容未能细化；第二，《发展规划》提出的许多内容没有明确的时间表，贯彻落实尚待检验；第三，《发展规划》的落实缺乏明确的责任归属和强有力的领导机构。

2023年国务院印发的《国务院关于推进普惠金融高质量发展的实施意见》（简称《实施意见》），是《发展规划》的必要延伸。《发展规划》实施到期后，普惠金融发展仍面临诸多问题和挑战，有必要持续发力、补齐短板，构建高水平普惠金融体系。在明确目标的基础上，《实施意见》围绕支持中小微企业发展、健全农村

金融服务体系、巩固拓展脱贫攻坚成果、加强和完善现代金融监管等党中央工作部署，进一步细化政策举措，并强调聚焦重点领域、保险和资本市场的作用以及数字普惠金融发展等内容。未来，政府还需要进一步完善普惠金融的制度设计，在给予配套政策支持的同时，落实监管考核机制，积极丰富细化《实施意见》的内容，最终稳步推进实施。

（2）缺少专门性普惠金融法律，普惠金融服务主体法律尚未明确。尽管我国已经制定了一系列行政法规、部门规章和地方性法规，有利于完善普惠金融服务和规范普惠金融服务主体，但是，由于立法层次较低、法律效力较弱，这些政策法规在实际操作中遇到许多障碍。美国普惠金融法律体系的核心之一《社区再投资法》规定，商业银行在中低收入社区的信贷服务需要满足一定的要求，并由联邦监管机构负责考核其在中低收入社区履行金融服务职能的表现。我们需要借鉴国外经验，把政策法规上升为专门性法律，对普惠金融的基本思想、基本要求、监管机制等方面作出具体的规定，以满足弱势群体的金融服务需求。

另外，由于法律规范的缺失或落后，许多普惠金融服务主体法律尚不明确，导致部分市场主体利用法律漏洞进行伪金融创新。比如，曾经发展迅速的P2P网络借贷出现了擅自挪用资金、资金链断裂甚至跑路的现象，给投资者造成了巨大损失，带来了重大金融风险。再比如，从事扶持低收入群体小额信贷业务的组织或机构在我国兴起和发展已久，但是一直没有解决其法律定位问题，这成为限制其发展的重要因素。此外，典当行、小额贷款公司、融资担保公司、农村信用合作社等普惠金融服务主体需要进一步确定法律规范。

2.符合国情的适度监管体系尚未建立

（1）普惠金融相关监督机制不完善。由于法律法规不完善以及政府部门自身原因，普惠金融监督机制存在一些问题。第一，传统金融监管职能定位不清，不仅集监管与发展职能于一身，还承担了部分财政职能，导致金融领域出现资源错配、风险并存的现象。第二，大量从事金融活动的机构由于未被定义为“金融机构”而处于监管缺位的状态，同时在税制、司法等领域得不到有效的政策支持和保障。

（2）弱势群体金融服务保护不到位。及时查处侵害金融消费者合法权益的行为，保护金融消费者权益，是普惠金融发展的基本要求。然而在实际中，金融消费者尤其是弱势群体的权益没有得到很好的保护。弱势群体往往缺乏维护自身消费权益的知识和能力，监管部门需要逐步建立适合我国国情的金融消费纠纷解决机制，保护弱势群体的金融服务消费权益。农村地区频繁发生非法集资和诈骗事件，受害者大多是缺乏金融知识的农民。

3.金融商业属性下的普惠理念缺失

以营利为目的的金融商业属性导致金融服务主体在经营过程中缺乏普惠理念。一方面，我国的普惠金融理念启蒙较晚。20世纪90年代普惠金融理念才正式引入我国，我国才出现以扶持低收入群体为目的的小额信贷机构，而且发展规模有限。另一方面，许多金融机构偏离了服务于“三农”和中小微企业的初衷。小额贷款公司、典当行等为了追逐利润，在实际经营过程中把资金投向房地产等热门行业；信用合作社为了追求绩效，更多地向更富裕的农户或企业提供服务。

（二）微观财务视角：中国普惠金融发展的阻力与问题

1.普惠金融供给的商业不可持续

从供给方的角度来看，普惠金融服务主体在经营发展中面临的瓶颈是商业不可持续。商业不可持续主要有两个原因。第一，普惠金融服务因风险收益不平衡导致服务主体财务亏损。普惠金融需求分散化、碎片化以及需求方信用的脆弱性抬升了普惠金融服务主体的经营难度、业务成本和产品风险，许多福利性质甚至商业性质的微型机构，往往难以维持正常的资金运转，即使能勉强经营，在碰到意外风险事故（如自然灾害导致大量农民破产）时也会面临损失甚至破产。第二，在普惠金融业务发展遇阻和其他业务利益驱动之下，普惠金融服务主体偏离了服务于弱势群体的初衷。一边是风险收益不平衡的普惠金融业务，另一边是风险收益明显更合理的金融业务，金融机构出于自身财务利益的考量自然倾向于选择风险收益更优化的业务。比如，在为同一笔资金选择客户时，农村信用合作社的信贷员自然更愿意把资金借给农村大中型企业而不是低收入农户。

2.弱势群体的金融需求受抑制

从需求方的角度来看，弱势群体的金融需求受到内外两方面的抑制。第一，外在金融排斥带来的需求抑制。被正规金融系统排除在客户名单外，比如边远地区的农民享受不到银行服务（地理排斥），中小微企业没有通过风险评估而被银行拒贷（评估排斥）。第二，弱势群体由于自身因素导致的需求抑制。自身因素包括受教育程度、自我认识等，比如农民因为文化程度低而存在沟通障碍，难以办理金融服务，或者弱势群体因为金融知识不够而认为自身条件不足以获得金融服务，把自己排除在金融服务之外。

Chapter 4

第四章

普惠金融与包容性增长

第一节

普惠金融与居民消费、储蓄

一、普惠金融对居民消费的影响

（一）居民消费对国民经济的重要性

党的二十大报告进一步强调增强消费对经济发展的基础性作用，且居民消费是经济学研究的重要领域。宏观层面上，消费作为拉动国民经济增长的“三驾马车”之一，为宏观经济增长提供了长足动力，对社会发展具有重要意义；中观层面上，居民消费偏好与消费潜力释放关系部分行业的生产活动决策，长期影响行业的生存与发展；微观层面上，居民消费影响个人和家庭的生活质量与幸福感，与家庭内部的收入分配息息相关。

2013—2023年，全国居民人均可支配收入从18311元跃升至39218元。这一增长趋势凸显了我国经济的稳健发展和居民生活水平的显著提高。与此同时，全国居民人均消费支出从2013年的13220元增长到2023年的26796元（见图4-1），虽然呈上升趋势，但是与居民人均可支配收入相比，其增长速度稍显滞后。这意味着虽然居民收入增加，但他们选择的不仅仅是增加消费，而是有更多的留存或投资。这样的变化可能与多种因素有关。例如，居民对未来的预期、对现有经济环境的判断、对投资机会的识别等。特别是2019—2020年，全球经济受到了前所未有的冲击，这使得消费者更加谨慎，对未来保持更为保守的预期。此外，这也可能与国家政策、社会保障体系、金融市场情况尤其是普惠金融的发展有关。这十年也是普惠金融蓬勃发展的十年，当金融市场为更广泛的居民群体提供了更多、更平等的金融服务机会时，居民可能会选择将部分资金投入金融市场，从而实现资产的增值。因此，我们不仅可以看到这十年经济的蓬勃发展，还可以深入探究其背后的居民消费和储蓄行为。这为经济学家、政策制定者乃至普通大众提供了宝贵的启示：在追求经济增长的同时，要注重结构的优化和质量的提升。接下来，我们将进一步深入探究普惠金融在此过程中发挥的作用。

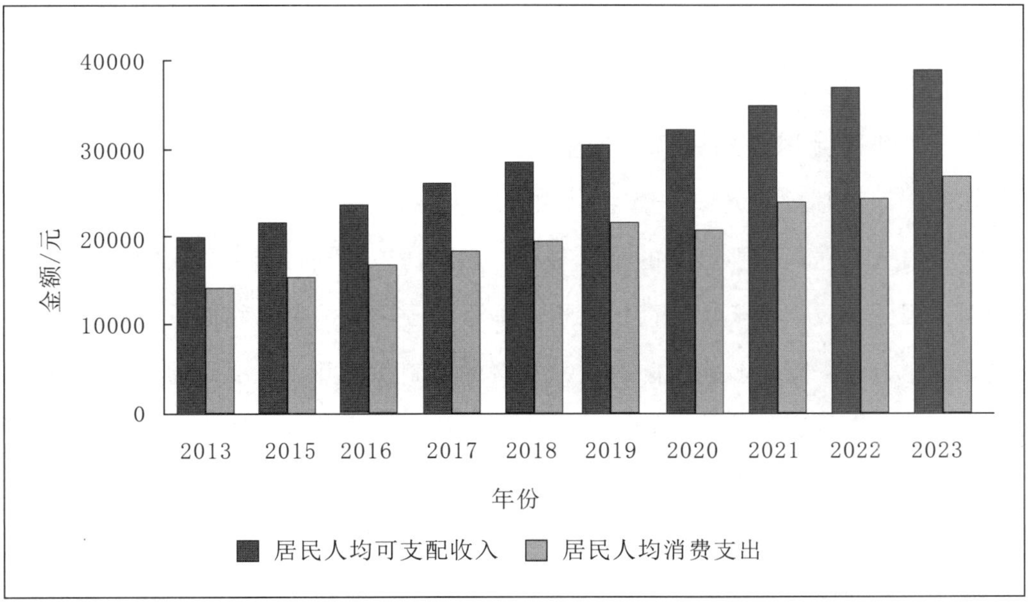

图4-1　2013—2023年全国居民人均可支配收入及人均消费支出

数据来源：作者整理。

（二）普惠金融对居民消费的影响及异质性

目前，学术界普遍认为普惠金融会促进居民消费，现有两大类研究分别从宏观层面和微观层面进行了分析。

一类研究从宏观层面进行分析，将研究对象设置为全国的城市和乡村或各个省份，并以北京大学数字普惠金融指数及其子指数作为衡量普惠金融发展程度的核心指标，探究普惠金融对我国居民消费的影响。崔海燕（2017）从城乡居民角度进行研究，分析2011—2015年的数据，发现数字普惠金融能够有效提高农村居民消费水平；进一步地，邹新月 等（2020）关注了居民的整体消费水平，针对2011—2018年的数据进行分析，认为数字普惠金融可以显著地促进整体居民消费水平的提升。

另一类研究从微观层面进行分析，将研究对象聚焦于家庭层面，把数字普惠金融指数和各种微观数据进行匹配，分析普惠金融对居民消费的影响。易行健 等（2018）将微观家庭金融调查数据和数字普惠金融指数进行匹配与合并，发现数字普惠金融有利于促进家庭消费的增加，并且这种促进作用在农村、中西部地区以及低收入家庭中更为显著。

（三）普惠金融对居民消费的影响机制

其一，收入风险渠道——普惠金融有助于缓解收入风险对居民消费的抑制作用。家庭收入是居民消费行为的重要基石，人们往往根据对未来收入的预期制定消费计划，因此，收入的不确定性极大程度地影响了居民消费。然而，已有学者研究发现，普惠金融会降低收入风险对居民消费的抑制性，并且主要是通过缓解家庭流动性约束、提高家庭风险管理能力和扩大家庭社会网络的方式实现的，这种影响在欠发达地区居民家庭和低收入居民家庭中更为明显，但同时也会受限于个体金融素养和社会信任程度（杨碧云 等，2024）。

其二，流动性约束渠道——普惠金融有助于缓解流动性约束，以此实现对居民消费的促进作用。居民持有的短期内可灵活支配的现金量往往是其消费决策的基础，有研究表明，普惠金融对持有流动性资产更少的群体有更明显的消费促进作用。这个结果表明，面临更大流动性约束的群体的消费行为更容易受到普惠金融的影响（易行健 等，2018），有效地印证了这一渠道。

其三，便利支付渠道——普惠金融通过提升支付便利性来促进居民消费。普惠金融可以提升支付便利性，使居民在消费时减少对现金的需求，这正是我国近年来金融经济发展的新现象。研究表明，普惠金融有三个子指数，从电子账户的覆盖广度、支付业务的使用深度、数字支持服务程度三个层面分析发现，普惠金融可以通过提升支付便利性的渠道促进居民消费（张勋 等，2020）。

二、普惠金融对居民储蓄的影响

（一）居民储蓄对国民经济的重要性

随着我国数字基础设施的迅猛发展，居民的生活方式经历了显著的数字化转型，其行为模式亦发生了根本性变化。在这一背景下，近年来，我国居民储蓄率的下降与杠杆率的急剧上升，已引起学术界和政策制定者的广泛关注。

据国际清算银行提供的数据，2010年之前，我国居民家庭债务占国内生产总值的比重与发达国家相比存在较大差距。然而，近年来，该比重呈现出迅猛增长的态势，从2010年的27.3%激增至2019年的55.2%，与发达国家的差距显著缩小。杠杆率的上升伴随着储蓄率的进一步降低。世界银行的数据显示，我国储蓄率在2010年达到峰值（约51.5%）后便逐步下降，居民部门的储蓄率变化趋势与总体储蓄率变化趋势保持一致。

在经济增长理论中，新古典主义学派已明确证实储蓄对经济长期增长具有关键性作用。我国改革开放40多年以来，居民的高储蓄率在很大程度上以低成本转化为投资，为国家的高速工业化、城镇化和经济增长作出了显著贡献。当前，储蓄率的下降趋势可能预示着何种经济动态？数字化金融如何影响居民储蓄率？这些问题的研究不仅对我国经济的高质量发展具有深远的理论意义，还对政策制定和实践具有重要的指导价值。

（二）普惠金融对居民储蓄的影响及异质性

学术界对数字普惠金融对居民储蓄行为的影响进行了广泛研究，主要从宏观和微观两个层面展开，大多研究结果表示普惠金融对居民储蓄存在一定程度的负向影响。

宏观层面的研究关注某一范围内整体的居民储蓄情况，集中探讨普惠金融的发展如何影响宏观居民储蓄水平。普惠金融结合互联网技术，有效降低了交易成本，缓解了金融市场中的信息不对称问题，促进了资源的优化配置。普惠金融的快速扩张，为公众提供了更为迅捷、高效的支付解决方案以及种类繁多、易于获取的金融服务，这不仅降低了投资理财产品的准入门槛，还对社会经济的多个方面产生了深远的影响（郭峰 等，2020）。在这一过程中，大型国有银行凭借规模、资本和经验等方面的优势，占据了主导地位（Yao et al.，2023）。普惠金融服务的改进提高了家庭在正规金融市场中的活跃度，推动了资产配置的合理化（尹志超 等，2015）。同时，国际研究亦证实，数字普惠金融的发展有助于拓宽企业和个人的融资途径，加强个人及家庭对正规金融服务及普惠金融产品的利用（Ketterer，2017）。

微观层面的研究利用以家庭为单位的储蓄率数据来展开，聚焦于普惠金融对家庭储蓄情况的影响。尹志超 等（2022）研究发现普惠金融中移动支付对家庭储蓄率有显著的负向影响，主要通过缓解流动性约束和信贷约束、扩大社会网络的渠道对家庭储蓄率产生负向影响；张斌昌 等（2020）运用2016年中国家庭追踪调查（CFPS）截面数据，通过实证分析发现数字普惠金融与家庭储蓄率呈现负相关的关系，并且在城乡、区域和收入层次等方面存在异质性。

（三）普惠金融对居民储蓄的影响机制

其一，流动性约束渠道。在经济学领域，流动性约束理论提供了对家庭储蓄行为的深刻洞见。该理论指出，由于面临流动性限制，家庭倾向于增加储蓄以备不时之需。一系列实证研究已经证实了流动性约束与家庭储蓄率之间的正相关性。甘犁 等（2018）以及万广华 等（2022）的研究均发现，受到流动性约束的家庭往往展现出更高的储蓄倾向。与此同时，普惠金融的兴起与发展显著改善了家庭融资环境，依托于互联网信息技术，普惠金融能够扩大融资渠道并降低融资门槛，从而缓解家庭面临的流动性约束。这种技术进步不仅为家庭提供了更为便捷的融资途径，还有助于减少与融资相关的交易成本和信息不对称问题。因此，普惠金融的发展通过降低流动性风险的渠道减少了居民的预防性储蓄。

其二，收入不确定性渠道。经济学中的预防性储蓄理论认为，面对未来收入的不确定性，家庭会有意识地增加储蓄以备不时之需并提高经济安全感。同时，沈坤荣 等（2012）实证分析印证了收入不确定性与家庭储蓄率之间存在正相关关系。普惠金融通过提高风险承担能力、促进保险参与以及影响家庭就业状况，极大程度地降低了收入不确定性，从而导致居民储蓄率的降低（汪亚楠 等，2020；李晓 等，2021）。

其三，基于行为金融的消费获得感渠道。普惠金融的一大特征是提高线上数字金融账户的覆盖度和居民消费的便捷程度，为各类刺激消费需求的奖励折扣行为提供可能。当居民利用金融账户消费能为其提供额外效应时，例如支付减免奖励，居民会拥有更高的消费获得感，从而增加消费行为，减少储蓄行为，导致居民在数字金融账户中的储蓄水平更低，从而带来居民总体储蓄率的降低（程章 等，2024）。

三、消费与储蓄的平衡

中国作为世界第二大经济体，在很长一段时间里保持较高的居民储蓄水平，这一水平远高于发达国家和部分发展中国家。长期以来，我国一直是总储蓄值第一大国，2021年我国的居民储蓄总值更是总储蓄值第二大国美国的约2倍。但长期以来储蓄水平较高就意味着消费不足，从而导致内需不足，极大程度限制了我国经济增长。

过去，从金融视角看，我国储蓄水平居高不下的主要原因有以下两个方面：第一，金融产品及服务缺乏普惠性。我国的金融市场发展水平与部分发达国家尚有一定距离，市场上的金融产品及服务大多面向大型企业及高净值人群，中小微企业与中低净值人群往往达不到金融机构的服务门槛，其金融诉求也无法通过现有的产品体系实现，这导致人们拥有财富却找不到合适的金融投资理财机会，往往只能被动选择最保守的储蓄行为。第二，受传统观念影响，消费需求未能得到充分释放。勤俭节约是我国的传统美德，在物质条件尚未充裕的阶段，比起消费，人们更习惯进行预防性储蓄，以备不时之需；而在资金匮乏的阶段，人们也往往会利用现有的钱进行消费，奉行量入为出、适度消费的原则，因此通常不会选择借贷提前消费。这样的观念导致我国居民的消费需求一直受到抑制，未能充分释放，因而我国的消费市场具有巨大的潜力。

随着普惠金融的出现与发展，这种消费与储蓄失衡的情况得到缓解和改善。从前文的论述可知，普惠金融的发展促进了居民的消费行为，并在一定程度上抑制了储蓄行为。首先，普惠金融为更多群体提供了便捷、广泛、适用的金融产品及服务，精准面向中小微企业及中低净值人群，使得原本就有金融诉求但未能得到金融支持的群体享受到平等的金融服务，有助于实现居民消费与储蓄的平衡。其次，普惠金融的出现扩大了内需，促进有效需求的充分释放。普惠金融的蓬勃发展为广大居民的消费行为提供了有效的资金支持，并缓解了中小微企业的融资困境，为市场提供了更多的投融资机会，提升了市场活力，诸如各种小微信贷、消费贷的出现，激发了有效内需，从而实现了居民消费与储蓄的平衡。最后，普惠金融的发展提升了居民的金融素养，使更多人有能力对市场上的金融产品及服务进行合理判别，有助于更多群体以自己的知识水平找寻到真正适合自己的投资产品，而不必再被迫进行储蓄，进一步促进了消费与储蓄的平衡。

四、提升普惠金融服务质效的策略

（一）持续推动数字普惠金融与技术深度融合

进一步促进数字普惠金融与新兴技术如人工智能的深度融合，以此提升金融机构的服务效能。同时，加强金融基础设施建设，提升普惠金融服务的整体水平，尤其是在城镇和农村地区，以发挥其对居民消费的积极促进作用。

（二）积极拓展普惠金融覆盖范围

普惠金融对不同地区居民消费行为的影响存在差异性，特别是在农村及中西部地区，其正面效应更为显著。因此，需进一步扩大数字普惠金融的服务覆盖面，特别是向金融服务不足的农村和经济欠发达地区倾斜，通过完善网络基础设施和提供适宜的金融服务，使更广泛的长尾人群受益于数字普惠金融的便捷性，从而提高他们的生活质量。

（三）推动普惠金融产品创新与服务体系完善

为了满足包括中小微企业、青年创业者和新型农民在内的不同群体需求，需要构建一个全面、多层次的数字普惠金融产品和服务体系。应通过整合商业银行、互联网金融机构和支付机构等各类金融机构的资源，更加全面地覆盖不同的领域和行业，提供更加便捷、多样化的金融服务。同时，应积极推进普惠金融产品的开发与创新，真正了解长尾客户的需求，开发多样化的理财产品、推广数字人民币的使用、完善征信系统，进一步提升支付效率和减少信贷约束。

（四）加强数字金融法律监管，将所有金融活动纳入监管范围

数字时代下，随着金融行业的快速发展，出现了诸如非法集资等一系列扰乱市场秩序的行为。因此，需尽快加强数字金融的法律监管，建立健全的法律法规体系，加大监管力度，规范市场秩序，提高信息披露质量和透明度，这是保障居民权益和促进普惠金融健康发展的重要措施。

第二节

普惠金融与创业

一、普惠金融对创业的支持作用

创业活动可以通过创新（Schumpeter，1934）、技术进步（Michelacci，2003）、创造就业（Glaeser et al.，2010）来促进经济增长。随着经济向形态更高级、分工更复杂、结构更合理的新常态过渡，增长驱动力也必须由要素驱动、投资驱动向创新驱动转变。传统金融发展理论强调金融总量与规模的提升。但在现实中，由于金融排斥的存在，弱势群体获得传统金融服务的难度较大，并不能充分享受到金融总量与规模提升所带来的益处。相较于强调金融总量与规模提升的传统金融发展理论，普惠金融侧重于帮助弱势群体以可负担的成本获得金融服务，更强调金融服务的广泛。因此，普惠金融的发展在很大程度上扩展了金融服务的受益边界，使得更多的创业活动能够获得金融体系的支持。

已有研究表明，普惠金融主要通过提升居民金融能力促进创业，并且随着金融教育的普及，普惠金融发展对创业的促进作用将加强；进一步地，金融教育对普惠金融影响创业的调节作用，是通过提高金融服务使用度实现的，而且在我国，实现金融广化更有助于居民创业精神的激发。

二、创业融资的主要渠道

（一）缓解资金约束以促进创业意愿

资金是创业活动的首要资源。普惠金融的发展提高了信贷服务的可得性，为有潜在创业意愿者开展创业活动、平衡当前与未来生活的资金需求提供了重要手段。但需要注意的是，信贷服务可得性的提高，并不意味着居民的融资需求完全被满足。机会平等和商业可持续性是发展普惠金融必须坚持的重要原则。因此，居民的融资需求是否得到满足、在何种程度上得以满足，不仅取决于信贷服务的可得性，同时也取决于居民自身的经济状况和条件。从这个角度说，缓解资金约束未必是普惠金融促进居民创业意愿形成的潜在机制。

（二）提升金融能力以提升创业技能

相较于直接的资金供给，普惠金融对居民金融能力的提升显得更为基础和重要。在我国，绝大部分弱势群体是大众创业的重要载体。这部分群体对金融服务认识相对不足，其合理选择并使用金融产品和服务的意识和能力都显得比较薄弱，自身金融能力的欠缺在很大程度上制约了居民对包括创业在内的各类经济活动的参与。普惠金融的发展，通过将弱势群体纳入主流金融服务中，提高了其包括交易媒介使用、风险认知、风险管理等在内的诸多金融能力。而这些金融能力的提高，使得有潜在创业意愿者具备开展创业活动所需的基本技能和素质，进而促进其创业意愿的形成和确立。可以发现，提升居民金融能力，可能是普惠金融促进居民创业的重要渠道。

（三）优化营商环境以丰富创业机会

普惠金融的发展促进了市场投资机会多元化，增添了市场活力，降低了中小微企业及项目的经营门槛，极大程度地优化了市场营商环境。因此，普惠金融从供给端发力，为创业活动降低了门槛，提供了更加多元化、友好的营商环境，产生了更多潜在的创业机会，释放了市场活力，进一步提升了创业水平。

三、成功创业案例分析

2022年，湖北潜江农商银行成功发放了首笔普惠性质的创业担保贴息贷款，这给一家名为潜江市江汉钻具有限公司的小微企业带去了巨大希望。

创业担保贴息贷款主要用于解决符合贷款条件的小微企业或其法定代表人、实际控制人、控股股东在扩大生产经营、自主创业就业过程中流动资金暂时短缺的问题。小微企业最高能获得300万元创业担保贴息贷款，原贷款利率为5.2%，财政贴息后，贷款利率仅为2.2%。这笔贷款能为江汉钻具有限公司每年节省9万元利息，在缓解它作为小微企业融资难问题的同时，也为其生产经营活动提供了政策优惠条件。

获得贷款后的江汉钻具有限公司具有了生产的资金保障，牢牢把握住了当时市场需求增长的机会，半年时间就实现了近2000万元的产值，还获得了市场的广泛认可，全面赋能企业创新增长。当地普惠金融的发展成功缓解了该企业的融资困境，并且基于充分考量，将贷款发放给具有良好生产经营表现的企业，在实现普惠金融促进小微实体经济发展的同时，有效控制了风险。

四、创业支持的政策建议

（一）完善顶层设计，推动金融包容性发展

提升金融的包容性发展水平、优化金融资源配置已成为我国金融发展的当务之急。顶层设计的出台将有助于综合推动整个金融体系更好地为薄弱领域或者弱势领域、弱势地区、弱势群体提供金融服务，有助于经济实现更均衡、更充分的发展。

（二）拓宽服务广度，提高金融服务可得性

金融服务的覆盖率、可得性在很大程度上影响着居民对金融服务的获取和使用。因此，发挥普惠金融对创业人群的支持效应，首要之举就是合理布局网点，下沉金融服务重心，打通金融服务“最后一公里”。当前，金融科技发展迅猛，应充分利用数字金融交易成本低、信息对称性强、交易效率高的特点，不断拓宽金融服务的覆盖面。

（三）注重协同发展，形成普惠性金融服务体系

完善的金融服务体系应能发挥支付清算、资源转化、资金融通、风险管理、激励和信息提供等各项金融功能。普惠金融发展作为一项系统性工程，除强化信贷支持以外，还应继续推动交易媒介升级、完善支付清算服务、拓宽风险管理渠道，让

居民充分享受普惠金融发展带来的好处。

（四）加强普惠金融发展和监管与现代科技的深度融合

深化金融与科技的整合，推动金融产品生产的全面数字化、消费的全面网络化，以及交易的全面信息化，以此提升金融服务的效率，减少交易成本。适当放宽金融科技企业的市场准入限制，积极扶持新兴金融科技公司的成长，以此激发金融科技、智能金融和智慧金融在规范化市场环境中的创新潜力。加速建设普惠金融所需的基础设施，为中小微企业创业提供有利条件。并且，通过与地方政府和金融机构的合作，建立装备完善的农村金融服务站点，确保农村地区能够全面接入基础及综合金融服务。除此之外，还要强化对普惠金融活动的监管，促进电子签名、视频签约和人脸识别等技术的合法化应用，确保线上普惠金融服务的有效实施。

第三节

普惠金融与经济增长

一、普惠金融促进经济增长的机制

传统金融发展理论多从金融深化角度入手，即从金融中介和金融市场两个方面关注金融深化对经济增长的影响（King et al.，1993）。而普惠金融从金融服务公平性的角度，延伸了金融发展的内涵，针对金融发展过程中的市场失灵，提供更为公平和广泛的金融服务，促进经济增长。

（一）解决企业融资困境渠道

普惠金融有助于缓解企业融资困难，促进企业投资（Dupas et al.，2013；邹伟 等，2018），从而促进经济增长。在资本市场和信贷市场中受到歧视的中小微企业是普惠金融体系的扶持目标之一。这些企业受到金融排斥和投资门槛限制，不能便利地、及时地把握具有高附加值、高回报率的投资机会，降低了资源的配置效率（李涛 等，2016）。有效降低这些企业遭遇的金融排斥，将有助于缓解它们面临的融资约束，进而促进企业投资。从某一时点看，中小微企业是那些风险较高、抵押品不足的企业，但是从发展的眼光看，中小微企业是未来大型企业的初创阶段和成长阶段。将中小微企业排斥在金融体系之外，不利于中小微企业的成长，也不利于企业部门的整体发展和进步。而普惠金融可通过提供金融服务、降低交易成本、提升风险管理水平、促进能力创新等机制实现扩大再生产，进而影响实体经济产出（王修华 等，2019）。

（二）促进资本形成与优化要素配置渠道

在普惠金融发展过程中，金融机构通过吸收公众存款，实现资本的初始积累。这一行为不仅为金融机构自身的扩张提供了资金基础，还通过向企业提供必要的生产资本，促进了生产要素的有效配置。Bruhn et al.（2014）指出，金融机构的这一行为强化了资源配置功能，优化了信贷资金在不同产业间的分配，促进了实体经济产业结构的进一步升级，助力经济蓬勃发展。

（三）刺激内需渠道

普惠金融的发展促进了金融产品及服务的创新和优化，使得金融产品更贴近广大投资者的真实理财诉求，为居民消费与企业投资活动提供了更加便捷有力的资金支持，使得原有被压抑的内部需求得到了充分的释放。刘湘云 等（2018）的研究表明，金融产品的丰富化不仅满足了居民的现有消费需求，还刺激了新的消费需求。这种需求的多样化，反过来又推动实体经济的发展与产业结构的调整，以适应消费者不断变化的需求结构。

（四）其他渠道

除上述渠道之外，有许多研究结果表明，普惠金融还可以通过提高市场活跃度的渠道实现对经济的促进作用（张勋 等，2019；滕磊 等，2020）。此外，电子商务和通信技术等的快速发展能够降低传统金融对物理网点的依赖，使普惠金融具有更强的地理穿透性和低成本优势（李继尊，2015），从而有助于降低信息不对称和交易费用（王博 等，2017）、降低市场主体的创新成本，促进企业创新（Beck et al.，2018；唐松 等，2020；谢雪燕 等，2021）和区域创新（黄漫宇 等，2021）、提升区域全要素生产率（贺茂斌 等，2021），促进创业（李建军 等，2020b；谢绚丽 等，2018）。此外，普惠金融还能够促进产业结构优化（杜金岷 等，2020）、提升居民消费能力（张勋 等，2020），进而促进经济增长。

二、经济增长中的普惠金融效应

（一）经济持续增长，导致金融服务向长尾客户溢出

随着经济持续增长，金融服务必然会变得更加具有普惠性。传统金融具有“嫌贫爱富”的底色，通常面向大型企业以及高净值人群提供产品和服务，然而，这类

群体具有极强的稀缺性。随着经济的不断增长，金融行业也必然会蓬勃发展，因此，传统金融行业偏好的高净值金融服务面临的竞争必然会加剧，金融机构的经营利润也会被进一步稀释。在这种情况下，金融服务必然会向中小微企业以及中低净值人群溢出，金融发展的普惠性也随之提升，经济增长呈现出普惠金融效应，并表现得愈加显著。

（二）以共同富裕为要求，经济与金融的发展成果必然由全体人民共享

共同富裕是中国特色社会主义的本质要求，也是我国社会与经济发展所追求的理想与目标，是中国经济发展不同于世界上任何国家的一大特征。我国经济发展始终强调人民性，在发展过程中充分体现以人为本的属性。在这样的目标引领下，我国经济增长与金融发展所取得的成果必然由全体人民共享，这本身就具有极强的普惠性特征，同时，普惠金融本质上也是我国经济增长过程中一个贯穿始终的潜质。

（三）经济结构平衡视角下，普惠金融理念的产生具有必然性与必要性

经济发展建立在社会稳定的前提下，而收入差距过大会影响社会秩序的稳定与人民的团结性和凝聚力。因此，解决收入结构失衡、区域间发展不均衡、产业结构失衡等结构性问题是经济发展过程中始终伴随的命题，而普惠金融就是利用金融的手段，提高经济飞速发展过程中的人民关怀性，兼顾经济增长效率与公平性，实现经济发展成果的再分配，促进社会稳定，保障经济平稳运行。因此，在经济增长过程中出于结构性考量，必然会产生普惠金融理念。

三、普惠金融对经济稳定发展的作用

普惠金融在推动经济社会发展中的作用已得到广泛认可，然而，其对金融稳定的影响并未形成统一的口径。一方面，有学者提出普惠金融通过扩大金融市场的参与面，增强了金融体系的稳定性。另一方面，也有学者认为普惠金融降低了金融服务的获取门槛，创新了金融产品与服务，可能带来新的风险点，从而增加金融体系的不稳定性。因此，普惠金融在发展的过程中，收益与风险始终并存，需要加强有效监管，才能实现真正意义上的风险管控。

（一）普惠金融对经济稳定发展的促进作用

第一，普惠金融的发展扩大了市场参与者范围。普惠金融为部分低收入群体及中小微企业提供了一定的金融服务，而这部分群体所占的市场体量较小，受经济周期的影响小于传统金融服务的大型客户，将其纳入金融体系既丰富了金融市场客户的多样性，又分散了市场风险，有助于增强金融体系抵御危机的能力。

第二，普惠金融的发展创造了更多的就业机会。普惠金融的服务对象包括中小微企业和中低净值人群，而中小微企业通常为劳动密集型企业，因此，普惠金融对其的扶持给市场创造了更多的就业机会，为更多群体提供了生活来源及保障，一定程度上提高了经济发展的稳定性。

第三，普惠金融的发展促进了资产的多元化。普惠金融促进了大量金融产品创新，丰富了金融资产的种类，避免单一、高估值的金融资产导致的风险集中。与此同时，普惠金融也为实体经济提供了资金支持，推动了实体经济的多元化发展，促进了实物资产或服务的创新与迭代，增强了企业的产品竞争力，并提高了经济的稳定性。

第四，普惠金融的发展减弱了系统性冲击。传统金融与经济危机往往起源于大型的、资本密集程度较高的企业与集团，而不同大型企业之间往往存在较强的业务关联，因此，如果金融市场上仅存在这类主体，极容易导致系统性风险的发生与蔓延。而普惠金融面向的中小型客户就很好地丰富了市场参与主体的类型，分散了市场风险，从而提升了经济的稳定性。

（二）普惠金融对经济稳定发展的抑制作用

第一，金融总量固定的视角。Mishkin（1999）认为，金融资源的总量是有限的。而普惠金融的过度发展可能会由于增加对金融资源的需求而导致市场利率上升，而一旦超过市场的承受能力，可能会对现有的金融系统造成冲击，对经济的稳定性形成巨大冲击。

第二，放贷标准下降的视角。Khan（2011）的研究结论表明，在推广普惠金融服务的过程中，金融机构可能会降低放贷标准。在实际操作中，很多金融机构将信用评估等关键职能外包给第三方，并非由自己控制，这极大程度地增加了评估风险。在缺乏适当监管的情况下，可能导致贷款质量下降，增加金融系统的脆弱性，从而对经济的稳定性产生负面影响。

第三，中小微企业的经营风险视角。普惠金融的主要服务对象之一为中小微企业，Adasme et al.（2006）通过对智利银行业的研究发现，向中小微企业提供金融服务可能会削弱金融稳定，因为中小微企业相对于大型企业而言，面临更高的经营风险，而这些风险可能会通过金融“加速器”迅速传递到整个经济体系中，从而对经济稳定性产生一定程度的冲击。

第四节

普惠金融与区域经济平衡发展

一、区域经济发展不平衡现状

（一）城乡经济发展不平衡

在中国式现代化的宏伟叙事中，城乡关系构成了一个复杂而紧迫的议题。近年来，中国经济的迅猛增长伴随着城乡收入差距的加剧，这一现象不仅凸显了社会经济格局的不均衡，更潜藏着社会矛盾的火种。国家统计局的数据显示，2020年中国的基尼系数达到0.468，超出了国际警戒线（0.4），而城乡居民人均可支配收入比为2.56：1，城乡之间的收入差距已成为中国收入差距问题的核心因素之一。

然而，中国县域乡村地区长期以来面临着金融排斥的问题。金融资源的垄断性分配，成为城乡收入差距扩大的关键因素。从宏观层面来看，中国的金融建设方案长期实行城乡二元结构，城镇对乡村金融资源的虹吸效应，导致乡村地区金融资源严重短缺，这对当地经济的发展和居民收入的增长产生了不利影响。从微观层面来看，传统金融体系的“嫌贫爱富”和“高门槛”特性，使得财富基础和社会关系成为获取金融资源的主要途径，因此，强势群体占据了更多的金融资源。

（二）沿海与内地经济发展不平衡

党的二十大报告提出，中国“发展不平衡不充分问题仍然突出”。区域发展不平衡是发展不平衡在空间上的表现，也是发展不充分的重要诱因之一。新中国成立以来，特别是改革开放政策实施以来，中国的区域发展战略经历了显著的转变。在新中国成立后的前三十年，国家采取了一系列平衡发展战略，旨在缩小不同地区之间的发展差距。这些政策包括向边远地区和经济落后地区倾斜的投资政策和财政政策。然而，根据国家统计局的数据，这些政策在实现预期效果方面存在局限。1978

年，改革开放政策的实施标志着中国区域经济发展战略的重大转变。国家从原先的平衡发展战略转向一种更为不平衡的战略，优先考虑沿海地区的经济发展。

根据国家统计局的数据，改革开放以来，沿海地区的经济增长速度显著高于内地。1978—2023年，沿海省份的GDP增长率普遍高于全国平均水平，这导致沿海地区与内地之间经济发展的差距扩大。沿海地区的基础设施建设、产业升级和外向型经济的快速发展，吸引了大量资本和劳动力，而内地则相对滞后。这种区域发展不平衡的现象，虽然在一定程度上促进了国家整体经济的快速增长，但也引发了一些社会经济问题，如地区间的收入差距扩大、资源配置不均等。因此，近年来，中国政府已经开始调整区域发展战略，通过实施西部大开发、振兴东北地区等老工业基地、促进中部地区崛起等政策，来促进区域协调发展，减少发展不平衡带来的负面影响。

二、普惠金融促进区域经济发展平衡的机制

（一）缓解信息不对称渠道

经典的信贷配给理论认为，信息不对称是引起信贷配给的重要原因。在经济不发达地区，尤其是偏远乡村，商业银行在提供金融服务时面临诸多挑战。这些地区普遍存在的交通不便和通信基础设施滞后的问题，增加了商业银行在获取客户信息和监管方面的成本。这些成本的增加，进一步导致了金融服务供给的不足，限制了当地居民和企业对金融服务的获取。

而普惠金融提升了金融服务的可得性，通过增大银行网点的分布密度、提高ATM机的配置比例以及推广互联网金融服务的方式，确保了更广泛的人群享受到基本的金融服务，缩短了金融机构与客户之间的物理距离，降低了信息不对称的程度，并进一步加强了金融机构与客户之间的沟通连接，减少了提供金融服务需要的信息成本，提高了金融机构提供贷款及其他金融服务的意愿，支持了实体经济的发展。

（二）优化资源配置渠道

特定化配比是中国政府推行普惠金融政策着重强调的内容，要求金融机构增加

对“三农”、中小微企业和民营企业的金融支持。“三农”活动是农村居民收入的主要来源，普惠金融为“三农”提供了金融机构的倾斜性支持，从而使得农村居民收入水平显著提高，进而缩小城乡收入差距。同时，中小微企业和民营企业是经济增长的重要推动力之一，普惠金融的发展使得中小微企业能够以较为合理的价格进行融资，从而推动经济增长。因此，普惠金融发展促进经济增长主要通过支持中小微企业和民营企业融资来实现，而缓解城乡收入差距主要通过支持“三农”活动来实现。

三、区域普惠金融发展的政策措施

为应对区域发展不平衡问题，自2004年起，我国每年发布的中央一号文件均涉及农村普惠金融的发展。而早在2003年，随着农村信用合作社的改革，银监会就出台了《农村商业银行管理暂行规定》和《农村合作银行管理暂行规定》，以规范新型农村金融机构的管理。这一系列政策为推动农村金融服务体系的建立打下了基础。

与此同时，为了进一步支持新型农村金融机构的发展，银监会在2007年推出了《村镇银行管理暂行规定》《贷款公司管理暂行规定》和《农村资金互助社管理暂行规定》，以培育更加多元化的农村金融机构。随着这些金融法规的完善，农村地区的金融服务逐步实现了多层次、广覆盖的目标。这些政策的出台反映了国家对农村金融服务体系建设的关注，旨在推动金融资源的合理配置，促进农村经济的发展。

进入2019年，中国人民银行联合多个部门发布了《关于金融服务乡村振兴的指导意见》，明确提出要通过金融服务推动乡村振兴战略的落实。该文件强调现代农村金融体系的建设，提出要建立一个多层次、广覆盖、可持续、适度竞争、有序创新、风险可控的现代农村金融体系。这种金融体系不仅要满足“三农”的金融需求，还要通过金融手段缩小城乡发展差距。政策明确指出，金融服务要逐步实现城乡均等化，为农村地区提供与城市同等的金融服务。

为了进一步推进乡村普惠金融，在2023年发布的《关于金融支持全面推进乡村振兴 加快建设农业强国的指导意见》中，特别强调了数字普惠金融的建设。该文件提出，通过“金融+快递物流+电商销售+公共服务平台”的融合模式，构建集资金流、物流、商流、信息流于一体的“四流合一”的农村数字普惠金融服务体系。数字化手段的应用不仅提高了金融服务的可得性，也在一定程度上解决了农村地区信息不对称的问题，为普惠金融的深化发展提供了技术支撑。

以上政策的出台和演进，展示了我国政府在促进区域普惠金融发展方面的政策脉络和方向。从早期的金融机构管理规定到近些年的数字普惠金融政策，我国在推动普惠金融发展过程中尤其注重构建多层次金融服务体系，促进城乡金融资源的合理配置。通过一系列政策措施，我国正在逐步实现普惠金融的广覆盖、深渗透，进而为区域经济的协调发展提供了强有力的金融支持。农村普惠金融相关政策文件见表4-1。

表4-1　农村普惠金融相关政策文件

时间	内容
1999年	《农村信用社农户小额信用贷款管理暂行办法》
2001年	《农村信用合作社农户小额信用贷款管理指导意见》
2003年	《农村商业银行管理暂行规定》《农村合作银行管理暂行规定》
2005年	《典当管理办法》
2006年	《中华人民共和国农民专业合作社法》
2007年	《村镇银行管理暂行规定》《贷款公司管理暂行规定》《农村资金互助社管理暂行规定》
2015年	《推进普惠金融发展规划（2016—2020年）》
2016年	《中国银监会办公厅关于2016年推进普惠金融发展工作的指导意见》 《普惠金融发展专项资金管理办法》
2019年	《普惠金融发展专项资金管理办法》（2019年修订版） 《人民银行、银保监会、证监会、财政部、农业农村部关于金融服务乡村振兴的指导意见》
2023年	《关于金融支持全面推进乡村振兴 加快建设农业强国的指导意见》 《国务院关于推进普惠金融高质量发展的实施意见》
2004—2024年	中央一号文件每年都涉及农村普惠金融问题

资料来源：作者整理。

Chapter 5

第五章

普惠金融与共同富裕

第一节

普惠金融减缓贫困

党的十九大报告以“不忘初心，牢记使命，高举中国特色社会主义伟大旗帜，决胜全面建成小康社会，夺取新时代中国特色社会主义伟大胜利，为实现中华民族伟大复兴的中国梦不懈奋斗”为主题，开启了全面建设社会主义现代化国家新征程。2020年全面建成小康社会，根本任务就是消除贫困。全面建成小康社会是以收入公平分配、全民摆脱贫困为特征的。那么，构建普惠金融体系对于收入分配和贫困减缓能起到什么作用呢？中国普惠金融政策产生的收入分配与减贫效应是本节关注的重点。

一、贫困的成因与普惠金融的制度应对

造成贫困的因素有很多。马克思最早从制度层面阐释贫困的原因，他认为，在资本主义制度下，资本集中和资本有机构成提高导致资本家用于购买劳动力的可变资本不断减少，失业和贫困是资本主义制度的产物[1]。在市场经济制度下，财富和收入分配的最终状态主要取决于“均等化”和“差异化”两种力量的动态对比（Piketty，2014）。在资本逐利本性和资本收益率大于经济增长率的双重作用下，财富和收入分配的两极分化程度日益加深。由此，自由市场经济下的金融往往是不均衡的系统，低收入者或其他弱势群体等往往被排斥在服务范围之外。好的社会需要好的金融，好的金融体系能够有效发挥金融功能，使得所有人能够以合理的价格获得公平的金融服务，这样的金融才是普惠金融。普惠金融的包容性取向被认为是

[1] 马克思.资本论：第一卷[M].中共中央马克思恩格斯列宁斯大林著作编译局，译，北京：人民出版社，1975：770.

在金融抑制环境下，消除金融排斥、缓解信贷歧视、促进产业结构转型的最优政策选择。良好金融制度的设计有利于促进经济持续增长、推动企业生产创新、优化居民收入分配以及助力解决偏远地区长期贫困问题。

普惠金融致力于为社会所有阶层提供价格合理、需求匹配的金融服务，将原有被排斥在金融体系之外的低收入人群、偏远地区居民、中小微企业和劳动密集型产业重新纳入正规金融服务对象中。银行和保险普惠性的提高将改善现有金融资本配置不均的状态，通过为贫困农户提供生产性贷款、助学贷款以及农业保险等金融产品，发挥金融跨期资源配置和风险规避功能，缓解农户的流动性约束，促进农村贫困人口进行生产和人力资本投资，进而缓解城乡居民收入分配不均的困境，降低贫困发生率。

二、普惠金融在减贫中的作用

普惠金融是对“嫌贫爱富”金融体系的纠正，是让金融重新服务实体经济的回归。普惠金融突破原有正规金融机构划定的金融边界，提高弱势群体对投融资服务的可得性和使用深度，改善金融资源配置效率，进而促进经济增长和收入公平。普惠金融通过扩大营业网点和金融服务的覆盖范围，能够为一部分抵押品价值不足、财务报表披露不充分的中小微企业以及信用良好的低收入群体提供信贷、保险和投资等金融服务，缓解融资需求方的流动性约束，促进经济增长。然而，过度依赖金融中介的制度设计可能会受到金融产品垄断定价、银行惜贷和金融危机的影响，进而抵消普惠金融对经济增长的正向影响。Banerjee et al.（1993）提出，金融服务渠道的缺失是导致城乡居民收入差距扩大、长期存在多维贫困问题的主要原因。普惠金融是一个均衡器，能够在不损害效率的情况下兼顾公平，在提高信贷可得性、扩大内需、降低贫困发生率、改善城乡二元结构等方面具有积极作用。但是，我国现阶段普惠金融的发展与预期目标仍存在较大差距，过分依赖国家政策扶持，而金融中介处于被动状态，任务导向型的普惠性体系将会被逐渐边缘化。这种“任务式”

的制度设计会在金融资源分配过程中发生二次排斥，资金不仅无法落实到中小微企业、贫困人口等弱势群体，而且会增加资金拨付过程中利益集团的寻租行为，对社会福利和经济增长均造成负面影响，甚至会进一步拉大贫富差距。普惠金融的践行在我国金融抑制、金融市场不完善的环境下存在诸多困难，一旦某个环节出现差错，就会使得贫困人群深陷债务偿还的泥淖，进一步加剧社会分配不公（星焱，2015）。

（一）银行服务包容性与减贫

经济中存在三类主体，分别是低违约风险的优质客户、中等违约风险的普通客户和高违约风险的劣质客户。银行出于利润最大化的考虑会将资金优先分配给低违约风险的优质客户，把剩余资金分配给部分中等违约风险的普通客户，最终，部分中等违约风险的普通客户和高违约风险的劣质客户无法获得银行贷款。银行基于利润最大化的信贷配置原则，会导致部分具有还贷能力且有金融需求的中等违约风险的普通客户被排斥在金融体系之外。在这种情况下，不同经济主体获得与其贷款风险和贷款能力不相匹配的金融资源，从而形成了金融排斥现象。普惠金融则致力于为这部分被排斥于主流金融机构之外、具有贷款需求和还贷能力的经济主体提供价格合理、可持续性的金融服务。因此，普惠金融并不要求上述三类经济主体获得相同规模的资金支持，而是致力于为这部分具有贷款需求和还贷能力并且被排斥在金融体系之外的客户提供与其自身风险和能力相匹配的金融服务。

2009年普惠金融发展初期，银行服务包容性的提高能够缩小城乡居民收入差距，但是这种现象仅出现在集中连片特困地区。其效果是显著的，这说明银行服务包容性的提高能够显著改善集中连片特困地区收入分配不均的状况，但对非集中连片特困地区县域的收入改善作用并不明显。同时，在全部县域、集中连片特困地区和非集中连片特困地区中，只有西部地区的普惠金融发展对收入分配的改善效应是显著的，这说明发展普惠金融对收入分配的改善作用在西部欠发达地区以及集中连片特困地区县域更为显著，对东中部地区并不明显。这种差别可能源于我国扶贫开发定位于贫困县和欠发达地区，集中连片特困地区县域和西部地区对金融资源具有更强的俘获效应。

银行服务包容可以帮助贫困人口获得储蓄、贷款以及保险等服务，促使农户从事正常的生产经营活动和人力资本投资，并通过建立个人信用、积累资产提高收入水平，助力低收入阶层走出“贫困陷阱”。然而，在金融抑制背景下，存款利率被压低，低息贷款则用于弥补国有企业和“僵尸企业”的生产性亏损，这种扭曲性资本配置方式实则加剧了资源向高收入阶层集中的趋势，进而形成了穷人补贴富人的“倒挂”机制（陈斌开　等，2012）。普惠金融以提高金融服务可得性为着力点，这种资源配置方式在金融抑制、制度环境不完善的条件下能否实现金融资源真正流向农户等低收入群体，能否实现社会福利的帕累托改进？普惠金融是否消除了金融排斥，减缓了贫困？

与已有认为普惠金融能够改善收入分配不均、降低贫困发生率的观点不同，本书认为，商业银行等正规金融机构只关注广泛包容的普惠金融体系是一种效率和公平皆损的政策选择，银行服务包容能够缩小城乡居民收入分配差距，并不是因为农村低收入群体因消除金融歧视，借助金融跨期资源配置、风险规避等功能提高自身生存能力和增加资本积累，进而摆脱贫困的恶性循环，缩小贫富差距，相反，普惠金融会降低城乡居民的收入水平。不同个体所具有的先验和后验禀赋不一致造成金融资本配置的非均等性，普惠金融提倡金融服务惠及所有人的理念必然会导致另一部分群体的利益被侵占（王颖　等，2016）。普惠金融是对市场的某种矫正机制，属于要素配置、分配和再分配的范畴，国有银行基于利润最大化的经营原则无法满足所有边际收益大于边际成本的潜在金融需求，而普惠金融过度强调资源向中小微企业、贫困人口和“三农”主体等弱势群体的指向性流动，会导致原有被包容于金融体系之内的优质客户的资源受到挤占，这对整个社会来说是一种非帕累托改进。具体而言，如果普惠金融只关注弱势群体，并通过货币或非货币手段对弱势群体加以扶持，那么在零和博弈下必然演化为城市高收入群体的信贷、投资等资源被侵占，基于特殊照顾的普惠金融体系无效。

银行服务包容下农户能否真正实现减贫，主要取决于两点：一是金融资源是否真正流向低收入农户的手中；二是农户能否发挥金融功能，实现脱贫。在金融抑制、市场机制扭曲的环境下，政策操作者和政策指向者之间的信息不对称很可能导致信贷、保险等金融资源在二次配置的过程中偏离贫困农户等服务对象，面临中间耗散的困境。我国农贷市场分割分化严重，多数农户被客体化和边缘化，农贷资金进入乡村需要寻求内部化节约交易成本的乡村精英与其对接（温涛 等，2016）。乡村精英能否将资金配置给低收入农户取决于国家政策和农户利益之间的权衡，信息不对称和监管无效会导致乡村精英偏离普惠金融目标，将资金优先分配给社会网络强大、具有政治关联的富裕农户。银行服务包容实则造成了金融抑制租金的产生和二次金融排斥，进而导致普惠金融在实施过程中的目标偏离、结构扭曲和功能错位问题。此外，农户对政府救济具有依赖性，金融知识的匮乏导致其将银行低息贷款混同于政府扶贫资金，农户一旦将贷款认定为救济资金，则缺乏还款意识，且不会把资金用于扩大再生产和人力资本投资，如此，普惠金融引致的倾向性资金配置不但未能消除金融排斥，反而成为贫困人口过度负债的根源，进一步加剧农村贫困状况。因此，普惠金融的有效发展需要金融教育同步跟进，使农村贫困人口更加深入地了解金融功能，通过增加农户正规信贷需求、改善风险偏好态度、提高金融资源配置效率、促进生产和创业活动等渠道，发挥金融对收入分配不均和贫困减缓的作用（尹志超 等，2015）。

普惠金融能否发挥资源配置、风险管理和减少信息不对称的功能，从而起到改善收入分配不均和减贫的作用，不仅取决于弱势群体能否获得金融资源，还取决于被排斥方是否掌握基本的经济知识和金融知识，并且使用这些知识有效配置金融资源以实现财富最大化。现有文献研究发现，劳动力的流动性越强，技术成果市场化程度越高，知识产权保护意识越强，越容易吸引高素质人口流入，地区人口整体的金融知识水平也越高（邢春冰 等，2013；赵曼 等，2017）；金融知识水平的提升有利于家庭更好地理解金融跨期资源配置和风险分散的功能，以及金融产品的收益和风险特征，降低被排斥主体进行金融决策的信息搜寻和处理成本，从而更好地让普惠金融对贫困减缓产生积极效应。

（二）制度环境与普惠金融减贫

信贷市场上的信息不对称，使得正规金融机构基于降低经营风险的目的，更倾向于为抵押品价值较高、具有政府隐性担保的国有企业、富裕阶层和资本密集型产业提供流动性支持，而这种“一刀切”的经营模式导致金融排斥。普惠金融立足于让农户等弱势群体参与“金融—实体经济”的良性循环过程，通过不断积累资产、合理配置经济资源，来改变自身禀赋，摆脱贫困的硬约束。然而，我国现阶段金融抑制和信贷市场分割严重，居民间金融资源分配的马太效应凸显，普惠金融通过向弱势群体融入资金的方式能否消除融资歧视依赖于所处的制度环境。在制度环境好的区域，普惠金融政策驱动下的信贷资金流向偏远地区、农户等弱势地区与弱势人群的机会更高；在市场发育良好的地区，农户的生产和消费权益受到保护，使用银行贷款从事生产活动的积极性更高。相反，在金融契约不完善、政府冗杂和信贷资金分配市场化程度较低的区域，信贷、保险等资金的配置被社会网络、政治关联等隐性关系所左右，银行的低息贷款和农业保险不再取决于需求方的融资需求和还款能力，反而被社会关系强大的富裕个体经济单位所俘获，普惠金融的政策目标实际发生了偏离，基于广泛包容的政策设计实则滋生了利益主体的寻租空间。因此，我国普惠金融发展不足的根源在于金融市场供需两端均存在制度约束。良好的制度环境是践行普惠金融的决定性因素，市场化进程的区域不平衡导致地区间制度环境存在较大差异。

产品市场和要素市场发育程度的提高，可以促使国有银行、保险公司关注到中小微企业、农户等长尾客户，将被动变为主动，通过建立信用评估体系和加强风险管理手段将弱势群体纳入长期、可持续的金融体系。中介市场发育成熟，意味着生产者和消费者的行为受到保护，农户从银行贷款从事生产投资的动机更强，普惠金融对贫困减缓的效应将更加明显。因此，虽然现阶段银行服务包容对农村居民的收入水平具有负面影响，但是制度环境的完善可以对乡村精英、寻租者、农户和金融中介的行为进行有效的约束，纠正普惠金融进程中信贷、保险等金融资源分配的扭曲，从而发挥普惠金融对贫困减缓的正向功能。

（三）普惠金融的政策效应

从普惠金融理念在全球范围内提出后的第一个阶段来看，普惠金融未能显著改善收入分配不平衡状况，甚至存在负向影响。这可能是因为普惠金融在发展初期仅集中于广覆盖，而忽略了资金向弱势群体输送过程中因制度不完善而发生的效率扭曲问题，导致普惠政策与预期服务对象发生偏离。金融服务包容下的农贷市场只服务于少数人，政府的“善举”反而为利益群体寻租提供了可能，制度和市场的双重依托导致政府代理人在资金配置过程中追求自身利益最大化，发生二次金融排斥，不利于收入分配改善，加剧了农村贫困状况。

从普惠金融发展的第二个阶段来看，普惠金融对贫困减缓的负面效应不显著，并且不能够显著改善城乡居民收入分配不均。原因在于，随着我国普惠金融制度建设的推进，政策初期效率和公平皆损的困境有所缓解，但金融服务包容基于广覆盖的理念并没有完全抵消金融资源在弱势群体中配置扭曲带来的负面效应。在传统金融体系不健全的背景下，基于社会网络、银企关系和政治关联的关系型借贷成为企业和个人获得贷款的决定性因素。信贷市场分割、金融契约不完善、管理冗杂低效则会滋生微观主体的寻租行为。普惠金融政策下的金融资源在流向弱势群体的过程中存在对象偏离、实施困难以及中间耗散的问题。因此，只注重包容而忽视对弱势群体特定化配比的政策选择提高了某一区域、群体的金融密度，却没有实现真正普惠。

三、典型减贫案例

（一）微众银行普惠金融助力中小微企业纾困

1.产品特点

微众银行针对中小微企业在短期经营中面临的融资难题，精心设计了微业贷产品，重点解决中小微企业融资难度大、成本高及需求频发等问题。该产品依托“银税互动”机制，以极高的服务效率为目标，即“一分钟申请，一部手机操作，服务覆盖200家企业”，成功打破了传统金融服务的时间与空间限制。微业贷凭借全自动处理、全天候服务、全线上操作的“三全”特性，有效缓解了中小微企业的融资瓶颈问题。

中小微企业因规模限制、经营风险较高且盈利空间有限，在融资时经常遭遇不利条件。传统金融机构对中小微企业贷款的利率往往在基准利率的基础上上浮2～3倍，年化利率约为12%，小额贷款公司的利率更是高达20%～24%，而民间非金融机构借贷利率上限为36%。相比之下，微业贷的日利率范围为0.03%～0.05%，以平均日利率0.04%计算，其年化利率约为14.4%，在同类产品中显得更为亲和（见表5-1）。符合条件的中小微企业，可通过微众银行多种官方渠道（包括公众号、官网、App等）便捷申请，享受高额度贷款与长达36期的灵活还款安排。

表5-1　微业贷产品特点

特点	内容
申请条件	一般纳税人企业、小规模纳税人企业或者个体工商户
贷款额度	额度高达1000万元
还款周期	主要分为12期和24期，最长36期
所需资料	不需要抵质押物、纸质资料，不需要线下开户
申请入口	微众银行企业金融公众号、微众银行App公众号、微众银行官网、微众银行App
贷款日利率	0.03%～0.05%

资料来源：微众银行App公众号。

2.纾困成效

截至2023年末，微业贷的服务范围已遍及全国30个省（自治区、直辖市），吸引了逾450万家中小微企业申请，其中超过140万家成功获得授信，授信总额累计突破1.5万亿元，有力地证明了微业贷在拓宽中小微企业融资渠道方面的成效，有效地促进了普惠金融的广泛覆盖。值得注意的是，在这些获得授信的企业中，首次拥有企业征信记录的比例超过50%，且约30万家小微企业通过微众银行首次获得企业贷款，其中，近40%的企业后续又成功从其他银行获得信贷支持。此外，超过70%获得授信的企业年营业额低于1000万元，平均每家企业的员工仅10人。这些数据说明微业贷所服务的正是典型的小型微型企业，它们正是普惠金融政策最为关注和致力服务的对象。

（二）国家开发银行四川省分行推动高标准农田共建共享

1.主要做法

国家开发银行充分利用其在融资、融智、融制方面的独特优势，针对农田建设的准公共性质，创新性地推出了结合农田建设与产业升级的综合融资模式。此模式旨在通过利益联结机制激发各方参与热情，以增加农民的整体收入，并利用产业盈利反哺农业基础设施的持续优化。在四川省古蔺县实施的高标准农田建设项目，总投资约为7.8亿元，国家开发银行已承诺并发放6.3亿元长期信贷资金，期限长达20年，预计可建设高标准农田8.85万亩（1亩≈666.7平方米），预期粮食产能提升10%。

该项目紧密结合古蔺县的特色农业及食品加工业优势，通过政府宏观指导与市场机制的有效融合，推动高标准农田与现代产业体系在县域层面的深度融合。高标准农田建设项目采用“承建商+村集体+农户+领军企业”的合作模式，具体流程为：村集体与农户将土地使用权转让给承建商进行高标准农田改造，改造后农户被重新雇用参与农田管理。承建商与当地领军企业签订订单合同，利用企业的市场渠道稳定农产品销路，减少市场价格波动风险。

在收益分配方面，新增收益的40%分配给领军企业作为回报，剩余60%用于农民分红，确保收益分配遵循保本微利原则，确保农民直接受益于项目成果。政府在项目中发挥关键的协调作用，国家开发银行深度介入项目策划，与古蔺县政府紧密合作，全面推动高标准农田建设。政府通过正式文件授权项目主体负责投资、建设和运营，同时，利用村委会的组织协调能力，构建多方利益共享机制，确保项目顺畅实施。项目设计了合理的利益联结机制，既激励了农民参与，也激活了地方企业。一方面，通过土地流转费、分红及就业机会，农民的收入来源变得多样化，从单一的种植收益转向土地租金、分红和工资等多元结构，农民向股东和农业产业工人转变，收入水平和结构得到提高与优化。另一方面，与领军企业签订购销协议，稳定原材料价格，降低企业运营风险，确保项目现金流稳定。

2.减贫成效及推广价值

高标准农田建设项目是国家开发银行四川省分行在高标准农田建设领域的首次成功实践，其巧妙运用开发性金融原理，紧抓四川省作为高标准农田整区域推进示范单位的机遇，全程深度参与项目规划与执行，引导地方政府采用市场化运作模式，创新构建了“承建商+村集体+农户+领军企业”的合作模式，强化四方利益绑定，有效应对农产品市场对接及土地资源价值实现等实际问题，为高标准农田建设提供了可借鉴的模式范例。

高标准农田建设项目的成效显著，具体体现在三个方面。一是粮食综合生产能力显著增强。新建成的高标准农田预计每亩粮食增产可达100千克，改造提升的每亩增产约80千克，同时，大幅节约水、电、药、劳动力，平均每亩年增效约500元，有效地提升了耕地质量和利用效率，为国家粮食安全筑基固本。二是农业基础设施得到根本改善。综合实施田块整理、水利灌溉、道路建设、林业配置、电力配套、技术应用、管理制度创新等措施，打造了“田成方块、路网交织、沟渠畅通、旱涝保收、土地肥沃”的现代化农田体系，显著提升了农田抗灾能力和机械化、标准化、产业化水平。三是有力促进农民增收。项目预计通过土地流转、产量提升及返聘农民种植等方式，每年为农户平均增收2000元，巩固拓展脱贫攻坚成果，增强了农民对乡村振兴的参与感与收益感。

国家开发银行四川省分行通过构建多方利益联结机制，成功推出高标准农田建设项目的市场化融资模式，已累计投放中长期贷款17亿元，助力四川省完成了40万亩高标准农田建设，持续探索符合规范的农业基础设施融资新模式。为进一步响应战略部署，国家开发银行四川省分行已组建专业团队，编制全省高标准农田建设专项融资规划，旨在未来数年内全力支持四川省高标准农田建设，助力打造新时代“天府粮仓”的升级版。

四、减贫策略的优化

（一）改善传统金融机构资源配置机制

银行服务包容性的提高没有显著改善收入分配不均和贫困的状况，在“精英俘获”机制和金融知识匮乏的作用下，金融资源没有流向弱势群体，以及弱势群体缺乏利用金融资源实现脱贫的意识，是普惠金融无法缩小收入差距和降低贫困发生率的症结所在。上述的“精英俘获”机制和金融知识匮乏在宏观层面则表现为对被排斥主体的金融服务特定化配比和金融供给方的商业可持续性。普惠金融的内涵包括广泛包容性、特定化配比和商业可持续性三个层面，只注重广泛包容性而忽略对弱势群体的特定化配比和金融供给方的商业可持续性会导致金融资源配置扭曲、金融抑制租金产生和社会福利损失，是一种效率和公平皆损的框架选择。

因此，银行等正规金融机构在践行普惠金融政策的过程中，如果能够同时考虑广泛包容性、对弱势群体的特定化配比和金融供给方的商业可持续性，将纠正原有只重覆盖面导致的金融资源配置目标偏离、机制扭曲的现象，真正实现普惠金融的愿景。

（二）发挥信息化普惠金融的积极作用

国有商业银行受金融抑制、代理人成本和成本收益不匹配等方面的约束，在推动普惠金融的过程中存在先天性不足、服务重心难以下移的问题。自2013年起，基于共享、平等、开放理念的互联网金融服务的兴起为普惠金融制度安排提供了新的契机。中国人民银行在《中国金融稳定报告（2014）》中明确提出，互联网金融在改善小微企业融资环境、消除金融歧视、优化金融资源配置等方面发挥了积极作用。互联网金融具有低门槛、低成本和信息匹配优势的特点，与普惠金融广泛包容、可负担成本以及服务有效的理念具有内在耦合性，有助于实现金融服务的均等化。互联网技术能够降低金融服务成本，突破原有金融服务边界，将弱势群体纳入金融体系，从而实现金融包容。搜寻成本的降低和网络效应使得互联网借贷平台拥有比银行更高的渠道价值，在降低成本的同时保障了金融收益，使得互联网金融在践行普惠金融业务上具有商业可持续性（李建军　等，2015）。

信息化普惠金融能够改变传统金融机构在包容性、配比性和长期可持续性三个层面顾此失彼的局面。其一，基于互联网的信息化普惠金融具有低门槛特点，被排斥的长尾客户能够重新获得储蓄、信贷、保险、基金、理财等金融服务，进而实现“普”。其二，互联网技术有效缓解了借贷双方的信息不对称，降低了搜寻成本和代理成本，破解了银行信贷配给导致的微观主体融资需求“有价无市”的困境，缓解了中小微企业和农户的信贷约束。网络效应则进一步增强了民众的金融意识和项目搜寻的规模经济效应，进而释放更多的信贷需求，实现了对弱势群体的特定化配比。其三，普惠金融的服务对象中非货币化信用信息占比较高，我国银行征信体系的缺失和垄断市场结构制约了正规金融机构为弱势群体提供金融服务的能力和动力，而互联网使得私有信息显性化、分散信息集中化，大数据的发展则使得动态违约概率的获取成为可能。移动互联网可以借助人际关系网络约束代理人的违规行为，控制违约风险，实现财务上的可持续性发展，长期、有效地为弱势群体提供价格合理的金融服务。

互联网金融以开放、包容、共享为宗旨，借助互联网技术完成资金供需双方信息甄别、产品定价和搜寻匹配的过程。互联网金融不设门槛，无论是国有企业、高收入群体等融资优势方，还是中小微企业、“三农”主体等弱势群体的金融服务需求，均被接纳和包容，因此，对收入分配的改善效果并不显著。互联网金融本身具有普惠的内涵，关注公平但更重视效率。国有银行受资本充足率、存贷比等的监管限制，一旦政策指定金融资源向某一弱势群体倾向性输出，必然导致一部分优质客户的社会福利受损，这种制度安排对整个社会来说是一种非帕累托最优。信息化普惠金融与前者存在本质区别，信息化普惠金融包容长尾客户，但也不拒绝高端客户；它取代物理网点和人工服务，使得提供金融服务的边际成本趋于零。因此，互联网金融的普惠属性是一种自主的市场化行为，它注重包容，但更强调商业可持续性。

互联网技术使得借贷主体之间的交易成本和信息不对称程度降低，打破了正规金融机构奉行的“二八定律”，将偏远地区、贫困人口纳入金融服务体系中，为其提供投融资服务。低收入群体获得信贷资源，有助于促进其从事正常的生产经营活动和人力资本投资，农业保险可以发挥风险规避的功能，降低自然灾害给农民收入带来的负面影响，从而助力低收入群体脱贫。因此，信息化普惠金融改变了传统金融机构因金融抑制、信息不对称以及代理人成本引致的信贷资源二次配置扭曲的现象，在对弱势群体包容的基础上，实现特定化配比和商业可持续性发展，是不失效率和公平的政策选择。

第二节

普惠金融缩小收入差距

一、收入差距的现状分析

党的二十大报告强调，我国发展不平衡不充分问题仍然突出。自1978年改革开放以来，虽然经济迅猛发展，但区域发展、城乡发展不均衡加剧，基尼系数长期超过国际警戒线，凸显收入分配不公。

（一）整体情况

近年来，我国的收入差距虽然呈现一定程度的收敛态势，但是依然面临挑战，具体表现为基尼系数与高低收入比维持高位，同时，财产性收入与工资性收入的比率不断上升，且中等收入群体的收入增长速度相对滞后。国家统计局数据显示，1978年基尼系数为0.317，至2008年达到顶峰0.491，之后虽然略有下降且近年来稳定在0.46～0.47之间（2023年为0.467），但是仍显示出较高的不平等水平。此外，2023年最高收入群体与最低收入群体的可支配收入比为10.32，尽管相较于2018年（10.97）有所下降，但仍处于高位区间，凸显了收入分配的不均衡状态。

此外，中等收入群体的处境堪忧，其收入增长表现出“夹心层”特征。2014年，按五等份划分的群体中，中等收入群体（占总人口的60%）的可支配收入增长率超过10%，领先于高收入群体、低收入群体及全国平均水平。然而，自2017年起，这一格局反转为“中间慢、两端快”，2017—2019年，中等收入群体的平均收入增长率仅为6.3%，明显落后于低收入群体（9.3%）、高收入群体（7.9%）及全国平均水平（7.1%）。低收入群体的收入状况得以改善，很大程度上受益于国家扶贫政策的有效实施，但高收入群体与中等收入群体的收入差距持续扩大，成为值得警醒的社会经济问题。

（二）结构问题

我国收入差距现象体现在多个层面，包括显著的城乡收入差距、地区收入差距及行业收入差距。具体而言，城乡收入差距是我国总体收入不平等的重要组成部分，对整体收入差距的影响尤为突出。地区经济发展的不平衡亦是不容忽视的因素，东部沿海地区与西部内陆地区之间存在的经济差异，直接映射到居民收入水平上，表现出明显的地区收入差距（李实 等，2022）。此外，行业内部及行业之间的收入分配不均现象亦日益显著，不同行业的劳动回报差距扩大，加剧了收入分配的复杂性与不公平性。

1.城乡收入差距

自2008年起，随着一系列政策的实施，包括低保、惠农、社会保障和户籍制度的改革，我国城乡之间的收入差距呈现出逐步缩小的趋势，城镇内部的收入差距相对较小。农村居民的可支配收入近年来显著增长，这一变化在一定程度上使得基尼系数高位放缓。至2023年，城镇居民的收入水平为农村居民的2.39倍，相较于2002年（3.09倍）有所降低。然而，农村内部的收入差距仍然较大。五等份结构分析显示，城乡之间的差距较为显著，而城镇内部的分化则相对较小。依据《中国统计年鉴2021》，2020年我国城镇和农村的高收入户（前20%）的人均可支配收入分别为96062元和38520元，城镇是农村的2.5倍；低收入户（后20%）的人均可支配收入分别为15598元和4682元，城镇是农村的3.3倍，进一步揭示了收入分配的不均衡性。2020年，全国居民人均可支配收入中位数为27540元，增长3.8%，是平均数的85.6%。其中，城镇居民人均可支配收入中位数为40378元，增长2.9%，是平均数的92.1%；农村居民人均可支配收入中位数为15204元，增长5.7%，是平均数的88.8%。此外，城镇居民人均可支配收入中位数是平均数的92.1%，而农村居民的这一比例为88.8%，这反映出农村居民收入分布的不均衡性更为突出。

据中国人民银行调查统计司城镇居民家庭资产负债调查课题组发布的《2019年中国城镇居民家庭资产负债情况调查》，城镇居民家庭总资产均值为317.9万元，中位数为163.0万元，中位数仅为均值的51.3%。资产分布的不均衡性更为显著，总资产最低20%家庭所拥有的总资产仅占全部家庭资产的2.6%，而总资产最高20%家庭的总资产占比高达63.0%。这些数据不仅揭示了收入和资产分配的不均衡性，也对政策制定者提出了挑战，促使其在促进公平分配方面采取更为有效的措施。

2.地区收入差距

我国地区生产总值和城镇家庭财富的地理分布呈现出显著的不均衡性，其中东南沿海地区明显领先，而东北及部分西部地区则相对落后。2020年，地区生产总值排名前四的省份——广东、江苏、山东和浙江，均位于经济发达的东南沿海地区，而河南、四川和湖北等中西部省份虽然地区生产总值排名靠前，但是与西北的西藏、青海、宁夏及东北的吉林、黑龙江相比，仍显示出区域发展的差异性。具体到人均可支配收入，上海和北京分别以7.2万元和6.9万元位居前列，而甘肃和西藏则分别以2.0万元和2.2万元居后。

人均可支配收入的区域分布并不完全与地区生产总值同步。东部地区普遍高于中西部地区，但中西部地区并未如地区生产总值排名所示表现出色，东北地区亦不如地区生产总值排名所示的那样落后。虽然一些中西部省份地区生产总值总量庞大，但由于人口众多，人均收入水平并不突出。以河南、四川、湖北、陕西和云南为例，它们的地区生产总值排名分别为第5位、第6位、第8位、第14位和第18位，而人均可支配收入排名却分别为第24位、第18位、第16位、第19位和第28位。相比之下，东北地区的人均可支配收入排名普遍高于其地区生产总值排名，如辽宁、黑龙江和吉林的地区生产总值排名分别为第16位、第25位和第26位，而人均可支配收入排名则分别为第9位、第23位和第20位。这一现象揭示了经济发展与人均收入之间的复杂关系，提示政策制定者在追求经济增长的同时，更需关注人均收入的提升和区域发展的均衡性。

3.行业收入差距

我国不同行业间的薪酬差异显著，其中，信息技术行业的工资水平居首位，而农林牧渔业的工资水平则处于最低水平。非私营企业在行业收入分化上表现得更为明显。2020年，全国城镇非私营单位就业人员年平均工资为9.7万元，同比增长7.6%，而城镇私营单位年平均工资为5.8万元，同比增长7.7%。在非私营单位中，信息传输、软件和信息技术服务业以17.8万元的年平均工资领先，科学研究和技术服务业、金融业分别以14.0万元和13.3万元紧随其后。这些行业的年平均工资分别为全国平均水平的1.82倍、1.44倍和1.37倍。相比之下，农林牧渔业、住宿和餐饮业以及居民服务、修理和其他服务业的年平均工资分别为4.9万元、4.9万元和6.1万元，为全国平均水平的49.8%、50.1%和62.4%。

尽管私营单位的行业工资排名与非私营单位相似，但收入差距较小。在私营单位中，信息传输、软件和信息技术服务业以及金融业的年平均工资领先，分别为全国平均水平的1.75倍和1.44倍，而科学研究和技术服务业的年平均工资为全国平均水平的1.25倍。农林牧渔业、住宿和餐饮业以及水利、环境和公共设施管理业的年平均工资较低，分别为全国平均水平的67.5%、73.2%和75.0%。这一数据反映出私营单位内部行业间的工资差异相对较小，但仍存在一定的分化现象。

二、普惠金融缩小收入差距的机制

（一）普惠金融通过推进城镇化进程缩小收入差距

在经济学领域，城镇化进程被细分为人口城镇化与产业城镇化两大维度，而普惠金融对城镇化进程的推动作用体现在两个层面。其一，普惠金融通过拓宽城镇中小微企业的融资途径，有效缓解了这些企业面临的资金获取难题，促进它们健康成长，继而带动就业市场扩容，吸引农村人口向城镇迁移，加速人口城镇化进程。其二，普惠金融对中小微企业发展的促进，引领了产业结构的优化升级，为第二产业与第三产业的蓬勃发展提供了动力，进一步实现了产业城镇化的战略目标。

关于城镇化发展与城乡收入差距关系的探讨，学界意见不一。一种观点支持城镇化为缩小城乡收入差距提供了路径，理由是城镇化加速能够创造更多就业机会，使农村劳动力得以转移并增加收入，从而缓解城乡间收入分配不均问题（Todaro，1969；程名望 等，2022；万广华 等，2022）。另一种观点则指出，城镇化可能加剧了这种收入差距，原因在于城镇居民的收入增长速度因城镇化而显著加快，超过了农村居民的收入增长速度（陈小丽 等，2016）。还有一种综合观点认为，城镇化对城乡收入差距的影响具有时空异质性，即初期可能缩小差距，随后扩大，最终再次缩小；并且，在经济较发达地区，城镇化有利于缩小差距，而在经济欠发达地区则可能产生相反效果。

本书认为，当前我国城镇化进程在总体上有助于缩小城乡收入差距。主要依据为：一是国家长期以来对城镇中小微企业的政策扶持已见成效，众多企业规模扩大，创造了丰富的就业机会，农村转移劳动力从而获得稳定收入，农村居民总收入得到提升；二是随着农业劳动力向非农产业转移，农业生产逐渐规模化，成本降低，效率提升，进一步推高了农村居民的收入水平。综上所述，数字普惠金融的创新发展作为城镇化推进的关键因素之一，不仅促进了城镇化率的上升，而且在缩小城乡收入差距方面展现出积极作用。

（二）普惠金融通过提升农业发展水平缩小收入差距

普惠金融的兴起对于农业领域的进步具有显著的促进作用。首先，普惠金融的发展给农村地区带来了多样化的金融产品和服务，这不仅满足了农村居民的融资需求，还为农业发展注入了新的活力。通过提供更为便捷的金融服务，普惠金融可提升农业生产的资本效率，从而推动农业整体水平的提升。其次，普惠金融的空间溢出效应不容忽视。它通过吸引现代科技进入农村地区，不仅提高了农业生产的科技含量，还显著提升了农业生产效率。这种技术进步对于农业发展水平的提升具有长远影响。最后，普惠金融的发展丰富了农业保险产品的种类，为农村产业提供了更为全面的风险管理工具。这不仅降低了农业生产的风险，还减少了农民收入的不稳定性，从而促进农业产业的稳定发展。此外，农业发展水平的提高直接关系农村居民的收入水平。随着农业产值的增加，农村居民的收入也相应提高，这有助于缩小城乡之间的收入差距，促进社会的整体均衡发展。

三、政策措施与实践经验

自党的十八大以来，普惠金融作为国家金融发展的关键战略，已取得显著进展。目前，我国金融服务的普及率、可得性和满意度均有显著提升。“乡乡有机构、村村有服务、家家有账户”的目标已基本达成，移动支付和数字信贷等创新性金融服务迅速普及，极大地提高了小微企业和“三农”领域的金融服务水平。截至2023年10月，全国银行机构的网点已覆盖97.9%的乡镇，乡镇一级的保险服务也已实现全面覆盖。这些成就标志着我国普惠金融体系的日益完善，为促进经济包容性增长和社会公平提供了坚实的金融支持。

（一）金融服务普及与深化

中国政府致力于向更广泛的区域和群体，特别是农村和低收入人群普及金融服务。通过推动银行和保险公司设立专门的普惠金融事业部，以及利用现代信息技术手段，如互联网和移动支付，提供便捷、高效的金融服务。此外，政策鼓励金融机构创新金融产品，如小额信贷、农业保险等，以满足不同客户群体的需求。这些措施有效地提升了金融服务的覆盖率和可得性，增强了基层和弱势群体的金融服务获得感，有助于缩小城乡差距及收入差距。

（二）金融支持与激励政策

为激励金融机构服务中小微企业和“三农”等重点领域，政府实施了一系列支持政策，包括定向降准、税收优惠、贷款利息补贴等，降低了金融机构的服务成本，提高了其服务中小微企业和“三农”的积极性。同时，通过建立政府性融资担保体系和风险补偿基金，减轻金融机构的风险负担，鼓励其向中小微企业和农户提供更多的信贷支持。这些政策的实施，增强了金融服务的精准性和有效性，促进了经济的均衡发展，对缩小收入差距起到了积极作用。

（三）数字普惠金融与金融消费者保护

中国政府高度重视数字普惠金融的发展，推动金融科技在普惠金融领域的应用，通过数字化手段提高金融服务的效率和便利性。例如，推广移动支付、线上信贷服务，使金融服务更加触手可及。同时，加强金融消费者权益保护，通过立法、教育和监管等手段，提高金融消费者的自我保护能力，确保其合法权益不受侵害。政策还强调金融知识普及和金融素养提升，帮助消费者更好地理解和使用金融产品，减少金融排斥，促进金融健康和社会公平。

通过这三个方面的政策措施，我国在普惠金融领域取得了显著成效，有效地支持了经济社会的包容性增长，为缩小收入差距和促进社会公平提供了有力支撑。

四、未来发展方向

（一）完善数字普惠金融生态环境

在推动普惠金融高质量发展和可持续发展的过程中，数字技术的运用至关重要。首要任务是强化基层普惠金融的数字基础设施建设。这不仅能为数字化转型提供物质基础，还能通过加速5G和千兆光纤网络的建设，满足数字化转型的需求。此举旨在提高互联网普及率，实现金融服务从线下到线上的转移，打破地域限制，降低服务成本，有效地解决传统普惠金融的高门槛和排斥问题，确保金融服务覆盖到“最后一公里”。

同时，需缩小中西部及偏远地区的数字基础设施差距，弥合与东部沿海地区的数字鸿沟，拓展数字普惠金融的覆盖面和使用深度，促进区域协调发展。普惠金融机构应采取开放包容的发展策略，通过竞争与合作，构建健康的数字普惠金融生态系统。例如，开放银行通过API（应用程序编程接口）、SDK（软件开发工具包）等技术手段，将金融产品与服务嵌入合作伙伴的业务场景，实现客户流量的跨平台获取，并与科技公司共同构建场景平台，提供综合化服务，形成多方参与的数字化企业服务生态圈。

此外，金融机构需加快数字化转型，提升数字服务能力。通过自主学习、研发及考察科技公司，金融机构能够创新产品和服务，利用科技提高服务的多样性，使数字普惠金融服务更加多元化和精细化。这些措施将共同推动普惠金融实现更广泛的覆盖和更高效的服务质量提升。

（二）推动普惠金融机构不断下沉

普惠金融机构需坚持普惠原则，通过创新流程与机构下沉策略，满足中小微企业多样化的融资需求。首先，开通绿色审批通道，提供一站式服务，针对中小微企业融资“短、小、频、急”的特点，制订服务方案，加速审批流程。其次，优化信贷服务体系，利用大数据技术建立详尽的客户数据库，支持线上信贷，对具有良好前景但暂时遇到困难的企业，依据历史信贷记录灵活办理续贷和展期，加大信贷支持力度。此外，创新金融服务模式，融合线上线下渠道，推出多样化、个性化金融产品，以科技赋能，弥补个性化服务缺失。

农村商业银行作为农村普惠金融的关键载体，应践行服务“三农”宗旨，强化本土化服务与农业主业，拓宽农村金融服务范围，提升服务质量。基于地区特性和农户差异化需求，推出特色金融产品，融合互联网技术，跨界整合金融服务与农村消费、文化旅游等领域，构建多元化服务渠道。同时，创新信贷产品线，全面覆盖不同农业经营主体的资金需求，促进农村经济均衡发展。秉承“大挎包”精神，实地派遣客户经理驻村服务，精准对接农民金融需求，确保金融服务直达田间地头。此外，建立绿色审批机制，探索抵押贷款创新，拓宽涉农贷款抵押品范围，践行农业优先、利于农业、惠及农业的原则。

（三）创新普惠金融监管制度，完善社会信用体系

政府应扮演好服务与监管双重角色，以促进市场主体社会信用体系的构建。首先，健全普惠金融监管架构，创新监管方法，确保金融创新精准对接基层市场需求。这包括金融产品的灵活性、申请便捷性及风险可控性，旨在提高消费者金融服务可获得性。面对金融创新伴随的风险，政府需强化顶层设计，建立有效的风险

预警和防控机制，完善监管框架，保障普惠金融产品既能广泛触达又安全适用。其次，加强对金融机构的精细化监管，依据阶段性目标，通过窗口指导确保其业务合规，与监管导向保持一致。运用金融机构内部自律、行业协作与政府监管相结合的模式，借助数据共享提升监管效率，降低监管成本。最后，着力完善社会信用体系建设。普惠金融的普及凸显了信用的重要性，良好的信用背景使弱势群体更易获得高效的金融服务，而健全的社会信用体系能显著提升普惠金融效能，为经济复苏与增长提供强大助力。

第三节

普惠金融促进共同富裕

党的十九届五中全会明确提出，到2035年“全体人民共同富裕取得更为明显的实质性进展”，这是在实现全面建成小康社会之后，党中央对开启全面建设社会主义现代化国家新征程作出的又一重大部署。共同富裕是全体人民共同富裕，是“共同”和“富裕”的有机统一，是全民富裕、全面富裕，既包括以收入、财富为代表的物质生活条件上的显性富裕，又包括以公共服务与公共产品均等化为代表的隐性富裕。作为“共同”和“富裕”的有机统一，共同富裕的内涵即为全体人民在收入、财富和公共服务等方面的绝对水平的提高和相对差距的缩小。

从绝对水平来看，我国目前人均收入呈逐年递增趋势，人均国内生产总值从1978年的385元增长到2021年的8.1万元，已经接近高收入国家门槛。据中国社会科学院国家资产负债表研究中心（CNBS）测算，我国居民部门财富在2019年达到512.6万亿元，居民人均财富达到36.6万元。2010—2019年，我国居民人均财富实现了13.3%的年均复合增长率。总体上，我国居民收入和财富已达到较高水平，为促进共同富裕创造了良好条件。然而，我国居民部门的收入相对差距和财富相对差距较大。国家统计局数据显示，我国居民人均可支配收入基尼系数在2019年为0.465，高于0.4的国际警戒线。在收入和财富方面，罗楚亮 等（2021）基于住户调查数据计算的居民财产基尼系数分别高达0.619和0.736。在公共服务方面，地域和城乡公共服务差距悬殊，城乡公共服务供给的严重失衡，使农村低收入群体难以获得基本的公共服务，从而进一步导致城乡收入差距扩大。综上，我国居民在收入和财富的绝对水平上实现了较大改善，但在收入、财富和公共服务的相对差距上仍有改进空间，如何稳中求进地实现共同富裕的目标，是亟待解决的问题。

一、共同富裕的内涵与目标

关于共同富裕的研究，现有文献主要关注共同富裕的测度以及指标构建的相关问题，且主要从宏观层面测度共同富裕水平，包括国际和国内两个层面。从共同富裕的国际度量来看，参照人类发展指数的构建思路，万海远 等（2021）基于总体富裕和共享富裕两个维度，利用国民收入和基尼系数两个分指标构建了162个国家的共同富裕指数，发现我国的共同富裕取得了很大的进步。从共同富裕的国内度量来看，刘培林 等（2021）提出了包含总体富裕程度和发展成果共享水平（人群差距、区域差距和城乡差距）两方面的共同富裕指标体系框架，但并未对我国的共同富裕水平进行数据测算。此外，少部分研究在微观层面构建了共同富裕指标，张金林 等（2022）从物质富裕、精神富裕和社会共享三个方面构建了家庭层面的共同富裕指数。

共同富裕的基本内涵是全体人民的富裕，一方面是全民富裕的水平高，另一方面是全民富裕的分布均衡，二者缺一不可。若在发展缓慢甚至停滞的背景下，单纯通过再分配等手段调节收入差距，只会挫伤社会财富积累的积极性，并最终导致共同贫穷。然而，若一味追求快速发展，忽视了社会财富分配，那就只会出现富者愈富、穷者愈穷的马太效应，导致收入差距极化，也无法实现共同富裕。因此，在共同富裕的背景下，富裕和共享两个维度相辅相成、互为补充。

具体到个人和家庭的福祉层面，共同富裕同样既包含家庭富裕水平提高，也包含家庭间共享程度提高和差距缩小。家庭的富裕可以体现在很多方面，但从总体上来说，家庭的收入、财富和可享受到的公共服务的水平这三个方面能够较好地代表其富裕程度，而不同家庭在上述三个方面的差异则反映了整个社会的共享程度[1]。

［1］ 世界银行对全球包容性发展的度量也有类似的含义。具体来说，世界银行在《2006年世界发展报告：公平与发展》中将不平等分为结果的不平等和机会的不平等，前者包括收入和财富的不平等，后者包括教育、医疗、社会保障等非收入层面的不平等。

二、普惠金融在共同富裕中的作用

实现全体人民的共同富裕既需要顶层设计，也需要财政、金融和其他各方面政策的支持。以金融发展总量和金融中介体量为代表的金融发展深度有利于推进共同富裕的“富裕”维度（张晓晶，2021）。以普惠金融为代表的金融广化的推进有利于实现共同富裕的“共享”维度。作为金融广化的重要手段，普惠金融旨在为低收入人群和中小微企业等弱势群体提供包容性的金融服务，从而使其能够获得平等的发展机会，其内涵与共同富裕不谋而合。已有研究从不同方面探索了普惠金融与经济发展和收入分配的关系，得出了普惠金融有利于改善收入分配、缩小城乡差距，从而促进经济发展的结论（李建军 等，2019；李建军 等，2020b）。

理解普惠金融对共同富裕的影响及其机制，应从普惠金融的功能出发进行剖析。普惠金融强调金融公平性。一方面，通过物理上更多金融服务基础设施的覆盖，以及以数字普惠金融为代表的科技手段上空间的覆盖，普惠金融的广泛包容性能够减少信息不对称问题（张勋 等，2019），提高居民的金融参与度，促进居民储蓄投资和借贷行为，从而利用金融服务促进收入提高和财富积累。另一方面，通过特定化配比的方式，为受到排斥的中小微企业、“三农”领域提供倾斜性的金融支持，使被排斥在金融服务范围外的群体获得金融服务。普惠金融缓解了农村居民金融排斥，支持了农村经济，提高了弱势群体对投融资服务的可得性和使用深度，从而提高了其创造财富和积累财富的可能性，改善了金融资源的配置效率，缩小了城乡收入差距。普惠金融从“富裕”和“共享”两个方面作用于共同富裕，有利于居民最大限度共享经济发展成果，提高生活品质，助力共同富裕目标的实现。

（一）普惠金融缓解家庭资金约束

家庭资金约束是制约家庭储蓄、投资和消费等行为的重要因素，抑制了家庭收入水平的提高。从家庭资金约束的成因来看，主要有资金供给端约束和资金需求端约束两种类型。从资金供给端来说，传统金融服务大多有“嫌贫爱富”的偏好，使得中小微企业、农户和贫困人群等弱势群体受到信贷配给的影响，无法以合理的价格获得相应的金融服务。普惠金融提高了金融服务的可得性，将受到传统金融排斥的家庭纳入金融服务中，帮助贫困居民获得储蓄、贷款以及保险等服务，促进农户从事正常的生产经营活动和人力资本投资，有利于家庭的储蓄、借贷和投资理财，从而增强家庭的跨期资源配置能力和风险抵御能力，缓解家庭资金约束。对于农村地区，普惠金融政策可以避免农贷资金的“精英俘获”机制，在市场化程度高、地方政府规模更小的地区，资源配置扭曲的可能性更小，金融资源更为精准地流入被排斥的群体中，实现减贫（李建军　等，2019），缓解了家庭资金供给端约束。例如，银行主动为中小微企业和家庭提供金融服务等，这属于金融服务供给的增加，缓解了资金供给端约束。

另外，居民可能由于金融市场参与度较低、金融知识匮乏等而主动排斥金融服务，从而造成资金需求端约束。普惠金融的发展能够显著提升居民的金融市场参与经验，更多的金融市场参与经历可以提高居民的金融知识水平，随着金融服务和金融知识的普及，家庭正规信贷需求增加，从而更加积极地申请贷款，即认知能力的提高有利于进一步推动家庭参与金融市场，普惠金融增加了家庭对金融服务的需求，缓解了资金需求端约束。资金约束的缓解有利于家庭参与金融市场进行借贷、促进生产和消费，进一步提高家庭的共同富裕水平。

（二）普惠金融促进家庭自主创业

家庭创业是提高家庭收入和富裕水平的重要路径。然而，融资约束极大地制约了家庭的创业活动。已有研究发现，金融发展能够促进个人和家庭的创业活动（李建军　等，2020a）。在农村地区，由于金融市场的信息不对称程度更高，农村家庭创业受到的金融排斥也更严重，大多数农户依赖民间借贷等手段为创业活动融资。因此，许多农户的创业活动止步于启动资金的缺乏，这不利于农户家庭的发展和收入水平的提高。而普惠金融能够提高金融服务的可得性和特定化配比程度，为家庭提供信贷支持，缓解金融排斥和流动性约束，促进家庭创业活动。特别是基于互联网的数字普惠金融能够依托大数据手段对小微企业和创业项目进行风险评估、缓解信息不对称，从而促进居民创业（谢绚丽 等，2018）。普惠金融主要是通过促进自雇佣创业（个体工商户、小微商户创业等）来促进共同富裕的。这部分小微创业者可能原本受到正规金融体系的排斥，普惠金融的发展为其提供了资金支持，从而促进其创业，提高共同富裕水平。在受到更严重金融排斥的经济欠发达地区和农村地区，这种效应更加显著，既缩小了区域和城乡家庭之间的差距，也提高了家庭的共同富裕水平。

三、案例分析与经验总结

浙江省作为国家数字经济创新发展试验区及共同富裕示范区，凭借优越的数字化基础和政策支持，成为研究普惠金融在乡村地区应用的典型案例。以浙江省兰溪市马涧镇为例，该镇作为区域重镇，拥有159平方千米的面积和5.2万人口，农业基础和工业基础坚实，贷款需求旺盛。2021年，该镇农村居民人均年可支配收入达到4.6万元。目前，镇上已有4家金融机构，其中，中国农业银行兰溪市支行积极拓展数字普惠金融业务，服务乡村振兴。

2020年5月，马涧镇启动了“数字普惠金融进乡村”试点项目。截至2020年9月30日，项目组在保障信息安全的前提下，收集了4000多名村民的基础信息，并在公众号“山水马涧”上推出了数字乡村板块。项目成功搭建了1215个村镇门户，安装了1613块村户联码门牌，并初步构建了诚信积分体系，建立了金融板块的本地标准化系统。通过政府和银行的合作，诚信积分体系与农行信用村打分体系相结合，使诚信积分成为融资时享受普惠红利的重要依据。截至2021年10月11日，项目已为4692户村民建立了档案，投放贷款130笔，金额总计1958万元，其中惠农贷款达1276万元。

马涧镇的实践表明，政府、银行和乡村社会的三方合作，能够使数字普惠金融制度有效嵌入乡村社会基层治理体系，并通过多元主体共治和相互监督机制实现长效执行。该制度的实施，不仅推动了当地传统杨梅产业向现代化高附加值产业转型升级，促进了农村居民增收，还形成了具有推广价值的“马涧模式”。该模式将数字普惠金融作为激励机制，通过以诚信积分为核心的新制度供给，带动乡村地区实现全方位的共同富裕。

“马涧模式”为其他乡村地区实现共同富裕提供了借鉴。第一，乡村产业发展的资金需求与银行的战略性社会责任相结合，为新制度供给提供了动力。第二，政企村三方共建的基层治理体系，是新制度下沉到乡村的有效途径。第三，以金融优惠为导向的诚信积分体系，鼓励村民参与基层治理，促进了社会资本的积累。第四，多方主体共同参与的监督机制，保障了数字普惠金融在乡村的长期稳定发展。这一模式的成功实践，为普惠金融在乡村地区的推广提供了宝贵经验。

四、实现共同富裕的路径

（一）壮大中等收入群体，推动人民共富

国际国内经验表明，若缺乏发展动能，过度依赖再分配措施缩小收入差距可能导致创造财富意愿降低，陷入“贫困陷阱”。因此，平衡经济增长与收入分配，旨在构建一个既能促进生产效率、提高人均收入，又能维护分配公平的体系，这是实现可持续发展与生活水平提升的关键路径。此目标要求政策制定兼顾保护弱势群体、壮大中产阶层及激励高端群体的多元需求。

确保全体人民平等地参与人力资本积累和社会发展进程，是实现这一平衡的基石。其中，中产阶层的稳定增长被视为实现共同富裕愿景的核心。政策改革需超越传统再分配思路，重点推进体制创新，以激活创新创业活力，构建既高效又公平的初次分配体系；加强法治建设，稳定投资氛围，严厉打击非法收入；精炼政策工具，确保精准扶持低收入群体，提升其生活标准。

具体策略可概括为以下几点。首先，政府应利用补贴与扶助政策，专注于提升低收入群体及其子女的人力资本，采取预见性预分配策略，借助高质量公共服务确

保贫困家庭儿童获得良好的早期营养与教育，阻断贫困代际传递。其次，提升社会流动性，消除行业垄断，畅通要素流通渠道，确保人才自由流动，激励个人通过自己的努力加入并晋升中产阶层。最后，改进初次分配机制，完善工资决定与增长模型，强化工资集体协商和薪酬保障，防止劳工权益受损，切实提高一线劳动者薪酬，增加劳动所得在初次分配中的比例，保障分配系统的公正与效率。

（二）强化法治建设和产权保护，激励高收入群体进一步发展

提高低收入群体收入、扩大中等收入群体规模乃至全面提高国民富裕程度与促进产业升级，均依赖于充分的高质量就业、充裕的投资与研发支出，这些又在很大程度上依托于高收入群体的进一步成长及其财富积累的深化。

为此，需要激励高收入群体持续发展并提升其财富水平。首先，强化法治基础，尤其是加速产权保护制度的完善，营造稳定的投资、产出、创新的环境，增强各经济主体的安全感。此过程应秉持公平原则，平等保护各种所有制经济的产权与合法权益，确保公私产权不受侵犯，并重视知识产权体系在激励科技创新与转化中的长效作用，建立健全数据权利界定与流通规则，为知识经济保驾护航。其次，优化生产要素参与分配机制，确保市场成为评价要素贡献、决定回报的主导力量，特别是通过优化创新创业的收益机制，全面激发创新潜能，释放高端要素活力，引导其流向前沿科技与新兴产业，以创新创业活动促进高质量就业与就业结构优化。最后，完善公职人员财产申报体系，严厉打击非法高收入，同时积极参与全球税收合作，依据国际基准合理设定高收入群体的边际税率，旨在促使高净值人群财富在国内投资与创造新价值，形成良性循环，为经济社会发展积蓄力量。

（三）推进高质量城镇化，推动城乡共同发展

随着现代化进程的深入，循着现代化的客观趋势，我国城镇化水平预计将持续提升。在此进程中，实现共同富裕的关键在于城镇化质量的实质性提高，尤其是确保迁移人口顺利融入居住社区，这是缓解城乡差异与缩小区域发展差距的重要策略。由于城市间的差异大于省级单元，因此，提高城镇化质量，特别是提高人口融合水平，对于缩小城乡及区域差距至关重要，可以做到促进区域均衡发展和提升城镇化质量并进。乡村振兴战略的推行，有利于缩小农村居民生活水平与城镇居民生活水平的差距，是实现共同富裕目标的一个关键要素。

为达成此目标，应做到以下几点。首先，充分利用市场机制在人力资源配置中的决定性作用，遵循产业集聚原则，尊重劳动力流动偏好，重点发展京津冀地区、长江三角洲地区、珠江三角洲地区、西南沿岸地区，以及中西部的长江中游、成渝、关中平原等区域的城市群。同时，在中西部适宜区域发展核心城市，带动周边城镇集群，形成结构合理、规模适宜的都市圈。其次，提升城镇化质量需聚焦促进流动人口的社会融入，包括全面放宽户籍限制，完善相关政策，确保流动人口无障碍享受公共住房等基本公共服务，构建城市接纳外来人口的财政激励机制。资源配置如建设用地指标与财政转移支付应偏向大中型城市，并与常住人口规模挂钩，以应对房屋空置和土地浪费问题。最后，深化农村改革，特别是土地制度改革，加速城乡建设用地市场的融合，推进承包地“三权”分置改革，提升农民资产的流动性和价值。同时，加强农村基础设施建设与公共服务供给，提高农业及农村服务业的生产效率，为乡村振兴提供持续动力。

Chapter 6

第六章

普惠金融与中小微企业发展

第一节

中小微企业的经济地位和融资现状

一、中小微企业的经济贡献

近年来，中小微企业展现出“量质齐升”的发展态势，以中小微企业为主的民营企业已然跃升为中国第一大外贸经营主体，为经济社会的发展贡献了重要力量。

高质量的中小微企业不断涌现。截至2023年6月，工信部已经培养了近9000家专精特新“小巨人”企业，并推动各地发展了超过8万家省级专精特新中小微企业。这些企业以专注铸专长，以配套强产业，以创新赢市场。总体来看，中小微企业正加速向专精特新的方向发展，其规模迅速扩大，成为中国经济社会发展的有生力量。

（一）强化经济韧性，推动国民经济持续健康增长

中小微企业在国民经济中地位显著，是经济增长的有力推动者。中小微企业数量众多、分布广泛，涵盖了众多行业领域，创造了大量具有价值的产品和服务。中小微企业广泛分布在各个细分领域，专注于产业链的配套服务，以产业链供应链为纽带，促进大小企业的融合与协作，并推动产学研一体化，从而帮助构建紧密衔接的完整产业生态系统，成为保持产业链和供应链稳定性及竞争力的核心力量，其快速发展促进了产业多元化和优化升级，增强了经济韧性和抗风险能力，从而有力地推动了国民经济持续健康增长。

中小微企业既为广大人民群众提供了大量物质产品和服务，又成为吸纳和调节就业的“蓄水池”。因此，中小微企业发展好的地区，往往就业更充分、经济更活跃、人民生活更富裕。

（二）提高就业水平，维护社会稳定

就业问题始终是经济发展和社会稳定的一大制约因素。中小微企业是吸纳就业的主力军，通常具有较低的就业门槛和灵活的用工方式。大部分中小微企业是劳动密集型企业，能够为不同层次、不同技能水平的劳动者，包括大量的农村转移劳动力、城镇下岗职工等提供更多的就业机会。中小微企业的迅速发展大大缓解了就业压力，促进了社会充分就业，增加了居民收入，提升了人民生活水平，从而在维护社会稳定方面发挥了至关重要的作用。

（三）促进农业发展，缓解“三农”问题

“三农”问题是我国经济和社会发展的关键问题。支持并推动农业农村发展对我国具有特殊意义。在促进农业发展方面，中小微企业表现得尤为突出，能够帮助缓解“三农”问题。相当一部分中小微企业是乡镇企业或私营企业，它们能集中分散的农户，实现大规模、集约化生产，吸纳大量农村剩余劳动力；它们积极参与农业产业化经营，提升农产品附加值，增加农民收入。这不仅有利于社会稳定，还对我国农村城镇化进程起到了巨大的推动作用。

中小微企业是地方财政收入的重要来源之一。在我国，各级政府高达80%的财政收入来源于中小微企业。特别是在县域经济中，中小微企业占据了重要地位。中小微企业的健康发展能够直接为地方财政带来丰厚的税收。

（四）支撑技术进步，促进行业创新

中小微企业在技术进步和创新方面扮演着不可或缺的角色。中小微企业往往规模较小，拥有的资源有限，但具有更强的创新动力和经营灵活性。中小微企业能够专注于细分领域，进行针对性的技术研发和创新，推出独具特色的产品和服务。它们敢于尝试新技术、新模式，能够当好创新的“试验田”和“孵化器”。众多中小微企业取得的创新成果不仅提升了自身的竞争力，还推动了整个行业的技术进步，为我国经济转型升级提供了有力支撑。

（五）推动市场竞争，促使市场活跃

中小微企业是市场活跃的重要力量。相较于大企业，它们大多集中于纺织、家电等行业，更加贴近市场。当外部环境恶化时，大企业的应变较为迟缓，而中小微企业由于规模较小、易于调整方向，能够快速响应经济变化，活跃市场。

中小微企业的经营活动丰富了市场供给，满足了消费者多样化的需求，防止少数大企业对市场形成垄断。中小微企业凭借其灵活的经营方式、较低的组织成本以及较强的进退转移能力，能够更快速地接收市场信息，及时研发出符合市场需求的新产品，并迅速推向市场、抢占市场份额。同时，中小微企业之间的激烈竞争促使它们不断优化产品质量、降低价格、提升服务水平，从而提高市场效率。它们的存在促进了充分竞争，打破了市场垄断，激发出市场活力和创造力，为经济繁荣发展创造了良好的市场环境。

二、中小微企业的融资现状

我国中小微企业融资呈多元化发展趋势，主要通过商业性金融机构获取资金支持，尤其是商业银行近年来不断创新差异化政策，提升贷款覆盖率和降低融资成本。然而，融资难、融资贵的问题仍未完全解决，非正规金融机构和民间资本在此过程中扮演了一定角色。此外，资本市场的多层次结构也为中小微企业提供了一定的融资渠道，尤其是新三板、创业板、科创板的发展为中小微企业拓宽了资本补充的途径，提升了企业的融资便利性。

（一）金融机构建设

1.政策性金融机构

目前，我国尚无专门为中小微企业服务的政策性金融机构。在三大政策性金融机构中，国家开发银行部分业务涉及对中小微企业的支持。

2.商业性金融机构

我国为中小微企业提供融资的主体是商业性金融机构，尤其是商业银行。近年

来，国家金融监督管理总局坚持正向激励的监管导向，创新差异化监管政策，激发银行业服务小微企业的内生动力，提升中小微企业贷款覆盖率和申贷获得率，着力改善融资难问题；通过加强存贷款定价管理、清理收费项目、缩短融资链条、提高贷款审批和发放效率等措施，降低融资成本，着力解决中小微企业融资贵问题。

3.非正规金融机构

2010年，《国务院关于鼓励和引导民间投资健康发展的若干意见》发布，明确和扩大了民间资本进入的金融服务领域和范围，鼓励民间资本发起设立金融中介服务机构，参与证券、保险等金融机构的改组改制。截至2023年12月末，全国共有小额贷款公司5500家，贷款余额约7629亿元[1]。这意味着民间资本在中小微企业融资中占有一定的比重，有望为中小微企业提供更多的金融服务。

（二）资本市场建设

目前，我国经济处于结构调整的关键期，筹资成本高、企业风险大、附加费用高、融资渠道少等问题严重制约着中小微企业的发展。中小微企业应充分利用多层次资本市场，拓宽其获取金融服务的渠道，缓解金融排斥。

1.中小板、创业板中小微企业融资现状

Wind数据显示，截至深圳证券交易所将主板与中小板合并（2021年3月底）前，中小板共有上市公司1004家，总市值13.38万亿元。截至2023年末，创业板共有上市公司1333家，总市值11.39万亿元。2023年创业板公司IPO（首次公开募股）合计融资1223.11亿元，这意味着中小微企业的融资渠道进一步拓宽。

2.新三板中小微企业融资现状

新三板已逐步发展为非上市小微企业股权流转的平台、创业投资与私募股权投资基金的聚集中心、多层次资本市场上市资源的资金池。截至2023年底，新三板挂牌企业总数6241家，以中小微企业和高新技术企业为主。2023年，新三板挂牌企业股票发行次数573次，发行融资金额180.19亿元。截至2023年底，新三板挂牌企业

[1]　数据来自《2023年小额贷款公司统计数据报告》。

全年的成交量为174.27亿股，成交金额达612.74亿元[1]。

随着新三板市场的不断发展和完善，各类新三板产品积极进入市场，为挂牌的中小微企业和高新技术企业提供持续的资金支持。

3.科创板中小微企业融资现状

科创板是独立于现有主板市场的新设板块，重点支持新一代高科技产业，高科技中小企业可在该板块发行上市。科创板的设立和发展为新兴企业特别是高科技中小企业提供了非常便利的渠道，并呈现出快速发展的趋势。从2019年6月13日开板至2023年底，共有566家企业在科创板上市。2023年，科创板公司IPO合计融资1451.2亿元。未来，随着科创板的发展和注册制的完善，中小微企业的资本补充渠道将进一步拓宽。

4.债券市场中小微企业融资现状

与发达国家相比，我国债券市场无论规模还是结构发展都相对滞后。但近年来，随着债券市场的创新，我国债券市场的广度和深度都得到了很大的拓展，债券种类日益丰富，公司债、企业债、分离债、城投债、可转债、短融等券种相继推出。其中，中小企业集合债券、中小企业集合票据、中小企业私募债券、小微企业增信集合债券等是服务于中小微企业的主要创新品种。

第一只中小企业集合债券是2007年11月发行的“07深中小债”，这是我国债券市场为解决中小企业融资难问题而作出的一次有益尝试，自此之后，我国的中小企业债券市场不断发展。2020年，上海证券交易所和深圳证券交易所一共新增中小企业私募债券236只，发债规模为2396.4亿元。相较于其他针对中小微企业融资的债权类融资工具，小微企业增信集合债券具有单一融资规模大、成本低、审核快捷且发行便利，以及发展速度远超同期其他产品的优点，为小微企业的融资发展提供了新的思路。

[1] 数据来自全国中小企业股份转让系统（https://www.neeq.com.cn/static/statisticdata.html）。

（三）中小微企业金融支持政策

2008年金融危机爆发后，政府强调要加大信贷对实体经济特别是中小微企业的支持力度。在此背景下，相关监管部门出台了一系列政策支持中小微企业发展。这些政策的出台有利于中小微企业金融服务可得性的提升，一定程度上缓解了金融供给对中小微企业的金融排斥。自2013年以来，部分中小微企业金融支持政策见表6-1。

表6-1　部分中小微企业金融支持政策（2013年至今）

发布时间	政策名称	发布单位
2013年3月	《关于深化小微企业金融服务的意见》	银监会
2013年8月	《关于进一步做好小微企业金融服务工作的指导意见》	银监会
2014年3月	《关于开办支小再贷款 支持扩大小微企业信贷投放的通知》	中国人民银行
2014年4月	《关于小型微利企业所得税优惠政策有关问题的通知》	财政部、国家税务总局
2014年7月	《关于完善和创新小微企业贷款服务 提高小微企业金融服务水平的通知》	银监会
2014年11月	《关于扶持小型微型企业健康发展的意见》	国务院
2015年3月	《关于2015年小微企业金融服务工作的指导意见》	银监会
2016年2月	《关于2016年推进普惠金融发展工作的指导意见》	银监会办公厅
2017年4月	《关于提升银行业服务实体经济质效的指导意见》	银监会
2017年5月	《关于保险业支持实体经济发展的指导意见》	保监会
2018年6月	《关于进一步深化小微企业金融服务的意见》	中国人民银行等五部门
2019年2月	《关于有效发挥政府性融资担保基金作用切实支持小微企业和“三农”发展的指导意见》	国务院办公厅
2019年12月	《关于推动银行业和保险业高质量发展的指导意见》	银保监会

续表

发布时间	政策名称	发布单位
2020年6月	《商业银行小微企业金融服务监管评价办法（试行）》	银保监会
2020年12月	《关于深化银行业保险业"放管服"改革 优化营商环境的通知》	银保监会办公厅
2021年4月	《关于2021年进一步推动小微企业金融服务高质量发展的通知》	银保监会办公厅
2022年10月	《关于知识产权助力专精特新中小企业创新发展若干措施的通知》	国家知识产权局、工信部
2023年1月	《助力中小微企业稳增长调结构强能力若干措施》	国务院促进中小企业发展工作领导小组办公室
2024年3月	《关于做好2024年普惠信贷工作的通知》	国家金融监督管理总局办公厅
2024年4月	《统筹融资信用服务平台建设提升中小微企业融资便利水平实施方案》	国务院办公厅

上述政策的出台反映了未来我国金融支持中小微企业发展的几个趋势：第一，将银行业金融机构对中小微企业融资支持纳入银行考核标准中；第二，除了关注银行对中小微企业的支持外，还要对金融环境建设、信用平台搭建以及资本市场发展等多个方面作出要求；第三，加强对金融机构市场行为规范的监管。这些金融政策措施的实施，为中小微企业融资支持体系的建设创造了良好的制度环境。

三、中小微企业融资难的原因分析

（一）管理模式落后，影响资金支持

在我国，中小微企业大多采用家族式经营管理模式，其显著特点是所有权与经营权高度融合。在企业初创阶段，这种模式的确是一种颇为有效的管理方式，能够迅速且高效地作出决策，为企业早期发展提供有力支撑。然而，一旦企业进入进一步扩张的阶段，这种模式的弊端便逐渐凸显，如内部产权关系模糊不清、企业治理

结构不合理、决策往往依赖于少数人、缺乏科学的决策机制和风险防控体系等。在财务制度方面，存在账目不清、财务报表不规范甚至财务造假等问题。这些缺陷不仅影响企业自身的运营效率和竞争力，也使外部投资者和金融机构对企业的经营状况和发展前景难以作出准确判断，从而降低为其提供资金支持的意愿。

（二）信息透明度低，融资环境不健康

在我国的金融机构体系中，四大商业银行占据垄断地位。然而，这四大行的贷款资金主要服务于大型企业的发展以及基础设施建设。在信贷政策方面，对于中小微企业普遍存在不平等融资待遇问题，甚至可以说是“歧视”。另外，四大行未能严格遵循自主经营、自负盈亏、自我约束、自我发展的商业原则，这就影响了银行对不同企业贷款的灵活决策，进而加大了中小微企业获取银行贷款的难度。

同时，中小微企业在信息披露方面普遍存在不足，信息透明度较低。它们可能未建立规范的信息披露机制，这导致金融机构和投资者难以获取准确、完整的企业经营信息和财务信息。这种信息不对称增加了金融机构的风险评估难度和成本，使得企业在融资过程中处于不利地位。

（三）证券市场发展不完善，债务融资受阻

我国的证券市场虽然经历了多年的发展，但仍不够成熟和完善。对于中小微企业而言，上市门槛较高，通过股票市场直接融资的机会渺茫。同时，企业债券市场发展缓慢，发行规模有限，相关制度和政策对中小微企业发行债券的支持不足。这使得中小微企业难以利用债券市场获取长期稳定的资金。

（四）政策支持较少，法律保障缺失

在政策层面，针对中小微企业融资的支持体系还不够完善。尽管政府出台了一系列扶持政策，但在实际执行过程中，存在政策落实不到位、政策优惠力度不够等问题。例如，中小微企业融资担保机制不健全，风险补偿政策未能充分发挥作用。此外，相关法律法规在保护中小微企业融资权益方面还存在空白和不足，大多是原则性和纲领性的指引，缺少具体的细节规范，无法为其融资提供有效的法律保障。

四、普惠金融改善中小微企业融资状况的策略

普惠金融对于化解中小微企业融资困境成效显著，核心在于解决融资难、融资贵的问题。

（一）政府机构全面支持，降低融资成本

中小微企业向传统金融机构申请贷款时，通常会面临较高的费用，主要有两个原因。一方面，中小微企业规模较小，借贷频繁，传统金融机构需要投入大量人力来获取企业信息，进行信用评估和贷后管理；此外，大型金融机构的贷款程序复杂，涉及多个部门，从而增加了成本。另一方面，中小微企业通常缺乏足够的抵质押物，抗风险能力较弱，更容易受到风险冲击。为了实现效益最大化并降低风险，金融机构通常会制定较高的贷款利率。

普惠金融能够降低中小微企业融资成本。首先，普惠金融机构简化了贷款程序，利用信息处理的优势，精确评估中小微企业的信用状况，实现审批的智能化和自动化，避免了复杂流程带来的额外交易成本。其次，利用科技和数字技术，数字普惠金融的在线贷款模式打破了传统金融机构对人工和营业网点的依赖，节省了人工成本及网点建设成本。最后，政策的支持和引导发挥了重要作用。国家金融监督管理总局加强对银行机构违规收费和不规范经营行为的查处，同时积极引导银行根据贷款市场报价利率（LPR）走势确定中小微企业贷款利率，将中小微企业的融资成本控制在合理水平。2023年，国有银行新发放普惠型小微企业贷款利率普遍偏低，且基本低于3.8%[1]。

（二）鼓励金融机构创新，提高金融服务可得性

传统金融体系中，中小微企业难以通过发行股票或债券筹资，主要依靠银行贷款，然而，适合其融资需求的产品相对不足。随着普惠金融的发展，政府鼓励传统金融机构研发专为中小微企业设计的产品，传统金融机构根据中小微企业的不同发

[1] 来自2023年上市银行普惠型小微企业贷款相关数据。

展阶段和行业特点，创新信贷产品并丰富其种类。例如，中国建设银行推出纯信用贷款产品“善融贷”，用于短期生产经营周转；中国工商银行的“小企业周转贷款”在担保方式上更加灵活；等等。此外，监管部门通过定向降准和严查经营贷资金违规流入房地产市场等措施，积极引导和支持普惠金融的发展。截至2023年底，我国普惠型小微企业贷款余额达29.06万亿元，同比增长23.27%，比各项贷款平均增速高13.13个百分点。

数字普惠金融将科技融入金融体系，提高了金融服务的可得性和便利性。六大行持续推动数字化转型，不断加大科技投入力度，2023年金融科技投入共计1228.22亿元，较2022年的1165.49亿元增长5.38%。例如，中国建设银行利用科技和数据优势，重新设计小微企业的业务流程，推出“小微快贷”线上化业务模式，并创新提供一系列普惠金融服务方案。数字普惠金融促进了商业银行智能线上贷款、网贷平台在线商业贷款以及电商线上商业贷款的快速发展，成为中小微企业获取融资的重要渠道。

（三）创新信贷技术，减少信息不对称

中小微企业与传统金融机构之间的信息不对称是导致融资难和融资贵的主要原因。由于中小微企业财务制度不完善，同时利润不稳定，缺少足够的抵押物，因此传统金融机构难以合理定价其信贷。普惠金融从创新信贷技术、提高融资效率等方面解决了这一问题。

普惠金融借助大数据、人工智能等科技手段，采用新型财务报表分析和信用评分技术，对中小微企业的业务交易、税费缴纳情况和信用信息进行综合评估，并利用网络爬虫技术获取企业声誉等非结构化数据，弥补中小微企业抵押物不足的缺陷；与此同时，建设数字普惠金融平台，打破信息壁垒，提高融资效率。过去，中小微企业难以迅速了解适合自己的金融产品和价格，而数字普惠金融平台则提供了丰富的金融供求信息，能够快速匹配合适的金融产品，降低了融资时间和沟通成本。

第二节

支持中小微企业的银行金融创新

一、银行支持中小微企业的现状

现如今，中小微企业在市场经济中所占的地位越来越重要，商业银行也逐渐意识到向中小微企业提供金融服务的重要性及其对自身可持续发展的重要意义。商业银行在支持中小微企业发展方面取得初步成效，但仍面临管理制度、风险管理及金融产品与企业发展匹配度等方面的诸多挑战。

（一）国家政策引导促进商业银行服务中小微企业

近年来，为促进中小微企业发展，我国制定了一系列政策措施。这些政策措施鼓励商业银行加大对中小微企业的金融服务力度，支持其信贷业务，并指导银行改善对中小微企业的金融服务。

政府在中小微企业贷款方面实施税收优惠政策，监管部门针对银行开展中小微企业金融服务制定了市场准入条件，并支持中小微企业专项金融债的发行。鼓励商业银行通过分类、分层研究精准洞察中小微企业客户的特征和需求，为其量身定制金融产品、营销方式、服务模式和风险管理措施，以提升客户体验、增强客户忠诚度，并全面提供开户、结算、理财、咨询等基础和综合金融服务。

例如，2023年国家金融监督管理总局联合工业和信息化部、商务部开展“走万企 提信心 优服务”活动，引导金融机构主动走访对接创新型中小企业、重点产业链上下游中小企业、中小微外贸企业等，各地将289.1万户中小微企业纳入对接范围，银行机构向43.1万户中小微企业新发放3.9万亿元贷款。

（二）商业银行中小微企业金融服务成功案例众多

随着中小微企业的发展及国家相关政策的鼓励，众多商业银行积极响应政策号召，将中小微企业金融服务作为自身工作的一个重点内容，中小微企业金融服务水平得到普遍提高。例如，兴业银行、浦发银行、民生银行和招商银行等都成立了小微贷款中心，致力于简化中小微企业的信贷流程，为其提供更加便捷和定制化的金融支持。这些举措不仅提高了中小微企业的融资可获得性，也有效促进了其发展。

（三）商业银行中小微企业金融服务的不足

在国家、银行、社会等共同努力下，商业银行对中小微企业的金融服务初见成效，并已具有一定的规模，但仍存在诸多挑战和不足。例如，经营理念与管理制度未能完全适应中小微企业的特点、风险管理措施尚不完善、金融服务产品与中小微企业发展阶段的匹配度不高、社会信用体系不健全等，这些都制约了中小微企业金融服务的发展。

二、银行金融创新的主要模式

支持中小微企业的银行金融创新模式涵盖了智能化贷款审批系统、线上贷款申请与服务平台、定制化金融产品、金融科技与区块链技术应用、跨界合作与共享经济以及政策性金融支持等多个方面。这些创新不仅提升了中小微企业的融资效率和服务体验，也推动了金融市场的发展和经济的增长。未来，随着科技进步和市场需求的变化，银行将继续深化创新，为中小微企业提供更加多样化和优质化的金融服务，助力其持续健康发展。

（一）智能化贷款审批系统

传统的贷款审批流程通常烦琐且时间长，对于中小微企业来说尤为不利。智能化系统基于大数据分析、机器学习和人工智能技术，能够快速评估申请企业的信用风险和贷款需求，自动化地完成信用评分和审批流程，大大提高了审批效率和准确性。例如，系统可以通过分析企业的财务数据、市场表现和行业背景，实现快速审批和放款，极大地缩短了从贷款申请到获得资金的时间。

（二）线上贷款申请与服务平台

随着互联网和移动技术的普及，银行推出了线上贷款申请与服务平台，使中小微企业可以通过网页或手机应用随时随地提交贷款申请、查询贷款审批状态和获取相关金融服务。这种模式不仅节省了企业前往银行网点的时间和成本，还提高了贷款申请的透明度和便捷性。企业可以根据自身需求选择合适的贷款产品，快速完成申请流程，获得及时的资金支持。

（三）定制化金融产品

针对中小微企业的特殊需求，银行创新推出了多样化、灵活的定制化金融产品。这些产品包括但不限于流动资金贷款、设备采购贷款、项目融资、供应链金融等。通过深入了解企业的经营模式、资金需求和风险偏好，银行可以为企业量身定制贷款方案，帮助其有效应对市场竞争和经营挑战，促进业务的持续发展。

（四）金融科技与区块链技术应用

近年来，金融科技和区块链技术在金融服务中的应用日益广泛，为中小微企业融资提供了新的机会和选择。金融科技创新如支付平台、虚拟账户、智能合约等，为企业提供了更便捷、更安全的资金管理和交易环境。区块链技术的透明性和不可篡改性，使其在供应链金融、资产证券化等领域有着广泛的应用前景，为企业提供了更多的融资渠道和选择。

（五）跨界合作与共享经济

银行通过与其他金融机构、科技公司和行业平台的合作，实现资源共享和风险分担，为中小微企业提供更广泛的金融服务和支持。例如，银行与科技公司合作开发在线支付解决方案或与电商平台合作推出供应链金融产品，共同为中小微企业提供综合性的服务解决方案。这种合作模式不仅拓宽了中小微企业的融资渠道，还提升了服务效率，扩大了服务覆盖面。

（六）政策性金融支持

政府在支持中小微企业发展方面起着关键作用，银行积极响应国家政策，推出符合政府扶持政策的金融产品。这些产品通常具有较低的利率、灵活的还款方式和更长的贷款期限，旨在帮助企业降低融资成本，稳定经营。银行通过政策性金融支持，积极促进中小微企业在技术升级、产业升级和市场拓展等方面的发展，助力其实现可持续增长。

三、创新案例

近年来，随着金融科技、云计算和大数据平台的快速发展，商业银行逐渐开发出既能够满足中小微企业融资需求又符合商业银行风控要求的小微金融产品。以下是两个具有代表性的案例。

（一）中国农业银行的“惠农e贷”平台

“惠农e贷”平台是中国农业银行在2018年推出的，目的是支持中小微企业融资，提升中小微企业融资的便利性和效率。

“惠农e贷”平台通过互联网技术和大数据分析，为中小微企业提供便捷的贷款服务，在支持中小微企业方面具有以下优势：

（1）快速审批与放款。平台利用大数据和智能化技术，能够快速评估中小微企业的信用风险和贷款需求，大大缩短了审批和放款的时间。这意味着企业能更快速地获取所需的资金支持，有利于业务的稳定运营和发展。

（2）多样化的贷款产品。平台提供多种类型的贷款产品，包括经营性贷款、流动资金贷款、设备采购贷款等，企业可以根据自身需求选择合适的贷款方案，灵活应对不同的经营场景和资金需求。

（3）便捷的融资渠道。平台为中小微企业提供更加便捷的融资渠道，使得企业能够更灵活地应对市场竞争、扩大生产规模、引入新技术或产品，从而推动企业的长期发展和壮大。

（4）政策性债务支持。对于符合政府政策扶持条件的中小微企业，中国农业银行通过“惠农e贷”平台提供的贷款产品，能够更好地推动企业获得政策性债务支持，促进企业健康发展。

尽管“惠农e贷”平台带来了显著的便利并提升了效率，但也面临着一些挑战。例如，对于部分传统型企业或资料不充分的微型企业来说，可能仍然存在理解和使用上的障碍。此外，信息安全和隐私保护也是需要持续关注和加强的方面，以确保企业数据的安全性和可靠性。

（二）中国建设银行的“智能贷款”服务

中国建设银行在2020年推出“智能贷款”服务，主要是为了解决传统贷款流程中存在的烦琐、耗时的问题，通过技术创新提升贷款的便捷性和可获得性。特别是在经济环境动荡、资金需求快速变化的背景下，这种快速的贷款服务对企业来说尤为重要。

“智能贷款”服务有以下几点优势：

（1）智能的申请流程。中小微企业可以通过中国建设银行App或网上银行平台进行贷款申请。申请过程简单直接，企业可以在几分钟内完成基本信息录入和贷款需求说明。

（2）自动化审批。“智能贷款”服务利用人工智能技术对企业提交的贷款申请进行快速、自动化审批，系统通过分析大数据和企业历史数据，评估企业的信用状况和财务健康情况，快速作出审批决策。

（3）放款速度快。审批通过后，资金可以在短时间内到达企业账户，支持企业迅速应对市场变化和资金需求。

（4）其他增值服务。除了基本的贷款服务外，中国建设银行还为中小微企业提供财务分析、风险评估和资金管理等增值服务。这些服务能够帮助企业提高财务管理能力，有效应对市场波动和风险。

尽管“智能贷款”服务带来了诸多便利，但也面临着一些挑战。例如，对于技术应用较为落后的企业或者传统型企业来说，可能需要额外的培训和支持，以适应新的技术平台操作。此外，数据安全和隐私保护也是值得关注的问题，银行需要确保企业数据的安全性和可靠性，以建立企业对这一服务的信任。

四、银行支持中小微企业的优化策略

（一）优化思路

银行在优化中小微企业信贷业务的过程中，需要时刻以客户至上、风险可控、创新驱动为原则，以提升服务效率、降低风险、提升客户体验为核心目标，通过创新和优化不断提升业务水平，提高中小微企业的融资可得性和便利性，提供个性化、高效的服务，有效控制信贷风险和确保贷款资产质量，确保银行盈利能力。

（二）优化策略

1.创新升级信贷产品

银行可以通过创新升级信贷产品来推动中小微企业信贷业务的持续发展。包括针对不同行业和企业规模设计定制化产品，如供应链金融和科技创新贷款，以满足客户特定的融资需求。同时，引入数字化服务平台和先进技术简化申请流程，并提升审批效率，让中小微企业能够更便捷地获得贷款支持。

2.注重客户关系，增强客户黏性

银行可以加强客户关系管理，以增强中小微企业客户的黏性和提高其满意度。建立详细的客户信息数据库，记录客户信息和交易历史，为客户提供个性化的金融服务和定制化的建议。通过定期沟通和跟进，了解客户经营状况和未来计划，及时响应客户需求，增设增值服务如财务咨询与税务筹划，帮助客户提高经营效率与盈利能力。

3.加强风险管理

银行可以升级信贷风险管理模式，以有效降低中小微企业信贷业务风险。优化贷前调查和审批流程，利用先进的风险评估模型和工具，全面评估客户信用状况和偿还能力。优化贷后管理机制，加强对贷款资产的监控和跟踪，定期进行信用风险评估，及时发现和处理潜在的不良贷款。建立应急预案，制定应对经济下行和市场变动的应急措施，保障银行贷款资产质量和经营稳健性。

4.转变营销观念

银行可以转变营销观念，优化营销模式以更好地服务中小微企业客户。通过数据分析和客户洞察，制定个性化的营销策略，采用精准营销策略提高市场覆盖率和客户转化率。结合传统营销与数字化手段，进行多渠道推广，提高品牌知名度。此外，银行还可以通过提供教育培训支持，提高中小微企业主的贷款申请能力与增强其信用风险意识。

5.完善信用评价体系

银行可以完善信用评价体系，以提高中小微企业信贷业务的运营效率。通过多维度数据采集和分析，综合内外部数据源建立完善的信用评价模型，为贷款决策提供科学依据。同时，采用自动化审批流程，优化信贷申请和批准流程，缩短审批周期，提高工作效率。持续优化和改进信用评价模型，结合市场变化和客户反馈，不断优化业务流程和提升服务质量。

第三节

支持中小微企业的资本市场融资

一、中小微企业的资本市场融资现状

（一）融资渠道逐步拓宽

1.股权融资渠道

随着多层次资本市场的不断改革与发展，我国逐步形成了以创业板、新三板、科创板、北京证券交易所、区域性股权市场等为主要构成的中小企业股权融资体系，各板块错位发展、相互补充，为中小微企业提供更多的融资渠道，满足不同企业在不同发展阶段多样化的融资需求。

2.债券市场融资渠道

随着债券市场对中小微企业融资渠道的积极探索，面向中小微企业的债券品种不断创新，债券融资规模逐渐扩大，拓宽了中小微企业融资渠道。目前适用于中小微企业的主要债券市场融资渠道有专项支持类债券、间接支持类债券、结构化产品、可转债等。

（二）融资成本逐渐降低

中小微企业资本市场的发展将有助于降低融资成本。首先，随着债券市场的创新发展，面向中小微企业的债券品种逐渐增多，科创债、小微企业专项金融债等债券规模逐步扩大。相较于股权融资和银行贷款，发行债券的融资成本较低，中小微企业债券市场的迅速发展有助于降低融资成本。其次，多层次资本市场严格的信息披露制度和全面注册制的推行也有效降低了中小微企业的融资成本。多层次资本市场各板块有着严格的信息披露要求，减少了信息不对称风险，同样降低了融资成本。全面注册制的推行缩短了审核周期、简化了审核程序，企业可更快速地完成融资计划，降低时间成本和财务成本。最后，政府高度重视中小微企业的融资问题，经常通过财政补贴、贷款贴息等方式，降低企业融资成本。

（三）政府支持力度持续加大

2019年4月7日，中共中央办公厅、国务院办公厅印发了《关于促进中小企业健康发展的指导意见》，强调进一步完善债券发行机制，支持中小企业利用资本市场直接融资，反映了政府对中小企业资本市场融资问题的高度重视。以此为节点，相关政府部门出台了一系列政策文件支持中小微企业资本市场融资。近5年支持中小微企业资本市场融资的部分政策文件见表6-2。

表6-2　部分中小微企业资本市场融资支持政策（2020年至今）

成文日期	发文单位	政策名称	相关内容
2020年5月	中国人民银行、中国银保监会、国家发展改革委、工业和信息化部、财政部、国家市场监督管理总局、中国证监会、国家外汇管理局	《关于进一步强化中小微企业金融服务的指导意见》	发挥多层次资本市场融资支持作用，加大债券市场融资支持力度，支持优质中小微企业上市或挂牌融资
2021年12月	工业和信息化部、国家发展改革委、科技部、财政部等十九部门	《“十四五”促进中小企业发展规划》	促进中小企业直接融资，持续优化企业上市条件，加强债券市场品种创新
2022年7月	中国证监会、国家发展改革委、全国工商联	《关于推动债券市场更好支持民营企业改革发展的通知》	积极推动债券产品创新，大力推广科技创新债券，鼓励发行小微企业增信集合债券
2023年7月	工业和信息化部、中国人民银行、国家金融监管总局、中国证监会、财政部	《关于开展“一链一策一批”中小微企业融资促进行动的通知》	优化上市培育策略、完善股权投资策略
2024年6月	国务院办公厅	《促进创业投资高质量发展的若干政策措施》	围绕创业投资“募投管退”全链条，进一步完善政策环境和管理制度，积极支持创业投资做大做强，促进科技型企业成长

二、资本市场融资的主要渠道

（一）股权融资

我国中小企业股权融资体系主要由创业板、科创板、新三板、北京证券交易所、区域性股权市场等构成。

1.创业板

创业板主要服务于成长型创新创业企业，为其提供首次公开发行股票、增发股票、配股等股权融资服务。Wind和东方财富网数据显示，截至2023年末，创业板共有1333家公司上市交易，全年成功发行110家，企业总市值为11.39万亿元。2023年创业板公司IPO合计融资1223.11亿元。

2.科创板

科创板聚焦符合国家战略、突破核心创新技术的科技创新型企业，提供IPO上市、股权众筹、吸引风险投资、再融资和并购重组等多种股权融资服务。截至2023年末，科创板共有566家公司交易上市，全年成功发行67家，企业总市值为6.46万亿元。2023年科创板公司IPO合计融资1451.20亿元。

3.新三板

新三板主要服务于中小微企业，提供私募股权融资、定向增发、发行优先股等股权融资服务。2023年共有326家公司新增挂牌，与2022年的270家新增挂牌公司相比，同比增长20.74%。2023年合计融资180.19亿元，融资主要用于补充流动资金及偿还贷款，助力中小微企业保生产、过难关。

4.北京证券交易所

北京证券交易所是服务创新型中小企业的主阵地。截至2023年末，北京证券交易所上市公司数量达239家，总市值达4496亿元。2023年北京证券交易所新增上市公司77家，合计融资146.28亿元。

5.区域性股权市场

区域性股权市场主要服务于省级行政区域内的中小微企业，提供私募股权融资、定向增发、股权质押融资、基金份额转让等服务。目前大部分省市如北京、河北、辽宁、上海等均设立了区域性股权市场，助力当地中小微企业解决融资问题。

2023年创业板、科创板、新三板和北京证券交易所的融资规模如图6-1所示。由于不同地区的区域性股权市场发展情况存在差异，故未展示其具体的融资规模数据。从图6-1可以发现，2023年科创板和创业板的融资规模远超其他板块。

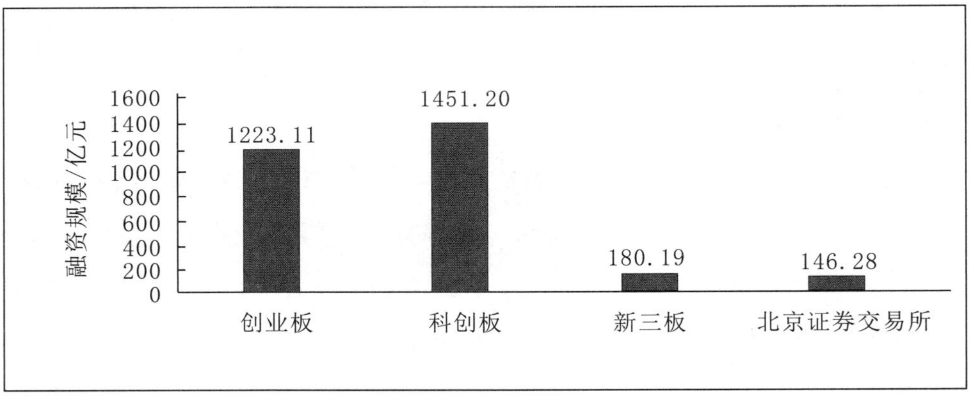

图6-1 2023年中小微企业股权融资规模

数据来源：Wind、东方财富网。

（二）债券市场

目前适用于中小微企业的主要债券市场融资渠道有专项支持类债券、间接支持类债券、结构化产品、可转债等。

1.专项支持类债券

专项支持类债券主要包含中小企业集合债券、科创类债券。中小企业集合债券以中小企业所构成的集合为发债主体，打破了只有大企业才能发债的惯例，为中小企业开创了新的融资渠道。2007年深圳20家中小企业集合发行的“07深中小债”是我国首只中小企业集合债券。但由于中小企业集合债券发行门槛及企业违约风险较高，目前债券市场较少发行该种债券。

科创类债券包括创新创业公司债券和科技创新债券（简称“科创债”）。创新创业公司债券旨在支持创新企业和微小高新技术企业发展，科创债有助于科技企业募集资金投资于科技创新领域。Wind数据显示，2021—2023年科创债（统计口径含创新创业公司债券）发行规模分别为324.45亿元、1081.10亿元和3622.20亿元，呈逐年快速上升态势，在公司债中的占比也呈现快速增长趋势（见图6-2）。目前，科创债已经成为我国公司债市场的重要组成部分。

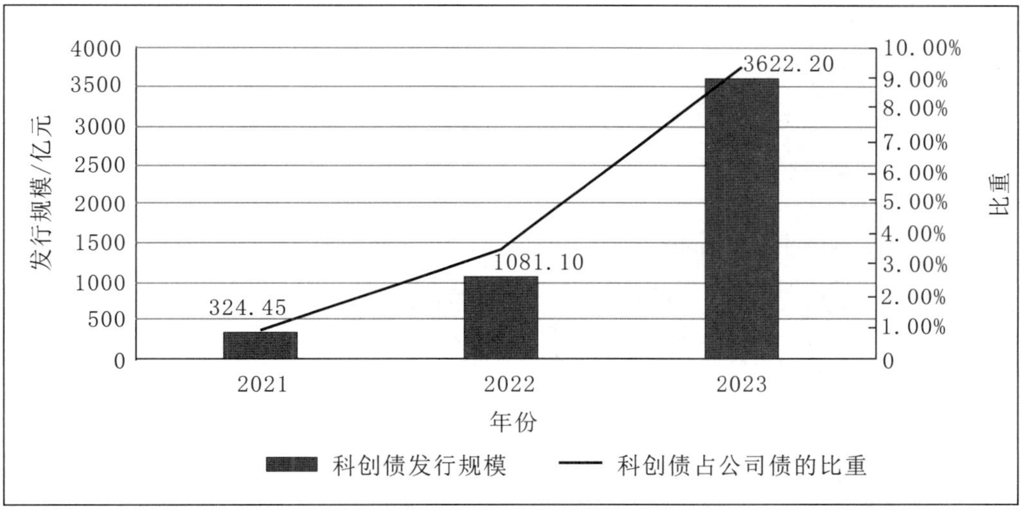

图6-2　2021—2023年科创债发行规模和占比

数据来源：Wind。

2.间接支持类债券

间接支持类债券主要有小微企业专项金融债券和小微企业增信集合债券。Wind数据显示，截至2022年3月15日，当年已有10家商业银行发行10只小微企业专项金融债券，合计发行规模达1050亿元，远超上年同期水平，同比增长34%。中国债券信息网披露信息显示，截至2023年10月，小微企业增信集合债券合计发行规模为91.10亿元。

3.结构化产品

结构化产品尚处于起步阶段，中小微企业可以将贷款、供应链、应收账款等作为基础资产发行资产证券化产品。例如微小企业贷款资产支持证券，中诚信国际整理的数据显示，2023年微小企业贷款资产支持证券发行规模为749.72亿元，较2022年增长61.32%。

4.可转债

可转债是中小微企业的重要融资渠道。可转债具有较低的融资成本，具有优化资本结构、降低转股或兑付压力等优势，因此中小微企业一般可将可转债作为进入债券市场融资的敲门砖。但目前可转债发行规模不大，市场占比较低。

三、成功案例

（一）中小企业股权融资成功案例——天津重钢机械装备股份有限公司

天津重钢机械装备股份有限公司（简称“重钢机械”）成立于2002年，是一家从事通用设备制造的中小型高新技术企业，2013年8月8日正式在新三板挂牌。在新三板挂牌后，重钢机械的融资渠道得到拓展，融资绩效得到改善。

首先，在新三板挂牌后可通过定向增发获得资金来源。2017年5月16日，重钢机械以定向增发的方式发行股票405万股，共筹集资金1620万元（胡绘明 等，2018）。此次定向增发所募集到的资金主要用于子公司建设临港总装基地，该投资解决了大型机械生产销售过程中所产生的运输问题，降低了运营成本，提高了企业盈利能力。其次，在新三板挂牌有利于获得银行信贷资金。新三板对挂牌企业有严格的信息披露要求，企业财务披露信息要保证真实准确完整，减少了银行和企业的信息不对称风险，提高了银行向挂牌企业发放贷款的意愿。

分析重钢机械的股权融资案例可以发现，新三板为中小企业提供了更多的融资机会和发展动力。目前，重钢机械作为国家级专精特新“小巨人”企业，正处于北京证券交易所上市辅导阶段，将来有望在北京证券交易所公开上市，进一步拓宽融资渠道。

（二）中小企业债券市场融资成功案例——新乡市慧联电子科技股份有限公司

新乡市慧联电子科技股份有限公司（简称“慧联电子”）成立于2006年，是一家主要从事开发、制造、销售电子专业工模具及设备的中小型高新技术企业。2018年8月，慧联电子发行私募可转债。该债券是河南省首单私募可转债，有效拓宽了河南企业的融资渠道。

该笔私募可转债融资规模8000万元，票面利率平均低于8.5%，融资成本相对较低，从准备到发行成功用时不到2个月，融资效率高。深圳九日旭投资管理有限公司作为主要担保方质押了4406.5万股为慧联电子发行可转债提供担保，保证了可转债的顺利发行[1]。此次募集资金主要用于补充流动资金、建设研发中心等。此外，因可转债具有债性和股性双重属性，投资人可以持有债券到期获得利息收益，也可以在约定时间内将债券转换为股票获得股利和资本利得收益。故可转债与股票相比，融资成本更低；与其他债券相比，企业债务压力更小。慧联电子成功发行私募可转债，不仅获得了外部融资，补充了流动资金，还优化了债务结构，减少了融资成本。

分析慧联电子的债券市场融资案例可以发现，债券市场可以以较低的融资成本为中小企业提供新的融资渠道，但中小微企业能否成功发行债券主要与其经营状况、盈利水平、还款能力、担保情况有关。

四、融资渠道的优化建议

党的二十大报告强调，要把支持中小微企业发展作为构建高水平社会主义市场经济体制的重要内容，健全资本市场功能，提高直接融资比重。随着资本市场的快速发展，我国多层次资本市场已基本建立，中小微企业资本市场融资取得了一定的成效。但我国资本市场仍处于建设完善阶段，中小微企业资本市场存在股权融资和

[1]　数据来自河南省人民政府门户网站（https://www.henan.gov.cn/）。

债券市场融资发展不平衡、私募市场不够活跃、中小微企业信用体系不健全等问题。为促进中小微企业资本市场融资，可从以下三个方面优化融资渠道。

（一）弥补中小微企业债券市场融资短板

深化债券融资工具创新，鼓励中小微企业利用债券市场融资，提高债券融资占比。根据中小微企业的行业特点、经营模式和融资需求，推出具有针对性的特色债券，不断深化债券融资工具创新；进一步完善科创类债券融资的准入要求，使更多中小微企业可以发行创新创业公司债券和科技创新债券，切实拓宽中小微企业融资渠道；积极推动结构化产品发展，推出不同基础资产的资产证券化产品，深化小额贷款、供应链资产支持证券的应用。

发展高收益债券市场，培育多层次投资者结构，增加中小微企业债券融资渠道。目前，我国高收益债券市场尚处于起步阶段，投资者风险偏好趋于保守稳健，推进高收益债券市场制度体系建设是完善我国多层次资本市场融资体系的重要举措。故应逐渐加快高收益债券市场建设步伐，鼓励投资主体多样化，为具有高风险特征的中小微企业提供更加适配的债券融资工具。

加强中小微企业信用体系建设，降低信用风险，提高投资者投资意愿。强化中小微企业评级方法体系研究，结合金融科技健全跟踪评估机制，提高评级质量；加强中小微企业信用保证制度体系建设，形成主体多元化的中小微企业信用担保和再担保部门，为中小微企业提供担保服务；建立完善的中小微企业信用数据库，记录企业的信用信息，包括还款记录、经营状况等。

（二）创新资本市场服务思路，重视私募市场发展

资本市场不仅可以直接为中小微企业提供融资渠道，还可以通过设立专项创投基金等创新方法拓宽中小微企业融资渠道。鼓励发展中小微企业创投基金，并设立专业机构专门负责为中小微企业发放股权投资。专业机构具备过硬的专业知识，可将资金投向具有创新能力和市场潜力的中小微企业，并且引导社会资金投入重点领域。

推动私募市场进一步发展，能够有效缓解中小微企业融资难的问题。相较于公开市场，私募市场因其灵活性更加适合中小微企业开展融资活动，处于初创和发展阶段的中小微企业更加依赖私募市场。私募投资者不仅可以为中小微企业提供资金支持，还可以利用其专业知识帮助企业建立健全的财务管理体系、完善公司治理等。中小微企业的发展离不开私募市场的支持，加强私募市场建设势在必行。

（三）优化中小微企业信息披露机制，加强政府监管

优化中小微企业信息披露机制能够减少投资者与企业之间的信息不对称风险，吸引投资者。中小微企业定期公布财务报表、经营数据以及重要决策信息，为投资者提供可观可靠的估值信息；利用大数据、云计算等计算机技术搭建中小微企业数据服务平台，推进数据共享和跟踪更新。此外，加强政府对企业信息披露工作的监管，对于信息披露造假的中小微企业建立失信惩戒机制，增强信息披露相关制度的法律约束力，创造良好的资本市场环境。政府还可以通过简化中小微企业融资的审批程序和流程，降低融资门槛和成本，助力中小微企业开展融资活动。

第四节

中小微企业融资的风险与可持续性

一、中小微企业融资风险分析

中小微企业融资风险来自方方面面，其复杂程度较高。一般来说，可将中小微企业融资风险分为以下四类。

（一）市场风险

市场风险是中小微企业融资中的一个主要挑战，主要涉及市场需求变化、竞争加剧和行业发展不确定性。对中小微企业而言，由于规模较小，它们往往难以在竞争激烈的市场中占据一席之地，这增加了其融资难度和风险。

1.市场需求变化

中小微企业的生存和发展高度依赖市场需求。如果产品或服务的市场需求下降，企业收入将受到直接影响，从而影响其偿债能力和融资前景。例如，市场上新技术的出现或消费者偏好的转变可能导致产品销售不如预期，进而影响企业的盈利能力和现金流。

2.竞争加剧

中小微企业通常要面对来自大型企业和其他小型竞争对手的竞争压力。大型企业通常能够利用规模效应和市场份额优势压制小企业，而同行业的其他小型竞争者也可能通过价格战或差异化策略争夺市场份额，加剧了市场竞争的激烈程度。

3.行业发展不确定性

行业的发展趋势和政策变化对中小微企业的融资能力有重要影响。例如，某些行业可能受到技术进步或法律法规变更的直接影响，这可能改变市场的竞争格局或市场准入条件，进而影响企业的运营和融资环境。

（二）流动性风险

流动性风险是指企业的资金供应和现金流不足或不稳定。对于中小微企业而言，流动性管理至关重要，因为中小微企业常常面临资金周转不灵和融资渠道有限等问题。

1.资金周转不灵

中小微企业由于规模小、资源有限，往往面临资金周转不灵的问题。这可能导致无法按时支付供应商货款或员工工资，从而影响企业的信誉和经营稳定性。

2.融资渠道有限

相比大型企业，中小微企业的融资渠道更为有限。传统银行贷款可能受到资产抵押或信用记录要求的限制，且资本市场的进入门槛较高，因此中小微企业在获取资金时更加困难。

3.外部经济环境变化

全球经济波动或国内宏观经济政策的变化可能直接影响企业的流动性状况。例如，经济衰退可能导致消费者购买力下降，企业销售收入减少，进而影响其现金流状况。

（三）信用风险

信用风险是指中小微企业在融资过程中由于资信记录不佳或支付能力不足而面临的借贷违约风险。信用风险直接影响企业在金融市场的信誉和借款成本。

1.资信记录

中小微企业由于资金周转不灵或经营不善，可能会出现违约行为，导致其在金融机构中的信用记录变差。这会增加企业未来融资的难度和成本。

2.市场信任度

企业的信用状况直接影响其在市场上的信任度和声誉。信用良好的企业可能更容易获得更有利的融资条件；相反，信用不佳的企业则可能需要按照更高的借贷利率支付利息或面临更严格的融资限制。

（四）政策风险

政策风险是中小微企业融资过程中面临的另一个重要风险，涉及政府法规、税收政策、行业准入要求以及政府支持政策的变化。

1.政府法规和行业准入要求

政府法规的变更或行业准入要求的调整可能会直接影响企业的生产和市场准入条件。例如，环境保护法规的加强可能导致企业需要增加环保投入，从而增加成本负担。

2.税收政策

税收政策的变化对企业财务状况和投资决策有重要影响。税率的调整或税收优惠政策的取消可能会影响企业的盈利水平和资金运作策略。

二、风险管理的主要策略

（一）多元化融资渠道

中小微企业在融资时应该通过多元化的融资渠道来分散风险。传统的融资渠道包括银行贷款和信用贷款，但这些渠道可能会面临利率上涨或融资额度有限的风险。因此，企业应考虑多种选择，如债券市场融资、股权融资、天使投资和风险投资等，以降低对单一融资渠道的依赖性。

1.银行贷款和信用贷款

银行贷款和信用贷款是中小微企业最常见的融资途径，因为银行贷款和信用贷款相对来说较为稳定和易于获得。企业可以根据自身的资信情况选择不同的贷款产品，如流动资金贷款、固定资产贷款等。

2.债券市场融资

对于资金需求较大且具备一定信用等级的企业来说，发行债券是一种有效的融资方式。债券市场融资可以提供长期资金支持，并且通常具有较为灵活的利率和偿还条件。

3.股权融资

企业可以通过向投资者出售股份来获得资金。这种方式不仅可以获得资金，还可以引入经验丰富的投资者和管理者，对企业的长远发展具有积极作用。

4.天使投资和风险投资

天使投资和风险投资适用于初创企业或具有高成长潜力的企业，通过向天使投资人或风险投资机构筹集资金，不仅能获得资本的支持，还可能得到行业经验和网络资源的帮助。

（二）严格的财务管理

严格的财务管理是中小微企业有效管理融资风险的关键。企业应建立健全的财务制度和内部控制体系，确保财务数据的真实性和准确性，及时发现和解决财务问题。

1.财务透明度和报告制度

确保企业的财务数据透明，并建立定期报告制度，向投资者和贷款机构展示企业的财务状况和运营表现。

2.现金流管理

有效的现金流管理是避免资金短缺和偿债困难的关键。企业应预测和规划现金流，并根据需要调整支出和收入结构，确保资金的充足和流动性的合理运用。

3.财务指标监控

企业需要设定和监控关键的财务指标，如资产负债比率、偿债能力比率等，以及时发现和化解财务风险。

（三）合理的债务结构

中小微企业应根据自身的经营特点和资本需求，合理规划和管理债务结构。

1.债务水平控制

债务水平控制是确保企业财务稳定性和偿债能力的首要措施。过高的债务水平可能导致企业财务负担过重，增加偿债风险，尤其是在经济不景气或企业经营不顺利时。因此，中小微企业需要根据自身的盈利能力和现金流状况，合理设定债务水平。

2.债务种类和期限匹配

合理的债务结构也需要考虑债务种类和期限的匹配问题。不同类型的债务具有不同的利率、还款期限和偿付要求，企业应根据自身的资金需求和现金流状况来选择合适的债务类型和期限。过度依赖短期债务可能导致偿债能力不足和资金周转困难，而过多的长期债务可能限制企业灵活调整资金结构的能力。中小微企业应根据经营特点和行业规律，合理设定长短期债务的比例。

（四）危机管理与应急预案

1.预测和识别潜在的融资危机

中小微企业在融资方面面临多重挑战，因此必须密切关注市场环境的变化。通过分析市场趋势、政策变动以及财务数据，可以及时预测和识别可能出现的融资危机，为应对风险提前做好准备。

2.危机沟通和制定公关策略

在危机发生前，中小微企业就要建立良好的内部沟通机制，确保管理层和员工及时了解危机的实际情况和应对措施。同时，制定外部公关策略，积极应对股东、客户、供应商及媒体的关切，保护企业的声誉和形象。

3.资源调配和成本管理

为了应对融资危机可能带来的资金紧张情况，中小微企业应设立应急资金池，并审视和优化企业的运营成本。这些措施有助于确保资金用于关键业务活动和紧急支出，保持企业日常运营稳定。

4.监测融资环境和调整应对策略

中小微企业应保持对融资环境的持续监测，并根据市场变化调整应对策略。定期评估和更新应急预案，确保应急预案的有效性和适应性，提升企业应对融资挑战的能力和灵活性。

三、融资可持续性的影响因素

融资可持续性是指企业在融资过程中可以长期、稳定地获取所需资金，以满足经营和发展的需要。随着我国对中小微企业融资问题的积极探索，融资渠道逐渐多样化，中小微企业融资可得性问题得到缓解，但融资可持续性问题凸显，这与企业自身状况、金融市场、政府政策等有关。

（一）企业自身因素

1.规模与发展阶段

中小微企业规模较小，通常处于发展阶段，业务可持续性不足，投资风险较高，影响融资可持续性。中小微企业通常专注于某个细分领域，经营活动严重依赖产业链上下游企业，经营状况不稳定，易受市场影响。业务稳定性不足导致投资风险较高，影响融资可持续性。

2.财务状况和风险水平

融资可持续性通常与企业的盈利能力、资产负债率、资本金规模等财务状况密切相关。若企业盈利能力不稳定、资产负债率很高、资本金不足、财务风险较大，将直接影响企业的融资能力和可持续性。此外，中小微企业可能存在财务制度不健全等问题，使金融机构无法准确评估企业的财务状况，影响其融资可持续性。

（二）金融市场因素

1.金融机构

金融机构风险偏好与中小微企业融资需求不匹配，中小微企业规模小、投资风险大，往往难以获得金融机构的青睐。银行对中小微企业信贷条件严格，对贷款责任人追责很重，但激励机制不足，使得银行在贷款审批上更为谨慎。此外，金融机构在提供融资服务时，缺乏针对中小微企业的金融产品和服务创新。这导致中小微企业在融资过程中难以获得符合其实际需求的金融产品和服务，影响了其融资的可持续性。

2.资本市场

首先，资本市场进入门槛过高，使得中小微企业难以通过股权融资等方式获得资金。其次，多层次资本市场不完善，适合中小微企业融资的私募市场和高收益债券市场缺乏发展，影响其融资可持续性。最后，企业与投资者之间存在信息不对称情况，投资者往往对中小微企业的投资持谨慎态度，这增加了企业融资的难度和成本。

3.信用担保体系

担保机构注册资本少，担保能力与担保需求矛盾突出，导致企业难以获得有效的担保支持，进而影响其融资的可持续性。此外，担保体系构成不健全，缺乏主体多样化的中小微企业信用担保和再担保部门，导致担保服务覆盖面不足，无法满足中小微企业的多样化融资需求。

4.融资成本

由于中小微企业规模较小、经营活动不稳定、信息披露不足，具有较大的不确定风险，投资者需要更多的风险补偿，故银行信贷和债券的利率均较高。而股权融资成本比债券市场融资成本更高，投资风险更大，中小微企业难以承担高昂的融资成本，这严重影响了中小微企业融资的可持续性。

（三）政府政策因素

首先，尽管政府出台了一系列支持民营经济和中小微企业发展的政策，但在实际操作中，政策落实和执行力度不足，对相关政策的宣传与解读不够，导致政策效果有限。其次，政府对中小微企业的信用担保体系建设投入不足，导致中小微企业融资风险较高，限制了其融资能力。最后，中小微企业融资相关法律法规不完善，导致融资环境不够规范，增加了融资风险，影响了企业融资积极性和可持续性。政府可通过加强对中小微企业融资的政策支持、强化落实与执行力度、做好政策宣传与解读工作、加强信用担保体系建设、完善相关法律法规等措施，助力中小微企业融资可持续性发展。

四、提高融资可持续性的途径

（一）加强中小微企业自身建设

树立信用意识，增强企业盈利能力、偿债能力，使其迸发内生动力，从根本上提高融资可持续性。投资者对中小微企业投资意愿较低的主要原因是中小微企业经营不稳定，投资风险较高。企业可通过加强自身建设从根本上缓解融资问题。首先，树立信用意识，遵循真实、准确、完整的原则定期披露信息，严格按照合同规范使用资金，按时还本付息，提高自身信用评估等级，构筑长期银企信任关系，提高融资可持续性。其次，加强企业科技创新能力，增强市场竞争力，扩大经营规模，增强盈利能力，降低经营风险和财务风险，提高投资者持续投资的意愿。

（二）推动建立同领域企业联盟，与金融机构建立常态化联系

推动建立同领域企业联盟，突破融资约束，拓宽融资渠道，提高融资可持续性。中小微企业融资常受制于个体规模小、风险高等因素，建立同领域企业联盟可以突破融资约束，形成更强的集体信用，提高企业在金融机构中的信用评级。此外，推动建设金融机构或政府监管部门对企业联盟的授信认证体系，提高企业联盟的认可度和可执行性。

与金融机构建立常态化联系，有助于提高中小微企业融资可持续性。建立政银企常态化对接机制，定期组织政银企对接活动，促进企业与金融机构的面对面交流，使金融机构能及时了解企业的经营状况和融资困难。此外，将与金融机构建立常态化联系工作纳入企业融资部门的日常考核中，监督激励融资部门更好地开展融资工作，提高融资的可持续性。

（三）发展壮大中小金融机构，建立多元化融资平台和创新融资工具

发展壮大中小金融机构，为中小微企业提供更加适配的融资渠道，提高融资可持续性。推动中小金融机构引入民间资本投资中小微企业，充分发挥中小金融机构服务中小微企业的杠杆力量。强化地方金融机构和区域性股权市场的发展，更加快

速高效地服务当地中小微企业。此外，建立多元化融资平台，创新针对性融资工具，满足不同中小微企业多样化个性化的融资需求，以此提高融资的可持续性。

（四）加大政府支持力度

第一，进一步探索创新中小微企业融资支持政策，改善中小微企业融资环境。第二，加大对金融机构向中小微企业放贷情况的考核力度，促进金融机构为中小微企业提供更优质的融资服务。第三，建立健全的中小微企业信用担保体系，为中小微企业提供担保，提高中小微企业的融资能力。第四，建设全国性的中小微企业信用信息平台和融资服务平台，提供信息共享和融资对接服务。第五，加强政策宣传和解读工作，帮助企业了解和理解融资支持政策，确保政策能够真正惠及企业。

Chapter 7

第七章

农村普惠金融服务

第一节

农村金融服务的供给与需求

一、农村金融服务供给

（一）农村金融机构体系

1.政策性金融机构

我国有3家政策性金融机构，其中在农村金融领域发挥突出作用的是国家开发银行和中国农业发展银行。国家开发银行秉承改善民生的宗旨，以普惠金融服务社会建设，促进社会和谐与全面进步。但是，国家开发银行无法像商业性银行一样设置大量网点及人员为农村金融进行直接有效的服务，需要借助合作伙伴力量发挥作用，引导社会资本投入“三农”领域。中国农业发展银行是直属国务院领导的中国唯一一家农业政策性银行，主要职责是以国家信用为基础，筹集资金，承担国家规定的农业政策性金融业务，代理财政支农资金的拨付，为农业和农村经济发展服务。其对“三农”领域的贷款从性质上可分为政策性贷款、准政策性贷款和商业性贷款。

2.商业性金融机构

在政府的大力支持下，各类商业银行纷纷开展了与“三农”相关的特色业务。以中国农业银行为例，中国农业银行提高涉农贷款比例，加大服务“三农”创新力度，全面推进“三农”金融事业部改革，努力提升服务“三农”能力，成为我国商业性金融机构服务“三农”的主要力量。截至2023年末，中国农业银行县域贷款余额达8.78万亿元，较年初增加1.45万亿元；涉农贷款余额为6.55万亿元，增量首次突破万亿元；乡村产业贷款余额为1.84万亿元，乡村建设贷款余额为1.96万亿元，县域绿色信贷余额为1.66万亿元。其与国家乡村振兴局联合推出的“富民贷”余额达404亿元，惠及农户超42万户。此外，“农银惠农云”数字乡村平台已服务农户475万用户，覆盖县（区）2542个，旗下“惠农e贷”余额1.09万亿元，“智慧畜牧贷”余额超100亿元[1]。

3.合作性金融机构

农村信用合作社是目前我国农村金融市场上覆盖面最广的供给主体。在商业性金融机构大量撤并之后，农村地区形成农村信用社一枝独大的局面。但农村信用社开发能力有限，信贷产品单一，创新力度不够。农村信用社在完善自身机制和创新金融服务方面的动力不足，资产质量下降，经营风险上升。此外，社会担保体系不够健全以及农业保险的缺位，影响了信贷支农的发挥，限制了农村信用社对农业产业化的支持力度，在一定程度上制约了“三农”的发展进程。截至2023年底，我国共有农村商业银行1607家、农村合作银行23家，农村信用合作社499家、农村资金互助社30家、村镇银行1636家[2]，农村商业银行数量有所增加。农村信用社在改革过程中逐渐走向股份化、商业化，不再是传统意义上的合作性金融机构，农村信用社为“三农”领域提供的金融服务已不能满足实际需要。

（二）农村金融基础设施建设

1.支付体系建设

在支付体系建设方面，由于我国幅员辽阔，有些地区人口稀少，传统银行网点的支付体系难以覆盖且成本较高。以互联网技术为依托的电子支付体系摆脱了地理因素的限制，成为金融基础设施建设的重点方向。在银行结算账户方面，农村电子银行业务发展迅速，但新型支付工具在农村地区的推广仍然存在诸多困难。由于传统支付习惯难以改变，加之部分农户对互联网、支付软件、支付系统使用不熟练，其对电子支付方式有所排斥。此外，电子支付系统涉及互联网基础设施的建设，部分农村地区仍存在电子支付的空白。

[1]　数据来自中国农业银行发布的《2023年三农金融服务报告》。

[2]　数据来自国家金融监督管理总局发布的《银行业金融机构法人名单（截至2023年12月末）》。

2.信用体系建设

完善的农村信用体系能促进农村金融服务高效运转，加快推动城镇化建设，但农村信用体系建设面临的困境阻碍了其进一步发展，主要体现为：其一，农户信用信息采集模式遭遇瓶颈。部分家庭在工业生产、乡村观光旅游、农产品集约化经营等领域参与建设，居民身份在农民和商人间频繁转换，采集对象和范围较难确定，且大量农户外出务工导致信息更新困难。此外，农户信用信息采集以户主和家庭常住人口为主，而这部分人并不一定是家庭实际收入的创造者。其二，国家对于农户信用信息基础数据库的管理尚不成熟，没有形成统一标准的信息采集格式，这造成了敏感信息采集困难。从部分地区信用评定流程来看，虽然地方政府出台了一些制度，但政府和涉农金融机构在信用评定上缺乏统一标准，执行中主观因素占比过大，评定结果存在差异。

（三）农村金融政策

中国人民银行对不同类型金融机构执行差别存款准备金率的政策，充分发挥存款准备金政策在支持“三农”方面的积极作用。此外，中国人民银行还加大了支农再贷款的支持力度，促进农村金融机构加大涉农信贷投放力度，引导支农再贷款逐渐向西部地区和粮食生产区倾斜，并允许支农再贷款合同期限展期。同时，将支农再贷款发放对象由农村信用合作社扩大到农村合作银行、农村商业银行、村镇银行等，贷款的用途范围也由发放农户贷款扩大到其他涉农贷款。

为落实中央有关“定向实行税收减免和费用补贴，引导更多信贷资金和社会资金投向农村”的政策精神，国家专门出台了一系列支持农村金融发展的专项税收优惠政策。这些税收优惠政策激励农村金融机构为农村群体提供各类金融服务，提高了金融机构支农惠农的主动性。

二、农村金融服务需求

（一）基本账户需求

虽然对于大部分人来说，获取银行基本账户不存在任何障碍，但部分偏远地区以及低收入人群的基本账户需求却一直未能得到满足，他们无法通过安全的渠道进行储蓄，无法接收政府转移支付及他人的汇款。因此，金融机构要研究低收入人群的分层及其金融需求的差异，针对没有银行基本账户的人群，解决其在距离、成本和身份认证等方面的问题。一是延伸服务渠道，进行技术创新，加强基础设施的建设，解决距离问题；二是向低收入人群提供免收费、无年费等具有优惠政策的银行账户，解决成本问题；三是简化开户程序，减少开户文件，采用更加先进的身份认证手段，解决身份认证问题。

（二）消费信贷需求

世界银行1995年在亚洲的一项调查显示，低收入农户金融需求的顺序是消费信贷、储蓄、生产性贷款和保险。2006年诺贝尔和平奖得主尤努斯也曾形象地呼吁“信贷权也是一种基本人权”，他认为每一个个体和家庭都拥有获得金融服务的基本权利。消费信贷在整个信贷中占2/3，且大部分是短期需要，如看病、非收获季节的家庭开支等。弱势群体的消费信贷多用于生存、生活所需，是必要开支，比起为提高生活品质而产生的信贷需求，用于生存、生活的信贷需求更加迫切，且更应得到满足。然而，由于弱势群体受收入水平、信用等级等条件的限制，其信贷需求往往难以得到满足。金融机构应特别关注弱势群体的特殊需求，开发出有针对性的小额信贷产品，使相应需求得到满足。

（三）农村保险需求

保险是风险管理的工具。农村生产生活中存在大量风险，而农户抵御风险的能力极弱，因此增加农户和涉农企业的保险投入至关重要。首先，需要丰富保险品种，针对农户的特殊需求进行产品开发，准确定位，提高投保率。其次，推广小额信贷保险。小额信贷保险是小额信贷与小额保险相结合的产物，其发展对于促进农户信贷以及保险双重需求的满足具有重要作用。最后，提高保险服务质量，如加强产品宣传、简化保险办理程序、提高理赔速度、增加保险定损等，使农户的利益能够得到切实的保障。

（四）城镇弱势群体需求

我国对于金融排斥问题的关注大多集中在农村地区，忽视了城镇弱势群体领域。实际上，城市内部的不平等并不亚于城乡差距，居住在城镇的农民工、下岗失业工人等老年人和妇女群体，各自面临不同的生存压力，有着各不相同的金融需求。城镇弱势群体的资金主要用于非义务教育、医疗、住房购置、购买耐用消费品等领域，而金融机构对城镇弱势群体的需求缺乏关注，个性化的产品有限，难以根据不同群体的消费习惯、风险偏好提供恰当的服务。金融机构应转变观念，深入社区了解情况，加强分类研究和产品开发，将金融服务延伸到城镇的各个角落。同时，政府也应出台相关政策，对金融机构予以资金和政策上的支持，鼓励金融机构对城镇弱势群体展开服务。

三、供需矛盾的原因分析

（一）农村金融需求增长，但供给不足

农业生产的规模化、集约化和现代化趋势日益明显，导致生产性融资需求显著增长。随着融资需求从简单的小额短期生活消费和农房改造，转向大额长期持续性的扩大再生产，传统的“一社支三农”模式已经难以满足当前农业发展的需求。尽管农村金融供给体系已呈现出多元化的特点，但“三农”金融服务仍然主要依赖农村信用合作社。中国邮政储蓄银行在农村地区主要吸收存款，对本地信贷的支持力度有限；中国农业银行和中国农业发展银行在农村地区的网点数量不足，导致其涉农服务覆盖面较窄。这种供需矛盾的存在，反映出农村金融服务体系在适应现代农业发展需求方面存在一定的不足。

（二）供给成本高、利润低，创新难度大

农业规模化生产所需的投资不断增加，使得对专业金融服务如农业保险、融资租赁、农产品套期保值和投资理财等的需求上升，也暴露了农村金融供给的高成本和低利润问题。农村金融市场的盈利能力相对较弱，银行业的平均资产利润率和资本利润率均高于同期主要涉农金融机构，此外，涉农贷款的不良率也高于整体贷款水平。这些因素共同导致农村金融创新面临较大难度和高风险，例如林权抵押贷款等创新产品近年来风险不断显现，抑制了创新的积极性。同时，民间金融由于缺乏监管，存在发展不规范的问题，容易诱发高利贷、非法吸储等违法行为，进一步扰乱农村金融市场秩序，加剧农村金融供需之间的矛盾。

（三）金融体系建设不完善，信息不对称现象严重

农村金融市场的信息不对称问题较为严重，加剧了农村金融供需之间的矛盾。尽管近年来农村信用体系建设取得了一定的进展，为大部分农户建立了信用档案，但由于主要涉农机构各自为政，缺乏有效的信息共享机制，产生了地域性、阶段性和层次性的问题，难以实现资源共享。此外，农业保险市场的发展也相对滞后，保险责任范围狭窄，保障水平不足，理赔条件过于严格，这些问题限制了农业保险市场的创新和发展。同时，农村担保体系的不完善也是重要因素之一，尽管存在融资担保公司、政策性保险公司和商业保险公司等担保主体，但其规模较小，覆盖范围有限，对农村的保障程度相对较低。

（四）支付环境发展缓慢，与现代金融服务脱节

随着国有商业银行逐步撤出农村市场，农村地区的银行网点覆盖率下降，结算服务功能也随之减弱。尽管银行卡和存折的普及以及惠农服务点的推广在一定程度上改善了农村的支付环境，但广大农户在存取款方面仍然面临较高的成本。非现金支付工具、转账电话等在农村地区的布设不足，使得农村地区单位银行结算账户数量、个人银行结算账户数量、人均结算账户数量等数据均低于全国平均水平，滞后的农村金融支付环境限制了现代便捷金融服务在农村地区的推广。

（五）农村有效抵质押物不足，不能满足大额融资需求

我国农村地区以小农经济为主，面临自然灾害频发、综合生产能力低下、产业化程度不高、科技支撑能力不足等问题，导致农业抗风险能力较弱，缺乏有效的抵质押物。尽管农村的土地、房屋、林地等是农村最核心的资产，但“三权”分置确立的农村集体产权改革在实际操作中仍面临确权难、变现难、评估难等问题，使得这些资产难以作为有效的担保物。农村地区缺乏有效的抵质押物，导致融资难度大，难以满足农业发展和农民增收的金融需求。

四、供需平衡的优化策略

（一）创新金融服务模式，提升供给效率

推动金融机构利用现代信息技术，如云计算和大数据，来优化信贷审批流程，降低服务成本，提高放贷效率，这样金融机构就能够更准确地评估农村客户的信用状况和融资需求，从而提供更加个性化和适宜的金融产品。同时，鼓励发展多元化的金融产品和服务，如农业保险、融资租赁等，以满足不同农业经营主体的特定需求，增强金融服务的适应性和灵活性。金融机构应深入分析农户的实际需求，创新推出符合其生产特点的金融产品。其一，可以开发小额信贷产品，设计灵活的还款周期和条件，以适应农业生产的季节性波动，或提供灵活的还款计划，根据农户的不同情况提供具有针对性的贷款还款方案。其二，应积极推广农业保险，特别是涵盖自然灾害等不可预见风险的保险产品，为农户提供更全面的保障，降低生产风险，增强其面对市场和自然不确定性的抵御能力，使得金融机构不仅能够更好地服务于农村市场，也能够促进农村经济的稳定和可持续发展。

（二）优化金融监管框架，降低系统性风险

加强金融监管，确保金融市场的稳定性和透明度，建立和完善市场准入、运营和退出机制，对互联网金融等新兴领域进行有效监管，以防止非法金融活动和系统性风险的发生。通过法律手段保护消费者权益，加强对农村金融市场的监管，确保

金融服务的公平性和可得性，同时，提高金融机构的风险管理能力。促进金融市场的健康发展，保障消费者利益，同时为农村地区提供更加安全、高效的金融服务，缩小城乡金融服务差距，推动农村经济的持续发展。

（三）加强基础设施建设，提高服务可达性

加强农村地区的金融基础设施建设是缓解供需矛盾、提升农村金融服务水平的关键。这不仅需要改善现有的通信网络，确保网络的稳定性和覆盖的广泛性，还需要积极推广互联网技术，为农户提供更加丰富和便捷的信息获取渠道，使他们能够及时了解金融政策、市场动态和金融产品信息。此外，还要提升电子支付系统的普及率和使用率。电子支付不仅能够降低交易成本，提高资金流转的效率，还能有效减少现金交易带来的风险和不便。通过这些措施，可以降低交易成本，提高金融服务的可达性，为农户提供更加便捷、高效的金融服务体验。

（四）完善资产评估与抵押体系，拓宽融资渠道

要解决农村地区有效抵押物不足的问题，需要对农村土地、房屋等资产进行合理评估和确权，建立统一的资产评估和登记体系，使这些资产能够作为贷款的合格抵押物。同时，探索和发展新的融资模式，如基于农业产业链的供应链金融，以及利用农业补贴、政策性贷款等手段，为农村地区提供更加多元化的融资渠道。

第二节

农业产业化发展与金融支持

一、农业产业化的现状与趋势

（一）农业产业化发展现状

中国农业产业化发展具有多个维度，涵盖经济增长、农民收入增加、粮食生产、农产品加工和农业科技进步等多个方面。近年来，中国农业产业化进程取得了显著成就，根据《2024中国农业农村发展趋势报告》，2023年中国农业经济稳步增长，第一产业增加值达到89755亿元，占国内生产总值的7.12%，显示出农业作为国民经济基础产业的重要性；农民收入水平显著提升，全年农村居民人均可支配收入达到21691元，实际增长率达到7.6%，超过GDP增速，城乡居民人均可支配收入比值为2.39，比上年同期下降0.06，城乡居民收入差距继续缩小。

粮食生产方面，中国连续多年丰收，2023年粮食产量达到13908.2亿斤（1斤=500克），同比增长1.3%，连续9年稳定在1.3万亿斤以上。农产品加工业方面，《2023年农产品加工业经济运行报告》指出，2023年规模以上农产品加工业实现营业收入比上年增长1.5%、利润总额比上年增长14.7%，显示出行业较强的发展韧性和盈利潜力。

科技进步也在农业发展中发挥了关键作用。根据中国政府网的报道，2023年中国农业科技进步贡献率达到了63.2%，全国农作物耕种收综合机械化率已超过73%，装有北斗定位作业终端的农机装备达220万台（套）。风云三号卫星、潍柴雷沃高性能复式条播机等农业农村重大新技术新产品新装备为夯实国家粮食安全基础贡献了机械化力量，展现了科技进步在保障粮食安全以及推动农业现代化方面的重要贡献。

中国农业产业化发展呈现出积极向好的趋势。经济指标显著增长，多个关键领域取得突破性进展。随着各项政策的深入实施和科技创新的不断推进，中国农业产业化将为实现乡村全面振兴战略和农业农村现代化提供坚实的支撑。

（二）农业产业化发展趋势

1.农业经济稳中有增，农民增收速度不减

过去5年，中国第一产业增加值逐年上升，2023年达89169亿元，平均增长率超过6%（见图7-1）。农业在国内生产总值中的占比保持平稳，凸显了其在国民经济中的基础地位，是国家经济稳定发展的重要基石。另外，农村居民收入的持续稳定增长，体现了农业经济的健康发展。过去5年，农村居民人均可支配收入同样稳步增长，且在2023年达到21691元，比上年名义增长7.74%（见图7-2），实际增长7.60%，较GDP增速快2.4个百分点，名义增速和实际增速分别快于城镇居民2.6个百分点和2.8个百分点，城乡居民收入差距继续缩小。

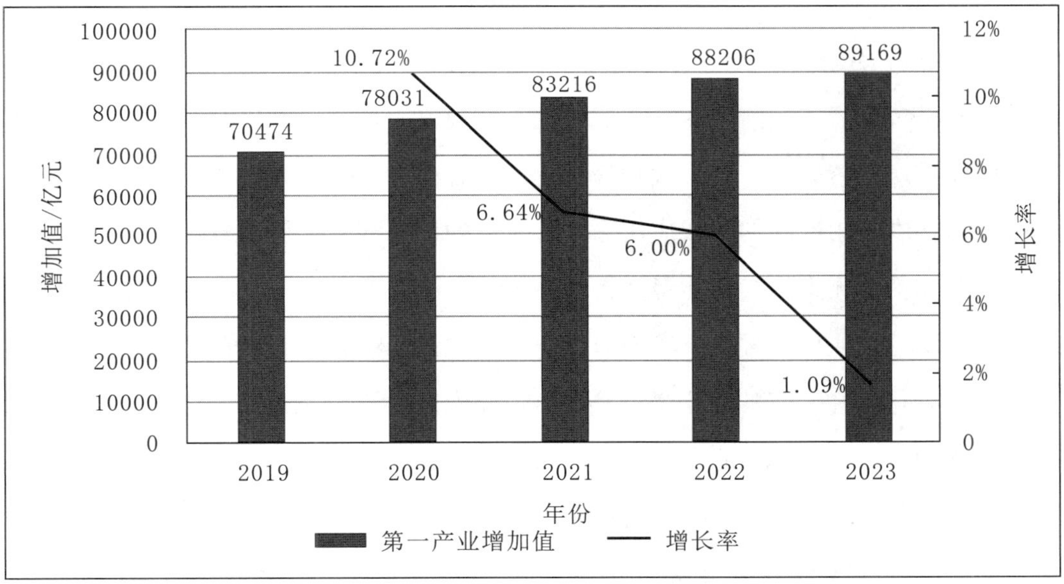

图7-1　中国第一产业发展趋势

数据来源：国家统计局。

注：图中第一产业增加值数据为最终核实数据。

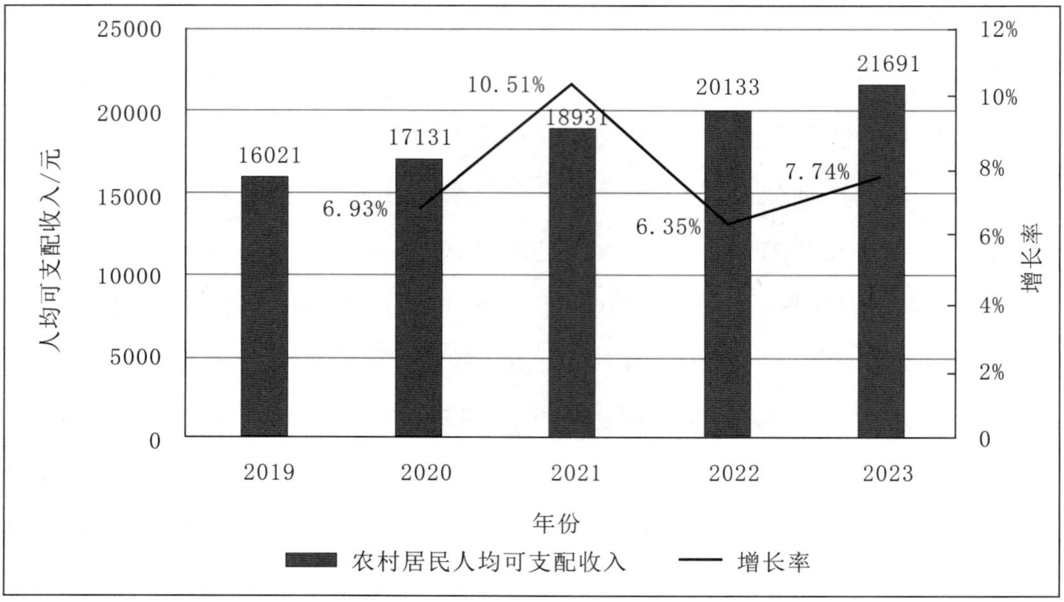

图7-2　中国农村居民人均可支配收入发展趋势

数据来源：国家统计局。

2.农业科技创新，绿色农业实现可持续发展

随着科技进步，当前中国农业产业化正展现出明显的科技化发展趋势，主要体现为农业生产的智能化、精准化和信息化。随着物联网、大数据、云计算、人工智能等技术在农业生产中的集成应用，农业生产的效率和质量得到显著提升。智能化农业设备如植保无人机、智能温室控制系统、土壤和作物生长监测系统等，正在逐步替代传统的农业生产方式，实现对农业生产过程的精确控制和管理。绿色农业在持续进步，化肥和农药的使用量逐年递减，畜禽粪污综合利用率已超过75%。农村基础设施建设快速发展，硬化道路、稳定供电和4G网络等已实现全面覆盖，显著提高了乡村居民的生活质量和基础服务的可达性。

3.农业金融支持快速发展，金融服务逐步多元化

近年来，中国逐步推进创新，加大金融支持，持续加强对农村地区的金融投

入。根据《关于金融支持全面推进乡村振兴 加快建设农业强国的指导意见》，中国将建立完善多层次、广覆盖、可持续的现代农村金融服务体系，增强金融服务能力。国家和地方政府也在积极探索金融支持农业产业化的有效模式和路径，如通过政策性金融机构提供贷款支持，商业银行开展与“三农”相关的特色业务，以及鼓励民间资本发起设立金融中介服务机构。中国人民银行等部门积极引导金融机构以服务实体经济为出发点和落脚点，不断加大对“三农”领域的金融支持。根据中国人民银行统计，2023年第三季度末，本外币涉农贷款余额55.8万亿元，同比增长15.1%，增速比上年末高1.1个百分点；前三季度增加6.63万亿元，同比多增1.17万亿元。金融支持方面，国家出台一系列政策措施，例如加强信息共享、增强金融承载力、健全金融服务组织体系、推动信用贷款发展等，旨在提高农业经营主体的金融服务可得性，降低融资成本，促进农业产业化的健康发展。

综上所述，中国农业产业化的发展趋势呈现出生产稳定增长、科技支撑强化、绿色发展推进、金融支持加强等特点。在国家政策的引导和市场机制的作用下，农业产业化将进一步提升产业链的完整性和竞争力，为实现农业现代化和乡村振兴战略目标提供坚实支撑。

二、金融支持农业产业化的必要性

农户是乡村振兴的基石。农户的生产活动直接关系乡村经济的繁荣和农村社会的整体发展。金融支持能够为农户提供必要的资金，帮助农户扩大生产规模、引进新技术和提高生产效率。通过金融手段，农户能够获得种子、肥料、农业机械等生产要素的投入，从而增强农业生产的可持续性，为乡村振兴注入活力。

基础设施建设对金融具有依赖性。农业产业化需要完善的基础设施作为支撑，金融支持在基础设施建设中扮演着不可或缺的角色。资金的投入有助于改善农村交通、水利、电力和通信等方面的建设，从而提高农业生产效率和农产品流通效率。良好的基础设施能够促进农业产业链的延伸和农产品市场化、规模化发展，为农业产业化提供坚实的物质基础。

规避和转移自然风险。农业生产具有显著的季节性和不确定性，容易受到自然灾害的影响。金融支持通过农业保险等形式，帮助农户规避自然风险，保障农户收入的稳定性。此外，金融产品如期货、期权等，为农户提供了风险管理的工具，帮助他们对冲市场波动带来的风险，确保农业生产的连续性和农户收益的可预测性。

科技是推动农业现代化的核心动力。金融支持为农业科技创新提供了资金保障，促进了新品种、新技术的研发和应用。通过金融手段，可以鼓励农户采用先进的种植技术和养殖技术，提高农业生产的质量和效率。金融支持还能促进农业信息化建设，通过大数据、云计算等现代信息技术提高农业生产的智能化水平，为农业产业化发展提供强有力的技术支撑。

此外，特色农业产业化的发展同样离不开资金保障。农业龙头企业的发展和外部环境的建设都需要金融支持。农业龙头企业在拓展市场、协调生产、深化加工等方面发挥着关键作用。我国大多数农业企业基础薄弱，成长缓慢，难以依靠自身资源发展成为区域龙头企业。对于已经达到一定规模的企业，升级设备、优化工艺、扩张规模、加强竞争力是其主要目标，这些都需要外部金融支持。同时，特色农产品生产基地的建设是特色农业产业化发展的重要基础，需要大量资金投入，包括基础设施建设、机械设备采购和特色农产品品质改良。金融市场的支持对于构建具备一定规模的特色农产品生产基地至关重要。此外，特色农业产业保险制度也是推动特色农业产业化发展不可缺少的制度，是保护特色农业产业的基本手段。金融市场为特色农业产业化提供完善的保险制度，能够分散自然风险，满足特色农业产业化发展的迫切需求。

综上所述，金融支持对于农业产业化的发展具有多方面的必要性，完善金融服务不仅能够强化农户的基础地位，还能够促进基础设施的完善，帮助农户规避风险，并通过科技提升农业生产的整体水平。金融支持是实现农业产业化、推进乡村振兴战略的关键因素，对于构建现代化农业产业体系、提升农业竞争力和实现可持续发展具有决定性影响。

三、金融支持的主要模式

（一）市场性金融支持

市场性金融支持作为金融体系中的重要组成部分，其核心在于通过市场机制来实现资源的有效配置，进而推动经济全面发展。银行和保险公司等金融机构在此过程中扮演着关键角色，它们通过提供多样化的金融产品和服务，满足市场主体的融资需求和风险管理需求，促进了资金的合理流动和资源的优化配置，如中国农业银行的“惠农e贷”、蚂蚁金服的农村金融服务等。

市场性金融支持的实现形式多样，包括但不限于信贷、债券、股票、保险、金融衍生产品等。金融机构根据市场需求和风险评估，为不同行业和企业提供定制化的金融解决方案。例如，通过信贷支持，银行可以为企业提供必要的流动资金和项目融资；通过保险服务，保险公司可以帮助企业和个人分散和管理风险。

此外，随着金融科技的发展，市场性金融支持也在不断创新。数字货币、区块链、大数据分析等技术的应用，提高了金融服务的效率和安全性，拓宽了金融服务的覆盖范围，使得更多的市场主体能够享受到便捷的金融服务。

（二）政策性金融支持

政策性金融支持是政府为实现特定经济和社会发展目标而采取的一种金融手段，依靠政府的政策和资金支持促进产业的合理健康发展。政策性金融机构通常依托国家信用，在国家法规限定的业务范围内经营，以优惠的存贷利率或信贷条件提供服务，以支持国家产业政策和区域发展战略的实施。

政策性金融支持的目的在于促进产业的合理健康发展，特别是在市场机制不能有效发挥作用的领域，如农业、基础设施建设等领域。这些领域往往因为投资回收期长、风险高而难以吸引商业资本。政策性金融机构通过提供长期、大额、低息的贷款，帮助这些领域获得必要的资金支持，推动社会资源的合理配置，实现经济效益和社会效益的统一。

政策性金融支持还具有逆周期调节的作用。在经济下行压力加大时，政策性金融机构可以通过增加贷款投放，支持基础设施建设、技术改造和产业升级等，稳定经济增长。此外，政策性金融支持也是国家宏观调控的重要工具，通过与财政、货币等政策的协调配合，形成政策合力，促进经济的平稳健康发展。

政策性金融支持的有效实施，需要政府的有力引导和支持。政府可以通过制定相关政策，提供资金、税收等方面的优惠，为政策性金融机构的运作创造良好的外部环境。同时，政策性金融机构也需要不断完善内部管理，提高服务效率和风险防控能力，确保政策性金融资源的有效配置。

四、典型案例与经验总结

（一）山东临邑农商银行金融支持案例

在推进乡村振兴战略的实践中，山东临邑农商银行通过创新金融服务模式，大力支持当地农业特色产业的发展，通过将金融资源与地方特色产业紧密结合，为农村经济发展注入新的活力。

临邑农商银行首先聚焦于旅游特色村庄的打造。以前杨村为例，该村曾因缺乏石油资源和特色农业而陷入贫困。在省直机关派驻的党支部书记的带领下，前杨村决定发展乡村旅游，建设了采摘大棚、乡村大舞台等旅游景观，并成立了旅游公司。临邑农商银行及时提供了30万元的“乡村好青年贷”，支持年轻人返乡创业，党支部书记带领村民流转土地1300余亩，种植了多样化的作物，有效推动乡村旅游和采摘产业的发展。

此外，临邑农商银行还积极发展特色农产品品牌，如翟家镇王营村的鲈鱼养殖基地。该基地采用先进的水循环圈养模式，年产鲈鱼1.2万千克，利润可达48万元。在临邑农商银行的信贷支持下，鲈鱼养殖不仅成为当地的特色产业，还促进了“宅家味道”品牌的建设。

在德平镇，临邑农商银行通过发放“鲁担惠农贷”，支持种粮大户齐保敏扩大种植规模，实现粮食作物的规模化种植。齐保敏的种植面积从300亩扩大到600亩，亩产达到650千克，打破了往年的种植纪录，成为当地的“粮王”。

临邑农商银行的金融服务不仅为当地农业特色产业提供了资金支持，还通过与乡镇建立战略合作关系，深入了解产业项目建设进程和金融需求，推出了“三期服务制”，实现了信贷服务的早介入、全覆盖和再跟进。此外，银行还依托县政府开展“富民兴临”全员授信活动，主动送贷上门，满足种粮大户的资金需求，为耕地保护贡献了金融力量。

通过这些举措，临邑农商银行有效地支持了农业特色产业的发展，促进了农民增收和农业现代化，为乡村振兴提供了有力的金融支撑。这些成果不仅提升了当地农业产业的竞争力，也为其他地区提供了可借鉴的经验，展示了金融支持在乡村振兴中的重要作用。

（二）江西赣州“整村担保”金融支持案例

江西省赣州市作为传统的农业大市，长期以来面临农业受自然资源和自然灾害影响大、农村信贷资金投入不足、农民缺乏有效抵押物等问题，“三农”贷款难、贷款贵问题普遍存在。为了解决这些问题，赣州市积极探索金融支农新路径，创新性地提出了“整村担保”融资分险模式。

“整村担保”模式是在政府主导下，将“政府担保+整村授信+银行贷款”结合起来，由政府性融资担保机构对合作银行开展的“整村授信”信用贷款提供整体质量担保。这一模式通过优化运作流程、设计合作制度、实行风险控制机制以及风控质量激励机制，有效解决了传统政府增信融资的风控难题，实现了农户实质性受惠、政府性融资担保业务改善、银行普惠业务商业可持续等多方共赢目标。

自2022年3月在赣州市上犹县试点运行以来，“整村担保”模式取得了显著成效。到2023年底，该模式已实现赣州市所有县（市）全覆盖，各县（市）融资担保公司投入2.8亿元备付金，担保整村等贷款20.62亿元。这一模式不仅增加了贷款渠道，降低了融资成本，还壮大了农业产业，培强了村级经济，创优了金融环境。

通过“整村担保”模式，上犹县百世轩担保公司出资5000万元作为保证金，担保“乡村振兴贷”3.05亿元，覆盖131个行政村，2816户信用农户受惠。纳入“整村担保”的农户无须支付担保费用，平均每户节省779元；平均贷款利率较未纳入“整村担保”的农户低55bp，平均每户节省利息428元。此外，上犹县农商银行创新服务模式，简化办贷流程，推出利率低、额度高的农业信贷产品，扶持茶叶、蔬菜、油茶等农业种植大户3908户，贷款金额3.35亿元。

“整村担保”模式的推广应用，为乡村振兴提供了有力的金融支撑。赣州市将进一步完善“整村担保”模式，探索更科学的内控或激励机制，为乡村全面振兴提供更加坚实的金融保障。这一创新模式的成功实践，也为其他地区提供了可复制、可推广的经验，展现了金融创新在服务乡村振兴中的重要作用。

（三）经验总结

在中国各地实施乡村振兴战略的过程中，金融支持发挥了至关重要的作用。通过一系列创新的金融服务模式，不仅有效解决了农业经营主体的融资难题，还促进了农业产业的壮大和农村经济的繁荣。山东省临邑县和江西省赣州市的案例均展示了金融创新在农业产业化方面的多样化实践和显著成效。

除此之外，其他金融支持成功案例的经验也表明，金融创新能够为农业特色产业提供精准的资金支持，通过特色信贷产品和金融服务，能够激发农业产业的活力，增强农业经营主体的发展动力。同时，金融科技如物联网、电子仓单和区块链技术的应用，提高了金融服务的效率和安全性，降低了运营成本，提升了农户和农业企业的融资便利性。政府性融资担保机构的介入，为农业贷款提供了增信，降低了金融机构的风险，使得更多的信贷资源能够流向农村地区。通过优化运作流程和风险控制机制，建立了稳定的“银政担”合作模式，实现了农户、银行和政府的多方共赢。

综上所述，金融支持的成功实践为其他地区提供了可借鉴的经验：通过政府、金融机构和农业经营主体的共同努力，构建多层次、广覆盖、可持续的农村金融服务体系，实现农业现代化和农村全面进步。

第三节

乡村振兴与金融支持

一、乡村振兴的战略背景

党的十九大报告明确指出，农业农村农民问题是关系国计民生的根本性问题，必须始终把解决好“三农”问题作为全党工作重中之重，实施乡村振兴战略。2018年9月，中共中央和国务院联合发布的《乡村振兴战略规划（2018—2022年）》进一步明确了实施乡村振兴战略是实现全体人民共同富裕的必然选择。在2021年3月的《政府工作报告》中，国务院强调要做好巩固拓展脱贫攻坚成果同乡村振兴有效衔接，全力让脱贫群众迈向富裕。2021年中央农村工作会议再次强调要做好巩固拓展脱贫攻坚成果同乡村振兴有效衔接。2023年，《中共中央 国务院关于做好2023年全面推进乡村振兴重点工作的意见》指出，全面建设社会主义现代化国家，最艰巨最繁重的任务仍然在农村。2024年，中央一号文件进一步细化了推进乡村全面振兴的具体“路线图”。

由此可见，乡村振兴战略不仅是党的十九大作出的关键决策，也是全面建成小康社会、迈向社会主义现代化国家的重要历史使命，代表了新时代“三农”工作的总体方针。只有做好乡村振兴与脱贫攻坚的有效衔接，深化乡村振兴战略的政策框架，才能持续提高乡村居民的生活质量和满意度，确保所有人民都能享受到经济社会发展的丰硕成果。

二、金融支持对乡村振兴的作用

（一）促进传统小农经济向集约规模农业转变

金融支持在乡村振兴中扮演着至关重要的角色，通过创新和可持续的金融服务，为传统农业向高效密集型农业转型提供了强有力的支撑。党的十八届三中全会进一步巩固了农民的土地使用权和承包权，不仅增强了农民对土地的控制力，而且为农业产业化经营注入了新的动力。农民得以将土地使用权和承包权作为股份参与到产业化经营中，激活了农业生产的潜力，也保障了国家粮食供应的稳定性。随着土地经营规模的扩大，农业经营从小规模向大规模转变，实现了农业生产的全面一体化发展，这为提升农业生产效率和推动产业链整合提供了条件。金融资源的合理配置，紧密结合先进生产力的需求，促进了农村产业结构的升级和专业化分工的深化，这对于实现农业现代化和乡村振兴具有重要意义。金融服务模式的创新，从小额信贷向多样化、综合化的服务模式转变，不仅满足了不同农业经营主体的金融需求，而且在推动农业一体化发展的过程中，实现了金融服务的可持续发展，为乡村振兴提供了坚实的金融基础。

（二）促进分散农户向新型农业经营主体转变

随着农村土地流转的活跃，包括大规模的转让、转包、互换和出租，农村的潜在资本得到有效激活，为农业现代化注入了新的活力。通过建立现代农业产业园、科技园、加工园和产业融合示范园等平台，不仅促进了专业大户、龙头企业、家庭农场和合作社等新型经营主体的快速成长，而且形成了以龙头企业为引领的产业化联合体，这些联合体成为推动农业多业态融合发展的中坚力量。金融机构遵循供应链金融的一般原则，加强金融产品创新，通过龙头企业将金融服务有效扩展到整条供应链，实现从上游的生产资料供应到下游的产品销售的全面覆盖，为农业供应链的每一个环节提供精准的金融服务。这种全面的供应链金融服务不仅能够满足新型农业经营主体的多样化金融需求，还能够促进农业产业链的高效运转，加速农业现代化进程，为乡村振兴注入源源不断的金融动力。

（三）促进单一农业生产向农业综合开发转变

乡村产业的融合发展被视为乡村振兴的未来方向，而金融的多元化服务正是实现这一目标的关键。通过深入挖掘乡村资源的新功能和价值，新的农业农村业态得以培育，为农民提供了更广阔的就业和创业机会。随着农产品加工、乡村旅游、乡村工业和信息服务等新业态的兴起，农业生产的分工协作体系得到了扩展，推动了农业产业链的延伸，促进了农村一二三产业的深度融合。金融机构提供包括融资担保、融资租赁、直接融资、农业保险和理财服务在内的一系列金融产品和服务，这些产品和服务不仅满足了特色农业品牌的发展需求，也为打造集休闲、观光、住宿和养生于一体的农业综合体提供了强有力的金融支持。通过这些综合金融服务，金融机构帮助农民和农业企业抓住农业综合开发带来的新机遇，开拓新空间，从而为乡村振兴注入新的活力和动力。这种金融支持不仅促进了农村经济的多元化发展，也为农民增收和农村社会全面进步提供了坚实的保障。

三、主要政策与措施

（一）构建多层次的农村金融体系

金融支持对乡村振兴的作用体现在构建了一个多层次、多元化的金融供给体系。这一体系由正规金融机构和非正规金融机构共同构成，其中正规金融机构进一步细分为政策性金融机构、商业性金融机构和合作性金融机构。政策性金融机构如中国农业发展银行，其专注于提供精准的农业金融服务，包括棉粮油贷款，对维护国家粮食安全和保障农民收入起到关键作用。商业性金融机构如中国农业银行，其作为农村金融体系的主体，提供广泛的农村金融业务。合作性金融机构如农村信用合作社，其是村镇地区金融服务的基石，对活跃农村经济和提升村镇金融服务水平发挥着重要作用。此外，新型农村金融机构，包括农村资金互助社、村镇银行和小额贷款公司等，进一步扩展了金融服务的覆盖面，丰富了农村金融体系，为农村经济注入了新的活力。通过不断完善这一体系，金融支持在提高“三农”服务水平、促进农业发展和农民增收方面发挥了至关重要的作用。

（二）发挥金融政策导向作用

中央政府高度重视金融在支持农业发展和乡村振兴中的关键作用，通过一系列政策文件和措施，加大了金融支农的力度。这些政策包括但不限于增强对农业龙头企业的金融支持，以及对合作社在农产品加工和流通领域的扶持。2014年发布的《国务院办公厅关于金融服务“三农”发展的若干意见》从宏观角度对农村金融架构进行了合理规划。2015年出台的《中国人民银行关于全面推进中小企业和农村信用体系建设的意见》鼓励地方引入社会征信机构或吸收社会资本成立独立的第三方机构，搭建地域化、市场化的信用信息服务平台。2021年，中国人民银行等六部门联合发布的《关于金融支持新型农业经营主体发展的意见》，以及2023年的《关于金融支持全面推进乡村振兴 加快建设农业强国的指导意见》，都对稳定粮食和重要农产品供应的金融服务，以及加强农业强国金融供给提出了具体要求。这些政策表示，未来将致力于构建一个更加完善、广泛、可持续的现代农村金融服务体系，引导金融资源向乡村振兴的重点领域和薄弱环节倾斜，为全面推进乡村振兴和加快建设农业强国提供坚实的金融支撑。

（三）建设农村信用体系

金融支持乡村振兴的核心政策与措施之一是农村信用体系的建设与完善，这也是促进农村经济发展、创新基层治理方式和提升农民收入的关键。健全的农村信用体系为乡村振兴的从业主体提供了信贷支持的基础。建立和完善农村信用体系，通过在各地区、县乡、镇村建立农户信息数据库，以及建立健全的信息征集机制，推动征信工作的开展。随后启动农村信用工程，以诚信农民为出发点，将农村金融信用创建活动作为主要载体，构建县、镇、村三级信用网络体系。同时，加大信贷扶持力度，通过建立信用评级管理制度，将信用评定结果作为财政资金分配和贷款投向的重要参考标准，鼓励金融机构实施“农民合作社+征信+贷款”等信用贷款模式，基于农户信用系统，实现金融供给，推动乡村产业振兴。

四、乡村振兴的金融创新

（一）建立健全普惠金融组织体系，发展可持续普惠金融

建立普惠金融组织体系是实现乡村振兴战略的关键环节，不仅要涵盖市场性金融、政策性金融等传统金融机构，还应当积极融入担保、保险、互联网金融等创新金融组织形式，以满足农村地区多样化的金融需求。通过市场竞争激发金融机构的活力，借助政策扶持确保金融服务的普及性和可得性，实现金融资源的优化配置和高效利用。同时，建立起农业政策性金融机构与中央银行、中国农业银行、中国邮政储蓄银行等金融机构之间的紧密联系，推动市场性金融对政策性金融的有效配合，实现互补和促进的合作关系，为农业和农村发展提供稳定的资金支持，并且通过金融创新满足乡村振兴中的新需求。

此外，普惠金融的可持续发展是确保金融服务覆盖面扩大和社会福利水平提升的基石。具有可持续发展能力的普惠金融机构能够更好地服务于农户，通过提供适宜的金融产品和服务，帮助他们增加收入、改善生活，从而提高农户的经济和社会地位。金融机构的可持续发展使得它们能够在风险可控的前提下，不断优化服务模式，增强对农业产业链的金融服务能力，促进农村经济的多元化发展。普惠金融组织体系的建立和农村金融体系的创新，将为乡村振兴提供坚实的金融支撑，实现农村经济的全面繁荣和农民福祉的持续提升。通过这种综合性的金融支持，可以有效促进农业现代化，加强农村基础设施建设，推动农村产业转型升级。

（二）降低农村金融机构准入门槛

降低金融机构的准入门槛对于激发小微企业的活力至关重要。小微企业在融资过程中往往面临比大企业更多的挑战，这主要是因为农村地区的金融机构数量有限，金融资源往往集中在少数大型银行，小微企业难以获得必要的金融服务。为了解决这一问题，通过引导各类资本在金融服务不足的地区投资设立机构，不仅可以提高农村金融机构的覆盖率，还能通过增加竞争激活农村金融市场活力，也有助于

打破大型银行对金融服务的垄断，为小微企业提供更多的融资渠道和选择，从而降低融资成本，提高融资效率。此外，新型农村金融机构的发展还能为那些传统金融服务难以覆盖的边缘客户群体，如小微企业、农户、城镇中的弱势群体以及少数民族群众，提供必要的金融服务，这不仅能增加他们的发展机会，提高个人收入，还能有效缩小贫富差距，促进社会公平和谐。因此，构建一个投资多元、种类多样、服务高效的新型农村金融机构体系显得尤为迫切，不仅能够为农村地区提供更加全面和深入的金融服务，还能为乡村振兴战略提供坚实的金融支撑，推动农村经济的全面发展和农民福祉的持续提升。

（三）建立完善的农村信用担保机制

通过构建由政府扶持、多方参与、市场运作的农村信用担保机制，鼓励政府出资的信用担保机构积极拓展农村担保业务，通过有计划、有步骤的方式，建立起一个以政策性担保为主体，互助性担保为补充，市场性担保积极参与的多元化担保体系。同时，推进银行、社会、企业等多方共同出资，建立中小企业担保基金，分散风险，增强担保机构的资本实力和服务能力。此外，大力发展企业间的互助性和商业性担保机构，为农村地区提供更加多样化的担保选择，满足不同类型和规模农业经营主体的金融需求。通过建立健全农户的贷款抵押担保机制，为缺乏足够抵押物的农民提供更为灵活的担保方式，帮助他们获得必要的普惠金融支持。多元化担保体系的建立将极大地促进农村金融市场的发展，提高农村金融服务的覆盖面和可得性，帮助农业经营主体更好地应对生产和经营中的风险，增强农户发展能力，为实现乡村振兴战略提供坚实的金融支撑。

（四）推进民间金融规范发展

为了促进农村金融市场的健康发展，需制定和完善相关法律法规，确立民间金融的合法地位，明确其运营规则和监管要求。通过法律法规的引导和规范，可以使民间金融更好地发挥其贴近地域、手续简便的优势，为农村地区提供更加便捷、高效的金融服务。同时，发展多元化的金融机构，缓解正规金融机构的服务压力，促进金融产品和服务的创新。民间金融的规范化发展，将有助于拓宽农村地区的融资渠道，提高金融服务的普及率和满意度，使更多的农户和农业企业受益。此外，加强对民间金融活动的监管也是确保其健康发展的关键。采取监管“影子银行”的模式，通过地方统计机构或监管组织，定期采集民间金融活动的有关数据，如资金规模、利率水平、资金流向等，并对这些数据进行深入分析，及时发现和预警潜在的风险。通过有效的监管，可以将民间金融活动从监管的灰色地带中剥离，纳入正规的宏观调控体系，防止金融风险的积聚和传播。

第四节

促进农村普惠金融体系建设的建议

鉴于普惠金融的主要任务是让列于正规金融体系覆盖范围之外的农户、贫困人群及小微企业，能及时有效地获取价格合理、便捷安全的金融服务，所以加快农村金融改革、推动金融创新以及提升金融产品质量成为发展普惠金融的关键点。与此同时，应大力发展小额贷款公司、村镇银行、农村资金互助社等有利于农村经济社会发展的金融机构，并把互联网金融模式全面引入农村金融体系中。此外，还需加大对少数民族地区的金融服务力度，促进少数民族地区经济社会协调发展。

一、围绕国家支农惠农政策，开展农村金融体系创新

（一）保障农村金融机构建设，推动普惠金融可持续发展

建设普惠金融体系是农村金融改革的重要目标，即要让农民等低收入群体通过多元化、多层次的农村金融机构获得信贷等金融服务。我国区域面积大，区域发展不平衡，所以政府财政难以惠及很多农村地区的贫困人群。同时，由于金融排斥、行业壁垒等原因，一些贫困地区没有金融机构，这就使贫困人群无法得到金融机构提供的信贷服务。没有金融机构就没有金融系统，更没有普惠金融的建设。因此，发展普惠金融就必须保障农村地区金融机构的建设与完善，设立现实目标，推进体制改革，鼓励竞争。

普惠金融组织体系应广泛地包含形式多样的金融组织，如传统的商业银行、政策性金融机构、保险机构、担保机构等，应在鼓励竞争的基础上给予一定的政策扶持。同时，要把农业政策性金融和农村金融体制改革乃至金融体系的综合改革结合起来，建立起农业政策性金融机构与中央银行、中国农业银行、农村信用合作社、

中国邮政储蓄银行等金融机构之间的紧密联系。此外，要推动商业性金融和政策性金融相互补充、相互促进，为农村金融发展奠定制度基础。

当前，以微型金融为主的普惠金融理念已经在全世界流行和发展起来，但普惠金融发展有一个十分关键的问题需要解决，那就是普惠金融机构发展可持续性、服务覆盖面与产生的社会福利影响三者之间的协调问题，其中普惠金融机构发展可持续性和服务覆盖面之间的协调发展问题更加关键，服务广度和深度之间存在需要协调之处。普惠金融机构的可持续发展能力能够扩大金融机构服务产生的社会福利影响，因为具有可持续发展能力的普惠金融将会更好地服务于农户，改善农户的经济和社会地位，有利于农户脱贫。

（二）优化准入机制，推动农村金融机构健康发展

不少学者指出，外部金融环境的支持与否对企业的绩效有着深远影响，对于中小微企业更是如此，其受到的影响往往是大型企业的数倍。在融资方面，中小微企业比大企业有更多的障碍，企业经济发展活力难以提升。而随着金融自由化的深入（包括利率的自由化、信用控制风险的排除、民营化、外资银行的进入），中小微企业面临的融资限制将会越来越小。

小额贷款公司、村镇银行和农村资金互助社是我国新型农村金融机构，其在农村经济建设中起到举足轻重的作用。在普惠金融体系建设中应进一步规范此类机构发展，同时引导各类资本到金融机构覆盖率低、金融服务不足、金融竞争不充分的地区投资设立机构，增加农村金融市场的参与者，增强市场活力。大力培育新型农村金融机构，促使那些游离于银行业金融机构之外的中小微企业、农户和城镇中的弱势人群等以及少数民族群众有机会获得金融服务，增加发展机会，提高个人收入，从而达到缩小甚至消除贫富差距和地区差距的目的。

二、完善小型农村金融机构体系

农村金融创新以完善的市场机制为基础，有效、完善的市场体系是实现农村收

入增长的保证。一般情况下，农民的贷款需求规模小，商业性金融机构向农村提供金融服务的成本很高，它们不愿意或很少为农户提供信贷服务。因此，最佳的选择应该是大力发展小额贷款公司、村镇银行、农村资金互助社等新型农村金融机构。

（一）发挥小额贷款公司在农村地区的优势

小额信贷在很大程度上克服了传统金融机构面临的困难和挑战，而且不需要农户提供担保和抵押，是一种很有吸引力的金融业务。但是，小额信贷组织是依靠政府或其他出资人出资建立的，不吸收储蓄存款，具有“福利”性质，一旦这些外部出资不具有可持续性，小额信贷组织的发展将面临很大的威胁。

小额信贷的发展对我国农村经济增长和转型非常重要，也是我国普惠金融体系的重要组成部分，因此要尽快制定关于小额信贷机构的法规或部门规章，明确小额贷款公司的非公众性金融机构身份，这是我国小额信贷行业长远发展并为农村经济发展发挥应有作用的基本前提。

普惠金融强调把具有可持续发展潜力的小额信贷纳入正规金融体系，从而把那些被排斥在传统金融服务和整体经济增长轨道之外的农村低收入人口纳入农村金融服务范围，使他们可以共享经济增长所带来的福利。因此，国家应该不断为小额信贷行业出台相应的政策，使小额信贷拥有良好的外部环境。对于一般的非政府组织小额信贷机构而言，应适用宽松灵活的监管体系，而不是审慎性监管体系。未来的小额信贷监管框架和法规应该有利于小额信贷机构的升级和转型，从而能够鼓励更多合法资金进入该行业。

1.加大对小额贷款公司的税收扶持力度

农村经济具有生产经营分散、地区差异大、产业化程度低等特点，不但面临自然风险，而且面临经济风险，导致农业生产具有很大的可变性；同时，农业信息基础设施建设相对落后，农村贫困人口比重大，农业生产分散、规模小，缺乏完整的产业链，农村平均资本实力、投资实力弱。因此，一般商业性金融机构不愿意向农村地区提供金融服务，而小额贷款公司的服务对象恰恰是中小微企业、个体经营者及农户等，小额贷款公司贷款的管理成本、风险成本远远高于一般贷款，因此国家应在税收上对其提供优惠政策。鉴于目前小额贷款公司涉农贷款占总贷款比重不大，国家应该鼓励小额贷款公司发展涉农业务为“三农”服务。对于城市里的贫困弱势群体的贷款，同样应该积极鼓励，给予一定的政策扶持和引导，使小额贷款公司能发挥更大的社会作用。

2.积极完善小额贷款公司的征信系统

健全的风险控制及评价机制能够最大限度地减少风险，防患于未然，如客户信用等级评定、客户征信档案建立等能够有力地防范信用风险；同时，依据风险等级合理设定贷款利率也有利于小额贷款公司健康可持续发展。此外，要完善政府企业信用平台，明确政府有关部门的责任，对小额信贷公司与国有金融机构同等看待，也为小额信贷公司无偿提供非涉密性的客户信息，建立企业信用体系，为小额贷款公司提供可靠的信息资源。同时，给予小额贷款公司与其他金融机构共享资信等级评价结果的权利，使小额贷款公司也能拥有限制和鼓励贷款人按照期限归还贷款的优势。除此之外，还要让小额贷款公司建立和正规金融机构一样的信息披露制度等，使其财务状况及其他重大事项透明化。

（二）促进村镇银行和农村资金互助社的发展

我国新型农村金融机构发展对我国建立多层次、广覆盖、可持续的普惠金融体系意义重大。作为普惠金融体系重要组成部分的村镇银行，由于受到牵头银行的制度约束，民间资本进入较为困难，未来应逐步放松限制，允许更多的民间资本进入村镇银行的产权结构。而农村资金互助社由于业务面向农村地区，更能够真正地为农民提供所需的金融服务，能够有效满足具有高频率、短期限以及季节性等特点的微型信贷需求。因此，为了推广普惠金融、完善农村金融体系，应提升村镇银行和农村资金互助社的作用。

1.提升村镇银行在普惠金融体系中的作用

普惠金融发展的重要领域是“三农”，而服务“三农”恰恰就是村镇银行生存发展的前提和基础。村镇银行作为新型农村金融机构，首先要把握好市场定位，合理布局业务范围和规模，为农民提供优质高效的金融服务。新成立的村镇银行必须以县为单位，扎根农村，尤其是扎根缺乏金融服务的贫困地区。同时，政府应该适度放宽村镇银行设立条件，改变村镇银行目前由银行业金融机构作为最大股东或者唯一股东的做法，吸引更多的社会资本进入农村，进一步放宽银行业机构发起人组建村镇银行的条件，鼓励更多投资者共同组建村镇银行。

提高村镇银行社会认知度，拓宽资金来源渠道。村镇银行要利用各种有利平台向社会介绍其主要性质及开展的相关业务，通过增加社会对村镇银行的了解，可以有效提高公众对村镇银行的关注度和信任度，从而吸引和鼓励广大民间资本向村镇银行注资，拓宽资金来源渠道。同时，央行也应加大对村镇银行的政策扶持力度，可以通过村镇银行试点农村利率市场化改革，允许村镇银行的存款利率上浮幅度比其他金融机构高，从而增强村镇银行在存款市场的竞争力，吸引更多资金流向村镇银行，优化村镇银行资本结构，加大普惠金融服务力度。

除此之外，村镇银行必须不断加强信贷产品创新。随着城镇化建设的不断推进，农村集体所有制迎来了土地改革，再加上农村医疗、教育等项目发展，农村地区金融服务需求日益增大。村镇银行应该把握住这个难得的历史机遇，在贷款准入标准、利率定价和审批模式等方面进一步加大创新力度，积极探索新的业务模式，为农民提供更加全面的金融服务。

2.提升农村资金互助社在普惠金融体系中的作用

农村资金互助社要提高自身的经营管理水平，不断完善股权结构和治理结构，优化内部控制制度，改善业务流程，设立风控机制。微型金融业务是农村资金互助社满足农村金融需求、全面推广普惠金融的有效方式，因此，农村资金互助社必须坚持支农、支小、支弱的市场地位，针对农村经济发展和农户金融需求，制定好以简单的存取、贷款和汇兑等业务为主的基础性金融服务，业务初始阶段必须坚持量小、利润低的原则，最大限度降低经营成本，实现普惠金融可持续发展。

政府的政策扶持要到位。农业是高风险产业，但也是我国的基础产业，对我国国民经济的发展有着举足轻重的作用。农村资金互助社是我国新型农村金融机构，也是普惠金融体系的重要组成部分，其建立阶段资金规模小，对促进农业生产的作用有限，因此政府必须加大对它的政策扶持力度。例如免征农村资金互助社的税费等相关费用、建立国家专项资金入股农村资金互助社、允许农村资金互助社的贷款利率有更大的浮动幅度、允许中央银行对农村资金互助社发放支农再贷款等。除此之外，积极推进农村资金互助社相关配套改革，促进农村金融市场健康发展。可以把农村资金互助社当作试点单位，尝试进行在正规金融体系中进展困难的金融改革，例如加快存款保险制度建设及利率市场化建设。同时，要完善市场退出机制，有效避免个别农村资金互助社倒闭可能引起的存款人信心下降和挤兑问题。

三、依托互联网金融建设数字普惠金融体系

建立普惠金融体系的难点就是交易成本过高和信息不对称。首先，农民等低收入群体的金融活动单笔交易金额小，很难发挥规模效应，因此金融机构的经营成本相对过高。在“嫌贫爱富”效应的推动下，正规金融机构为了降低经营成本不愿意向农民等群体提供金融服务。其次，由于农民及中小微企业的信用记录较少，再加上缺乏有效的抵押物，传统金融机构难以获得有效及正确的信息来解决信息不对称问题，无法衡量及防范潜在的风险。在这种情况下，商业银行等正规金融机构要么拒绝提供服务，要么通过提高利息来管理风险，这可能会造成逆向选择问题和金融排斥现象。

近年来，互联网金融机构通过云计算等技术降低了金融服务体系中的交易成本和信息不对称程度，让那些经常遭到金融排斥的弱势群体有机会获得金融服务，从而加快了普惠金融的进程。数字普惠金融也逐步成为普惠金融体系的重要组成部

分。数字普惠金融指的是传统金融机构和互联网公司通过互联网、大数据等数字技术实现具有普惠性质的支付、信贷、理财等金融业务的创新，其以独特的优势以及迅猛的速度推动着普惠金融的发展和推广。

（一）探索商业可持续的数字普惠金融模式，加强金融风险防范

促进普惠金融的发展，除了要在个别领域降低服务门槛以外，还应该注重商业可持续发展。要吸取美国在金融危机时向弱势群体降低服务门槛而引起危机的教训，确保风险可控。数字普惠金融的供给方既不是政策性金融机构，也不是慈善机构。无法提供稳定、可持续现金流的贫困客户的金融需求，应由政策性金融机构来满足，而不是数字普惠金融机构。数字普惠金融体系的服务对象应包括资本规模小、利润低但风险也低的中小微企业及农户，因此，数字普惠金融作为将来普惠金融体系的主力军，要提高风险识别和控制能力，制定出保障商业可持续发展的业务模式。

同时，需要搭建能够与金融机构、互联网金融企业、第三方支付机构等对接的互联网综合服务平台，使小额贷款公司、融资性担保公司通过技术接口接入权威征信系统。此外，技术风险、法律风险等系统性风险也是数字普惠金融面临的特殊风险，加强风险防控是促进普惠金融健康发展的关键。因此，除了通过加大计算机网络安全设施的投入来降低数字普惠金融发展的技术风险以外，还必须完善法律监管环境，建立市场准入和退出机制，对数字普惠金融相关业务实行综合监管。

（二）认识数字普惠金融发展的意义，持续推进信贷创新

金融的核心宗旨就是融通资金从而对经济发展提供支持，而数字金融时代的普惠金融发展，就是将资金更有效地提供给中小微企业及农户等。必须思考怎样才能提升资金的融通效率和效果、怎样才能优化资金的合理配置。通过信贷技术的创新，可以降低信息不对称程度，从而优化资金融通和配置。数字普惠金融可以有效促进信息消费，极大地支持电子商务发展，为经济可持续发展提供重要支撑。尤其是随着我国互联网用户的不断增加，弱势群体在网络上的信用信息数据迅猛增

加，搜集和处理客户软信息能力的提高将成为信贷技术创新的关键。互联网科技公司应运用云计算、大数据、定位服务等先进技术，加强与金融机构的合作，进行信贷技术创新，降低信息不对称程度，促进普惠金融发展。同时，数字普惠金融应该在资金需求方与供给方之间提供有别于正规金融业市场的新渠道，提高资金融通的效率。

Chapter 8

第八章

普惠金融业务与银行经营绩效

第一节

商业银行的普惠金融服务模式

一、商业银行普惠金融服务的现状

商业银行作为我国金融体系的重要组成部分，是推动我国落实普惠金融的排头兵，发挥引领作用。为了更合理地引导资金流入实体企业，并且让成果充分惠及广大企业、居民，我国发布指导意见，进一步落实落细引导普惠金融发展各项工作。2015年3月，银监会提出“三个不低于”目标，引导商业银行服务中小微企业。2016年，银监会进一步发布指导意见，围绕创新、协调、绿色、开放、共享五大发展理念，聚焦薄弱领域，深化金融创新，以初步建立普惠金融统计分析和考核评价体系、扩大小微企业金融服务覆盖面、进一步提高乡镇网点和行政村基础金融服务覆盖率等为主要目标。2017年《政府工作报告》指出，鼓励大中型商业银行设立普惠金融事业部，国有大型银行要率先做到。自此各大商业银行陆续成立普惠金融相关部门，引导差异化政策落实，根据不同金融机构特性推动金融服务普及。加强大型商业银行的专业部门建设，引导地方性银行聚焦服务中小微企业、社区。经过普惠金融的推进建设，2020年中国人民银行在《中国普惠金融指标分析报告（2020年）》中指出，我国普惠金融服务重心更加下沉，产品创新更加活跃，基本建成了与全面建成小康社会相适应的普惠金融服务体系。2023年10月，《国务院关于推进普惠金融高质量发展的实施意见》发布。截至2023年12月末，我国普惠小微贷款余额达到了29.4万亿元，全年增加5.61万亿元，中小微企业已得到更好的、更加定制化的普惠金融服务。

首先，商业银行普惠金融服务的发展，有利于商业银行充分获取政策红利。在宏观审慎评估（MPA）政策参数方面，对执行支持“三农”、小微企业等普惠金融工作较好的商业银行予以适当倾斜，这为商业银行实现各项业务的可持续发展提供了坚实的基础。其次，商业银行普惠金融服务的发展，能够实现对外界复杂市场经济环境的有效应对，从而实现全面的内部改革。一方面，商业银行在为中小微企业提供贷款服务时，拥有更大的定价权，能够从资产端增加贷款收益；另一方面，商业银行在放贷基础上吸收中小微企业存款时，具备有利的议价权，能够从负债端降低存款成本。与此同时，随着中小微企业业务规模的不断扩大，“一增一降”效应将进一步放大，息差水平将获得持续显著提升。再次，商业银行普惠金融服务的发展，能够实现客户结构的改善，通过向多类型客户群体提供服务，实现客户群体基础的扩大，为今后实现长远发展打下基础，还能够在今后的发展中进一步提升自身竞争力。而随着客户结构体系的不断完善，商业银行能够在今后的发展中实现经营风险的分散，对于出现的风险问题能够采取有效的措施进行处理，避免造成严重的损失。最后，商业银行普惠金融服务的发展，也是银行担当社会责任的重要体现，对改善社会经济发展结构起到关键性作用。

二、商业银行开展普惠金融服务的模式

当前，商业银行是我国普惠金融的主力军，主要包括大中型商业银行、地方中小银行以及具有互联网基因的新型银行等三类主体。总体来看，商业银行开展普惠金融服务主要采取以下三类商业模式。

（一）全国规模化推进模式

全国规模化推进模式是指通过全国范围内的广泛布局和大规模运营，实现成本优势和普惠服务；采取总成本领先战略，要求银行具有庞大的网点和员工数量，能够依托其大规模的客户基础获取低成本存款，进而规模化推广金融业务。这种模式的核心在于通过集约化的中后台支撑体系以及先进的信息科技来降低运营成本，从而在全国范围内提供普惠金融服务。典型代表为中国工商银行、中国农业银行、中国银行、中国建设银行等大型银行。

这些银行的特点是拥有庞大的资产规模和广泛的客户群体，能够通过规模效应降低单位成本，提供各种金融服务。同时，这些银行在信息科技方面具有较强的实力，能够通过科技手段提升运营效率和客户服务水平。通过这种模式，这些银行不仅能够满足全国范围内的金融需求，还能够在国际市场上具有一定的竞争力。此外，这些大型银行通常具有较强的风险控制能力和多样化的业务结构，能够有效应对市场波动和经济环境变化。总的来说，采取全国规模化推进模式的银行通过其规模优势和科技实力，能够实现低成本运营和广泛覆盖，从而在市场上占据有利地位。

（二）地区市场聚焦模式

地区市场聚焦模式是指银行聚焦于特定的目标客户群体和区域市场，通过深耕本地市场和提供差异化服务实现利润；采取聚焦化战略，要求银行深入了解并服务于特定地域和目标群体，以满足其独特的金融需求。典型代表有浙江泰隆商业银行、常熟农商银行等城市商业银行或农村商业银行。

这些银行的特点是对当地市场和客户有深入的了解，能够提供贴近客户需求的金融产品和服务。虽然这些银行的资本规模相对较小，无法形成大范围的金融服务，但其灵活性和创新能力较强，能够迅速响应市场变化和客户需求。在风险控制方面，这些银行主要依靠人工识别和一定的技术支持，通过细致的客户管理和风险评估来降低信贷风险。此外，采取地区市场聚焦模式的银行通常具有较强的社区联系和客户忠诚度，能够通过与客户建立紧密的关系来提升客户满意度和忠诚度。在这种模式下，银行可以通过差异化的产品和服务，满足特定客户群体的金融需求，从而在激烈的市场竞争中找到自己的立足点。

（三）轻型化数字化模式

轻型化数字化模式是指通过运用大数据、人工智能等先进技术，开展基于海量移动支付客户和交易记录信息的差异化服务；采取差异化战略，旨在突破地域限制，提供灵活便捷的金融服务。典型代表为微众银行、网商银行等具有互联网基因的新型银行。

这些银行的特点是以轻资产运营为主，通过互联网平台和科技手段来实现金融服务的数字化和智能化。其服务客户范围不受地域限制，能够通过在线平台为全国甚至全球的客户提供金融服务。尽管这些银行的授信总额较小，无法满足大规模客户的需求，但其创新性和便捷性使其在特定市场中具有独特的竞争优势。采取轻型化数字化模式的银行通过大数据分析和人工智能技术，能够实现精准的客户画像和风险评估，从而提供个性化的金融服务。这种模式下，银行能够迅速响应市场变化和客户需求，推出创新的金融产品和服务，提升客户体验和满意度。

三、典型案例

（一）全国规模化推进模式：中国建设银行

2023年末，中国建设银行普惠金融贷款余额突破3万亿元，中国建设银行成为市场上普惠金融信贷供给总量最大的商业银行。2018年5月，中国建设银行将普惠金融定为集团“三大战略”之一，制定普惠金融战略发展规划，明确战略“路线图”和“施工图”，探索建立数字普惠金融新模式。近年来，中国建设银行陆续推进“惠懂你”（线上贷款平台）、“惠助你”（移动办公平台）、“惠点通”（可视化营销平台）三惠合一服务，打造普惠金融运营管理一站式平台，实现普惠客群、银行同业、地方政府、核心企业、第三方服务机构等实时交互；融入客户生产生活场景，与住房、购车、餐饮、出行等服务应用连接，挖掘潜在商机；集聚客群，经营内容、生成流量，从而实现数据积累，再把数据作为资产来经营。除此之外，中国建设银行特别注重发挥保障机制和金融科技的力量，完善资源保障体系，在考核、定价、规模、费用等方面，作出系统体制机制安排，强化业务发展内生动力；搭建数智化科技支撑体系，支持产品快速研发、创新、迭代，以一站式综合化平台赋能线上线下综合服务，持续推动终端渠道的转型，推动全国范围内的广泛布局。

（二）地区市场聚焦模式：浙江泰隆商业银行

浙江泰隆商业银行自创办以来始终坚持“服务小微企业、践行普惠金融”的理念，定位于小微市场，致力于实现“高质量、内涵式”发展，目标是成为好银行。浙江泰隆商业银行专注于服务中小微企业和个体工商户，其业务模式更侧重于线下实地调研，但近年来也积极推进数字化建设，不断提升经营效率和风控能力，通过深耕社区，实现对中小微企业客户的全面覆盖和批量化操作，做到业务与客户需求的深度融合。浙江泰隆商业银行的社区化经营模式通过人员与机构的“双下沉”来最大限度地贴近客户，确保服务的精准性和有效性。通过采用“三品三表”“两有一无”等标准化方法，浙江泰隆商业银行能够高效识别客户风险，保障贷款质量。同时，通过推进数据模型化建设，提升了风控效率，使风险管理更加科学和高效。浙江泰隆商业银行还采用“一户一价”的市场化定价方式，确保在满足客户需求的同时，保障银行的收益水平。

（三）轻型化数字化模式：微众银行

微众银行以金融科技为基础，秉持“让金融普惠大众”的理念，依托数字化大数据风控、数字化精准营销、数字化精细运营三种数字化手段，致力于覆盖传统金融服务未覆盖的长尾客户，定位于中小微企业与大众客户，走出了一条成本可负担、风险可控制、商业可持续的小微模式道路——“微业贷”模式。借助数字化大数据风控，微众银行能更好地解决信息不对称问题，实现“敢下沉”，从而降低用户的使用门槛，让中小微企业拥有真实的获得感。数字化精准营销则帮助微众银行精准地找到中小微企业主，迅速扩大中小微企业服务覆盖面，降低获客成本，实现“能下沉”。数字化精细运营则以企业经营为核心，更好地与中小微企业资金快周转的需求相匹配，提升中小微企业的使用体验，进一步降低微众银行的运营成本，服务好中小微企业的全生命周期，使用户获得高效的服务。

四、模式优化的策略

为了探索商业银行普惠金融发展的路径，首先，需要从根本上实现服务模式的转变。随着社会经济进入新阶段，中小微企业迎来了新的发展机遇。针对这些变化，商业银行在推动普惠金融发展时，必须扩大金融服务的覆盖范围，打破传统服务模式的局限，通过科技手段和创新思维，使更多中小微企业和个人客户能够方便快捷地享受金融服务。同时，银行需要开发更多定制化和灵活化的金融产品，以满足不同客户群体的多样化需求。针对中小微企业，提供灵活的贷款方案和便捷的融资渠道；针对个人客户，开发符合其风险承受能力和投资偏好的理财产品。

其次，商业银行需要树立自身的核心竞争优势，全面了解客户的需求以及当前市场的发展趋势。金融服务人员必须保持对市场经济发展趋势的敏锐洞察力，不断创新服务模式。在金融服务过程中，银行应建立完善的客户需求洞察机制，通过大数据分析和人工智能技术，精准把握客户需求。同时，建立有效的客户反馈机制，及时收集和处理客户意见和建议，不断改进和优化服务。此外，提升服务人员的专业素质和服务能力，通过加强员工培训，确保能够为客户提供专业、周到的服务。

最后，商业银行在推进服务模式创新的过程中，需要注重增强客户黏性，通过提高客户满意度，在发展中树立良好的口碑，从而实现客户群体数量的不断增长。构建系统的客户满意度提升体系，通过定期进行客户满意度调查，了解客户对银行服务的评价和期望，制定具体的改进措施，持续优化服务流程，提升服务质量。同时，积极探索和创新服务模式，通过引入智能客服系统、开发便捷的移动金融应用、提供个性化的在线理财顾问服务等，提升客户体验。通过各种渠道传播客户成功案例和服务优势，营造良好的口碑效应，吸引新客户，提高现有客户的忠诚度，实现普惠金融的持续健康发展。

第二节

中小银行的普惠金融业务与经营绩效

一、中小银行开展普惠金融业务的现状

（一）覆盖面逐步扩大但仍然不足

近年来，随着我国对普惠金融的重视和政策支持，中小银行积极响应国家号召，推出多种普惠金融产品和服务，以满足中小微企业和个人客户的金融需求。例如，厦门国际银行根据广大中小微企业需求及国家政策导向，推出“线上线下”双线融合的普惠金融产品矩阵，如“筑梦贷”“房E贷”“小微E贷”等多款普惠金融产品，建立全方位、多元化的普惠金融产品体系；江苏银行推出“生态环境导向开发（EOD）项目服务模式”，在EOD模式中，项目公司通过改善环境，用优良的生态基底吸引产业和人气，并提前锁定环境效应带来的社会效益增值，实现区域整体溢价增值，从而实现社会可持续发展。

然而，中小银行在普惠金融方面的覆盖面仍然有限。一方面，中小银行的地理覆盖范围有限，其网点多集中在特定地区，难以覆盖偏远和经济欠发达地区，金融服务的可获得性较低，许多中小微企业和低收入人群仍难以享受到普惠金融服务。另一方面，由于中小银行的资本规模和风险承受能力有限，部分银行在提供信贷服务时仍较为保守，对高风险客户的服务覆盖不足。这导致一些信用记录不足或无抵押物的中小微企业和个人客户难以获得贷款，金融服务的普惠性和公平性受到影响。

（二）技术应用起步慢但发展潜力巨大

随着互联网、大数据、人工智能等技术的发展，中小银行开始探索数字化转型，通过在线平台和移动应用提供便捷的金融服务。例如，苏商银行利用大数据分

析和云计算技术，深入挖掘产业链数据的潜在价值，为链上的中小微企业提供更为灵活便捷的融资解决方案，推出了采购贷、供货贷、线上保理、存货质押等多元化金融产品。

但相较于大型银行与互联网银行，中小银行在技术应用方面仍存在差距。首先，由于资本规模小和资源有限，中小银行在技术研发和投入方面相对较弱，难以开展大规模的科技创新和应用。这导致中小银行在金融科技方面的竞争力不足，服务水平和效率有待提升。其次，部分中小银行的技术基础设施较为陈旧，核心系统和数据处理能力有限，难以支持高效的数字化服务。最后，中小银行在技术人才的引进和培养方面存在困难，难以吸引和留住高素质的科技人才，技术团队的能力和水平有待提升。

（三）风险控制能力有限但逐步加强

由于中小银行的资本规模小和风险承受能力有限，因此其在开展普惠金融业务时面临较大的风险挑战。一方面，许多中小微企业和个人客户缺乏充分的信用记录和财务信息，银行在风险评估时面临较大的不确定性，增加了银行贷款的风险。另一方面，部分中小银行的风险管理体系和机制较为薄弱，缺乏科学有效的风险控制手段，难以应对复杂的市场环境和多变的风险因素，导致银行在开展信贷业务时面临较高的不良贷款风险。

为了应对这些挑战，近年来，中小银行逐步加强其风险控制能力。一方面，中小银行通过引入大数据分析和人工智能技术，全面了解客户的信用状况和财务行为，精准把握客户的风险特征，提供更加科学合理的信贷决策。另一方面，中小银行加强了与政府和其他金融机构的合作，获取了更多小微企业和个人客户的信用记录和行为数据，降低了信息不对称带来的风险，提升了风险控制的准确性和有效性。此外，部分银行通过建立健全的信贷审批和风险监控机制，加强内部风控体系的建设，完善风险管理机制和流程，提升风险防控能力。

二、中小银行经营绩效的影响因素

（一）金融服务覆盖面

金融服务覆盖面的广度是直接影响中小银行经营绩效的重要因素之一。尽管中小银行在普惠金融方面取得了一些进展，但其覆盖面仍然有限。中小银行的网点主要集中在特定地区，难以覆盖全国范围内的中小微企业和个人客户。尤其在偏远和经济欠发达地区，金融服务的可获得性较低。通过互联网和移动技术扩大中小银行的金融服务覆盖面，能够帮助中小银行触及更多潜在客户，提升整体经营绩效。

（二）技术应用与创新

中小银行可以利用大数据、人工智能和区块链等金融科技，提升其服务效率和风险控制能力。例如，通过大数据分析，中小银行可以更精准地进行信用评估和客户需求分析，提供个性化的金融产品和服务。然而，当前中小银行与大型银行相比，在技术投入和基础设施建设方面相对较弱，技术人才匮乏，技术创新和应用的深度与广度受到限制。所以，加大中小银行当前的技术投入和创新力度，将显著提升银行的经营绩效。

（三）风险控制能力

由于中小微企业和个人客户的信用信息不完整，因此中小银行在风险评估时面临较大挑战。加强风险管理体系建设，利用大数据和人工智能技术提升风险评估的准确性和效率，是提升中小银行经营绩效的关键。此外，健全的内部风控机制和流程、及时的风险监控和应对措施，也是中小银行有效控制风险、提升经营绩效的重要保障。

（四）政策与监管环境

政府与监管机构对商业银行的相关支持性政策，如普惠金融发展专项资金、税收优惠、风险补偿等，可以降低中小银行的运营成本和风险。此外，政策的落实效果以及稳定性、操作性和可行性对中小银行的业务发展至关重要；简化政策申请和审批流程，有助于中小银行更好地利用政策资源，提升经营绩效。

（五）竞争环境

中小银行在开展普惠金融业务时面临来自大型银行和互联网银行的激烈竞争。大型银行拥有雄厚的资本和技术优势，而互联网银行则通过创新的商业模式和高效的技术平台，迅速占领市场。中小银行需要在竞争中找到自己的定位，通过差异化服务和创新模式，提升自身的竞争力。

三、典型案例与经验总结

作为江苏省首家数字银行，苏商银行坚守“科技驱动的O2O银行”定位，持续加大科技创新投入，以科技硬实力驱动服务精准化和高效化。2023年，苏商银行实现营业收入45.01亿元，净利润10.51亿元；总资产收益率和净资产收益率分别为0.95%和16.27%，总资产达到1166.49亿元，同比增长11.85%，位居江苏省法人银行第一梯队。

（一）创新驱动，坚守数字银行方向不动摇

在数字化浪潮中，苏商银行坚定地朝数字银行方向迈进，通过技术创新提升金融服务效率，推动数字化转型与普惠金融深度融合，为客户提供更优质高效的金融服务。为确保长期投入与持续推进数字银行建设目标，苏商银行设立了产品创新管理委员会、信息科技创新管理委员会、数据管理委员会。苏商银行依托数字技术与人工智能技术，构建全流程数字金融管理体系，实现从获客运营到贷后预警的数智化改造，为大量客户提供安全、便捷的金融体验。数据显示，2023年苏商银行科技投入占比达5.7%，科技人员超过半数，始终保持高强度的金融科技投入。

苏商银行实施全方位数字化管理，包括客户管理、O2O（线上到线下）管理、风险管理等八大方面，助力提升效率和增强风险把控能力。在人工智能领域，苏商银行积极应用人工智能技术，如客户画像生成、智能客服等，提高工作效率，促进业务开展。这一系列创新驱动措施不仅提升了苏商银行的运营效率，也为其在普惠

金融领域的进一步发展奠定了坚实的基础。这些措施和投入，使得苏商银行在数字化和普惠金融的道路上逐步形成了自身独特的竞争优势。

（二）技术赋能，推动普惠金融扩面提质

在数字化战略的持续推进下，苏商银行在普惠金融方面取得了显著进展。通过在大模型、人工智能、金融云等领域加大科技投入，苏商银行不仅优化了服务流程，提高了投放效率，降低了运营成本，还积极推动普惠金融供给侧结构性改革，降低中小微企业融资门槛，提升金融服务的可得性。在风控领域，苏商银行通过自主研发科技系统，提高了小微金融服务的质量和效率。这些措施不仅降低了融资成本，扩大了金融服务的覆盖面，提高了金融服务质量，也为更多中小微企业提供了支持。

苏商银行进一步利用大数据和云计算，挖掘产业链数据价值，为链上中小微企业提供灵活便捷的融资解决方案，覆盖超过20万家中小微企业，累计发放贷款222.8亿元。通过支持江苏“1650”现代化产业体系和“51010”战略性新兴产业集群发展，苏商银行有效满足了地方产业的多元化金融需求。这些技术赋能和业务优化的措施，不仅使苏商银行实现了数字化转型，还在普惠金融领域展示了其创新和服务能力，进一步巩固了其市场地位。

（三）综合施策，差异化服务科创企业

在持续推动普惠金融扩面提质的基础上，苏商银行还着力加强对科创企业的金融支持。科创金融是中央金融工作会议提出的重点领域，苏商银行通过发挥数字化优势，提供定制化金融产品与服务。苏商银行自2022年设立科创金融部以来，不断创新和优化科创贷产品，专注服务科技型中小企业。通过与政府科创平台、科创产业园区、创投机构等的深度合作，苏商银行增强了链接能力和专业服务能力，截至2023年末，科创类贷款余额同比增速达62.4%。这些措施不仅帮助科创企业获得了急需的资金支持，也增强了苏商银行在科创金融领域的竞争力。

苏商银行针对不同企业需求，采取“一企一策”的方式提供定制化金融服务。

例如，为南京本地高新技术企业蔚蓝科技量身定制金融服务方案，帮助其解决资金问题。这种定制化服务不仅提升了科创企业的金融服务水平，也展示了苏商银行在激烈市场竞争中的差异化优势。苏商银行为科创公司建立专业团队，一站式推出“场景支付+财富管理+科技信贷”科技金融综合服务方案，精准匹配信贷资源，支持中小型科技企业发展。通过这些措施，苏商银行不仅为科创企业提供了全面的金融支持，也为自身在科技金融领域赢得了更多的市场机遇和发展空间。

四、提升经营绩效的建议

（一）构建更高效的数据治理体系，完善中小银行征信数据管理

中小银行应当加大对数据治理的重视和投入，建立完善的征信数据管理系统。数据治理不仅管理数据，更要确保数据在整个生命周期的安全、完整和可用，以支持银行在客户服务、风险管理和决策制定方面实现持续优化和提升。这包括确保征信数据的准确性和及时性，以便银行能够准确评估客户的信用风险，从而有效控制不良贷款率。同时，中小银行还应积极开展与外部数据源的合作，丰富和完善自身的数据资源。通过与政府机构、企业以及其他金融机构进行数据共享合作，中小银行可以获取更多维度和更全面的客户信息，进一步完善对客户信用情况和风险特征的理解。建立跨机构的数据共享机制不仅有助于提高征信数据的广度和精度，还能够降低数据获取和处理的成本，从而提升银行的运营效率和竞争力。

（二）落实更安全的个人金融信息安全责任，消除中小银行信息安全隐患

随着金融科技的发展和数据化程度的提升，客户的个人信息和交易数据面临越来越多的安全威胁和风险。因此，中小银行需要采取一系列措施，确保客户信息的安全和隐私保护，落实更安全的个人金融信息安全责任，消除潜在的信息安全隐患。中小银行应建立健全的信息安全管理体系，制定详细的信息安全策略和政策，明确信息安全管理的目标和原则，规范信息的采集、存储、传输和使用，确保信息的机密性、完整性和可用性。同时，加强信息安全技术的应用，采用先进的信息安

全技术和工具，如数据加密、防火墙、入侵监测系统等，加强对客户信息和交易数据的保护。加强员工信息安全意识，定期组织信息安全培训和演练，提高员工对信息安全风险的认识，确保在发生信息安全事件时能够迅速、有效地应对和处置，最大限度减少安全事件对银行业务和客户利益的影响。

（三）打造更智能的风险管理体系，强化中小银行风险管控能力

为了提升风险管控能力，中小银行需要打造更加智能化的风险管理体系。首先，应用大数据和人工智能技术，建立智能风控模型。通过对大量历史数据和实时数据的分析，智能风控模型可以更准确地识别和评估风险，提高风险预测的准确性。其次，中小银行应构建全面的风险监控系统，实现对风险的全流程管理。风险监控系统应覆盖从客户准入、贷款审批、资金使用到贷后管理的整个流程，及时发现和预警潜在风险。通过风险监控系统，中小银行可以实时跟踪和分析客户的信用状况和行为特征，及时采取措施应对风险变化。最后，建立健全的风险管理制度和流程，明确各环节的风险管理职责和权限，确保风险管理工作有序开展。中小银行还应加强风险管理团队建设，培养具有专业知识和技能的风险管理人才，建立完善的风险管理培训体系，提升全员的风险管理意识和能力。只有具备强大的风险管理团队和智能化的风险管理体系，中小银行才能在复杂多变的市场环境中有效应对各类风险，保障普惠金融业务的稳健发展。

（四）建立更敏捷的人才组织体系，培育中小银行技术人才队伍

为了更好地适应快速变化的金融市场，中小银行需要建立更加敏捷的人才组织体系，引进和培育更多技术人才。首先，中小银行应制定科学的人才战略规划，根据银行的发展目标和业务需求，确定人才引进和培养的重点方向。通过系统的人才规划，中小银行可以有针对性地引进和培养高素质的技术人才，增强银行的核心竞争力。其次，建立灵活的人才激励机制，如绩效奖金、股权激励、职业发展机会等，激励员工不断提升自身能力。灵活的人才激励机制不仅可以吸引和留住优秀人才，还可以提高员工的工作满意度和忠诚度，促进银行业务的持续创新和发展。最

后，加强员工的职业培训和能力提升，打造高素质的技术人才队伍。中小银行应定期组织技术培训和专业技能提升活动，帮助员工掌握最新的金融科技知识和技能，通过与高校、科研机构和专业培训机构的合作，提升员工的专业能力和创新能力。只有拥有一支高素质、专业化的技术人才队伍，中小银行才能在激烈的市场竞争中脱颖而出，推动普惠金融业务的持续健康发展。

第三节

大型银行借助金融科技开展普惠金融业务的经营绩效

一、大型银行开展普惠金融业务的现状

（一）覆盖面广泛且资源丰富

当前，我国大型银行拥有庞大的分支机构网络，能够覆盖全国大部分地区乃至相对偏远和经济欠发达地区，为广泛的客户群体提供金融服务。这些分支机构网络不仅扩大了大型银行的服务覆盖面，也为普惠金融业务的推广提供了坚实的基础。在这些偏远和欠发达地区，大型银行的存在填补了金融服务的空白，满足了当地居民和企业的多样化金融需求。此外，大型银行的分支机构网络使得它们能够迅速响应市场变化和客户需求，提供及时和有效的金融支持。

与此同时，大型银行相比中小银行拥有更加丰富的资源，包括资本、人力和技术资源。这些资源优势使得大型银行在推广普惠金融业务时具有更大的灵活性和操作空间。充足的资本资源使得大型银行能够承受较高的运营成本和风险，提供各种创新的普惠金融产品和服务。丰富的人力资源则使得大型银行能够组建专业的团队，进行深度的市场调研和客户需求分析，从而设计出更符合市场需求的普惠金融产品。强大的技术资源使得大型银行能够利用大数据、人工智能和区块链等先进技术，提升风控能力和运营效率，为客户提供更加便捷和安全的金融服务。

（二）技术应用先进但面临挑战

随着金融科技的发展，大型银行积极推进数字化转型，利用大数据、人工智能、区块链等技术提升服务效率和客户体验。这种转型不仅提高了银行内部的运营效率，也极大地改善了客户与银行之间的互动方式。通过自动化流程和智能化服务，大型银行能够在更短的时间内处理更多的客户需求，降低人为操作的错误率，

提高整体服务质量。例如，在贷款审批过程中，人工智能技术可以快速分析客户的信用记录和财务状况，给出准确的贷款评估结果，缩短贷款审批时间，提高客户满意度。

尽管大型银行在技术应用方面具有显著优势，但其庞大的组织结构和复杂的系统架构也带来了一定的挑战。一方面，技术创新和应用的速度可能受到组织内部流程和决策机制的限制。大型银行内部层级多、流程复杂，任何技术变革都需要经过多层审批和测试，这可能延缓技术创新的实施速度。决策机制的复杂性也可能导致创新项目在推进过程中遇到阻力，特别是在资源分配和优先级确定方面，可能需要在多个部门之间进行协调和博弈。另一方面，庞大的客户基础和业务量使得系统的稳定性和安全性面临较大的压力。大型银行每天要处理大量的交易和数据，这对系统的性能和稳定性提出了很高的要求。任何系统故障或安全漏洞都可能对客户和银行自身造成严重的影响，因此，大型银行在推进数字化转型的过程中，必须高度重视系统的安全性和可靠性，采取多种措施确保系统平稳运行。例如，银行可以通过建立健全的安全防护体系、定期进行系统维护和升级、采用先进的加密技术和安全协议等手段，来提升系统的抗风险能力和稳定性。

（三）风险控制能力强但需平衡效率与安全

由于具有完善的风控体系和丰富的风险管理经验，大型银行能够更好地进行风险评估和控制。例如，大型银行通过建立全面的信用评估体系，利用大数据和人工智能技术，对客户的信用状况进行精准分析，提供科学合理的信贷决策。

然而，大型银行在提升风险控制能力的同时，也需要平衡效率与安全。首先，大型银行的风控流程和机制较为复杂，可能导致业务审批和处理效率较低，影响客户体验。其次，大型银行在提供普惠金融服务时，面临着信用风险、市场风险和操作风险等多种风险，需要在风险管理和业务拓展之间找到平衡点。最后，随着金融市场的不断变化，大型银行需要不断调整和优化风控策略，提升风险管理的灵活性和适应性。

（四）政策与监管支持力度大但执行需优化

近年来，国家和地方政府出台了一系列政策措施，鼓励和引导大型银行加大对中小微企业和个人客户的金融服务力度。例如，政府通过提供税收优惠、风险补偿和专项资金等方式，降低大型银行的运营成本和风险。同时，监管机构通过放宽监管要求、简化审批流程等方式，提升大型银行的服务能力和效率。

但我国的政策和监管支持在执行过程中仍需优化。一方面，政策的落实效果和覆盖面存在不均衡现象。一些政策在经济发达地区得到了较好的落实，而在经济欠发达地区的落实效果相对较差。另一方面，我国政策的稳定性、连续性、操作性与可行性有待进一步加强，需要进一步简化政策申请和审批流程，减少政策执行的不确定性，让大型银行更好地利用政策资源，提升经营绩效。

二、金融科技的应用现状

银行金融科技可以通过服务大众释放长尾效应，降低银行成本，增进财务绩效，拓展业务成长空间，推动金融服务在县域“三农”地区普惠化，使得供需双方获得成本可负担和商业可持续的平衡。金融科技对大型银行普惠金融的应用现状具体分析如下。

第一，银行金融科技与传统金融服务相融合的业务发展模式不仅极大地提高了金融服务的包容性，也展现出良好的商业可持续性。这种融合模式通过利用先进的金融科技手段，提升了传统金融服务的效率和覆盖面，使得更多的客户能够享受到高质量的金融服务，特别是那些传统金融服务难以触及的中小微企业、个体工商户及农村地区的客户。金融科技的应用，如大数据分析、人工智能、区块链技术等，不仅提高了服务的便捷性和安全性，还优化了客户体验，增强了客户黏性，提高了满意度，从而有效地推动金融服务的普及和深化。

第二，金融科技的应用使得银行能够更高效地处理和管理大量数据，提升了整体运营效率，从而扩大了存贷款的总体规模。通过大数据分析和人工智能技术，银行能够更加精准地评估客户的信用风险，提供更加个性化的金融产品和服务，从而吸引更多客户进行存款和贷款。这不仅给银行带来了更多的业务机会，也拓展了银行的业务成长空间。此外，金融科技的发展还改变了银行与客户之间的互动方式。在线支付平台的发展使得资金流动更加便捷，客户可以随时随地进行金融交易，极大地提升了用户体验；基金、保险和外汇等金融产品的在线化销售，也使得客户可以更加轻松地进行投资理财，增强了银行的盈利能力。

第三，从银行金融科技的不同业态来看，在使用在线支付、基金、保险、外汇等较为普遍的县域，金融科技对银行财务盈利能力的促进作用和对银行经营成本的压降作用较明显。用户可以通过移动支付和在线支付平台进行各种金融交易，这不仅增加了银行的交易量，还带来了大量的客户数据，可以帮助银行更好地进行市场分析和业务拓展，大幅提升了银行的服务效率和用户体验。金融科技的普及和深化，正在全面改造银行的业务模式和运营流程，推动银行业向更加智能化和高效化的方向发展。

三、经营绩效分析

（一）客户基础与市场需求

大型银行拥有大量的个人客户和企业客户，可以通过交叉销售和客户关系管理，增强客户黏性，提高客户满意度。例如，通过对现有客户进行细分和分析，提供个性化的金融产品和服务，提高客户的忠诚度和复购率。此外，了解市场需求，及时调整和优化金融产品结构，也是提升经营绩效的重要手段。

（二）组织管理与流程优化

由于大型银行的组织结构复杂，管理层级多，决策流程较长，因此业务审批和处理效率较低。通过优化组织管理和业务流程，简化审批程序，提升工作效率，可以有效提升经营绩效。例如，推行扁平化管理和跨部门协作，减少冗余环节，提升服务效率和客户体验。此外，借助信息技术提升内部管理效能和流程的自动化水平，也是提升经营绩效的重要手段。

（三）人才队伍与企业文化

大型银行需要吸引和培养高素质的金融人才和科技人才，提升整体服务水平和创新能力。例如，通过建立完善的人才引进和培养机制，提供有竞争力的薪酬福利和职业发展机会，吸引优秀人才加入。同时，培育积极向上的企业文化，鼓励员工创新和合作，提升员工的工作积极性和创造力。

（四）技术创新与数字化转型

通过应用大数据、人工智能、区块链等先进技术，大型银行可以提升服务效率和客户体验，降低运营成本和风险。例如，通过开发移动银行应用和在线平台，为客户提供便捷的金融服务，可以提高客户满意度，增强客户黏性。此外，利用大数据分析技术进行精准的客户需求分析和风险评估，可以提升信贷决策的科学性和有效性，降低不良贷款风险。

（五）政策支持与监管环境

政府和监管机构的政策支持，如税收优惠、风险补偿、专项资金等，可以降低大型银行的运营成本和风险，提升其服务能力和效率。例如，通过与政府信用信息平台合作，获取更多中小微企业和个人客户的信用记录和行为数据，提升风险控制的准确性和有效性。此外，监管机构的监管要求和政策导向，也对大型银行的业务发展和风险管理具有重要影响。大型银行需要及时了解和响应政策变化，调整业务策略和风控措施，提升经营绩效。

四、优化策略与未来展望

商业银行做好普惠金融服务不仅能够解决弱势群体的金融需求，增强社会公平感、获得感，还能够为商业银行带来发展机遇和盈利空间。同时，商业银行通过金融科技途径能够明显提升经营绩效水平。我国商业银行应坚定利用金融科技发展普惠金融，进而提升经营绩效。

（一）推进县域网点智能化转型

对于县域存量网点，应结合金融科技发展趋势，大力推进智能化、轻型化转型，最终形成网点以销售为主、交易为辅，移动App、网上银行等以交易为主、销售为辅的定位格局。撤销低效网点，加大智慧掌银、智慧机具下乡力度，通过金融科技的发展有效弥补偏远地区银行物理网点的缺位，实现降低成本、提高经营效率的目标，让客户能够随时随地进行金融交易，降低对物理网点的依赖，提高客户满意度和忠诚度。

（二）利用金融科技提升主动服务能力

发挥金融科技相关渠道优势和专业优势，提升主动服务能力，研发针对性的普惠金融产品，敏捷响应客户日益多元化的金融需求，重点关注在线支付、基金、保险、外汇等可以促进财务盈利和压降经营成本的金融科技产品。在这一过程中，银行应紧密关注市场动向和客户需求变化，灵活调整产品策略和服务模式，确保能够快速响应和满足客户的金融需求。与此同时，银行还应加大对新型金融科技产品的研发投入，加强与其他金融机构和科技公司的合作，推出更加便捷、安全和高效的金融解决方案，共同构建开放、共享的金融生态系统，实现资源互补和协同发展。

（三）加强风险控制与管理

金融科技发展初期，银行的风险敞口加大，风险来源、传播渠道等均发生变化，应从数据、模型、产品等方面加强风险管控。在数据方面，银行应建立健全的数据治理机制，确保数据的准确性、完整性和安全性，防止数据泄露和滥用。同时，通过引入大数据分析和人工智能技术，银行可以对海量数据进行深度挖掘和分析，识别潜在风险，提前预警和防范。在模型方面，银行应加强风险模型的开发和优化，确保模型的科学性和合理性，提高风险识别和预测的准确性。银行还应建立健全的风险监控和管理体系，对各类风险进行全面监控和动态管理，及时发现和处理风险事件。在产品方面，银行应严格控制金融产品的风险，确保产品设计和运营的合规性和安全性。通过加强风险管控，银行可以有效缩小风险敞口，提高风险防范能力，确保金融科技的健康和可持续发展。

第四节

提升商业银行普惠金融业务绩效的建议

一、现状与挑战

（一）传统服务模式存在局限性

当前，我国商业银行的服务模式仍主要依赖于实体网点和人工操作，这种传统服务模式在现代金融环境中存在明显的局限性，容易导致服务效率低下和客户体验不佳。许多银行在技术应用方面相对落后，未能充分利用大数据、人工智能等现代科技手段来提升服务水平。例如，在客户信息采集、信用评估和风险控制方面，许多银行仍主要依赖人工判断，这不仅耗时费力，还容易出错，严重影响客户满意度。此外，人工操作带来的主观性和差异性也增加了服务的不一致性和不确定性。在信息采集过程中，银行职员可能由于个人经验和判断的差异，对客户信息的采集和理解不尽相同，从而影响后续的信用评估和风险控制。为了解决这些问题，银行需要大力推进数字化转型，加快现代科技手段的应用，优化服务流程，提高服务效率，改善客户体验。

（二）风险控制能力有待提高

信息不对称是普惠金融业务的一个普遍问题，导致银行在评估客户信用风险时面临巨大挑战，因此应提高风险控制能力。银行在缺乏充分信息的情况下，很难准确评估客户的信用风险。这不仅增加贷款的难度，也导致高不良贷款率，从而进一步加大银行的运营风险。即使在科技相对发达的地区，这一问题也依然存在，因为许多中小微企业和个人客户的信息难以通过传统渠道获得和验证。信息不对称不仅体现为客户信用信息缺乏，还体现为客户经营状况、财务状况等关键数据不完整和不准确。许多中小微企业规模小、信息透明度低，银行难以通过公开渠道获得全面、真实的经营数据，在贷前调查和贷后管理过程中往往难以准确掌握企业的实际状况，从而影响风险评估的准确性。

（三）政策监管环境变化莫测

近年来，政府和监管机构不断出台新的政策和法规，要求银行在普惠金融方面作出更多努力。然而，这些政策和法规有时缺乏连贯性和可操作性，给银行的实际操作带来了很大不便。例如，某些政策要求银行降低贷款利率，但在缺乏风险补偿机制的情况下，这些政策可能会导致银行不愿意向高风险客户提供贷款，从而影响普惠金融的实施效果。政策的不确定性和频繁变化也增加了银行的合规成本和操作难度，银行需要在短时间内调整业务策略和操作流程，满足新的政策要求。这不仅增加了内部管理的复杂性，也对银行的资源配置和运营效率提出了更高的要求。

二、绩效提升的主要措施

（一）扩大金融服务覆盖面

银行应通过互联网和移动技术，开发线上金融产品和服务，使更多中小微企业和个人客户能够方便快捷地获得金融服务。具体而言，银行可以利用在线平台突破地域限制，覆盖更多的潜在客户。同时，通过数字化手段，银行可以降低运营成本，提高服务效率，扩大客户覆盖面，提供便捷的在线贷款和理财服务。此外，银行还可以通过大数据分析和人工智能技术，精准了解客户需求，提供个性化的金融产品和服务。这种数字化转型不仅有助于扩大金融服务的覆盖范围，还能有效降低传统线下服务的运营成本，提升整体业务效率，更好地服务中小微企业和个人客户，满足其日益多样化的金融需求，推动普惠金融的发展。

（二）加大对金融科技的投入

通过大数据分析，银行可以全面了解客户的信用状况和财务行为，精准把握客户需求，提供个性化的金融产品。人工智能技术可以帮助银行在信用评估和风险控制方面取得突破。例如，通过机器学习算法，银行可以快速、准确地评估客户的信用风险，降低不良贷款率。此外，区块链技术也可以在交易记录和信息验证方面发挥重要作用，提高数据的透明度和可靠性。通过这些技术手段，银行不仅能够提升自身的运营效率，还能为客户提供更加安全、便捷和个性化的金融服务，推动普惠金融的进一步发展。

（三）加强与政府和其他金融机构合作

政府在普惠金融政策制定和实施过程中起着重要作用，银行可以通过与政府合作，获取更多关于中小微企业和个人客户的信用信息，降低信息不对称带来的风险。此外，银行还可以与其他金融机构合作，共享资源和信息，形成合力。具体而言，政府可以为银行提供更全面的信用数据和政策支持，帮助银行更好地识别和管理风险；而与其他金融机构的合作则可以拓宽银行的服务范围，使银行能够提供更加多样化的金融产品和服务，满足客户的不同需求。通过这些合作，银行不仅能够提升自身的服务能力，还能更好地支持中小微企业发展，推动经济的可持续增长。同时，这种合作模式也有助于构建一个更加完善和互利共赢的金融生态系统，促进普惠金融的健康发展。

三、借鉴成功经验

在提升普惠金融业务绩效方面，有许多成功经验值得借鉴。

首先，微众银行和网商银行利用大数据和人工智能技术，成功地实现了对中小微企业和个人客户的精准服务。这些银行通过构建完善的客户需求洞察机制，准确把握客户需求，提供个性化的金融产品和服务。例如，微众银行通过其自主研发的智能风控系统，快速、准确地评估客户的信用风险，大幅降低不良贷款率。网商银行通过大数据分析，能够了解客户的消费行为和财务状况，提供个性化的贷款方案，满足不同客户的需求。

其次，传统银行如浙江泰隆商业银行和常熟农商银行通过深耕本地市场，提供贴近客户需求的金融产品和服务，建立了良好的社区联系，提高了客户忠诚度。这些银行注重与客户的沟通和交流，了解客户的真实需求，提供量身定制的金融解决方案。例如，浙江泰隆商业银行通过设立专门的中小企业服务部门，深入了解中小企业的经营状况和融资需求，提供灵活的贷款方案和优质的服务。常熟农商银行则通过与当地政府和企业紧密合作，建立了稳固的客户基础和良好的市场口碑。

最后，国际上也有一些成功的普惠金融经验值得借鉴。例如，肯尼亚的移动支付平台M-Pesa通过移动支付技术，为广大无银行账户的居民提供了便捷的金融服务。M-Pesa的成功经验表明，利用移动技术和创新的商业模式，可以大幅提升金融服务的覆盖率和效率。此外，印度的Jan Dhan Yojana计划通过政策支持和技术手段，实现了大规模的金融普惠，为数亿低收入居民提供了基本的银行服务。这些国际经验表明，通过政策支持、技术创新和市场化运作，可以有效提升普惠金融业务的绩效。

四、未来发展方向

（一）发展数字普惠金融，提升服务效率

商业银行在提升普惠金融业务绩效时，应首先重视发展数字普惠金融。利用先进的互联网技术，银行可以有效降低普惠金融业务的运营成本，提升服务效率。通过建设和优化互联网金融平台，银行能够实现线上线下的融合，为客户提供更便捷、快速的金融服务：不仅包括传统的网上银行和移动支付，还涵盖基于大数据和人工智能技术的智能化金融产品推荐和风险评估。技术如区块链的运用，能够进一步提升交易的安全性和透明度，增强客户信任感，推动普惠金融普及和可持续发展。

（二）完善征信体系，促进信用环境建设

商业银行通过整合官方和民间的信用信息资源，建立统一的征信数据平台，可以更有效地评估客户的信用状况，降低信息获取和处理成本，从而提升贷款审批的效率和准确性。这一举措不仅有助于减少不良贷款风险，还能促进社会信用体系的

建设，形成良好的信用环境。这种环境将有助于吸引更多中小微企业和个人客户参与金融市场活动，推动经济良性发展。

（三）加大政策扶持力度，促进资源流向普惠金融领域

政府应当加大对普惠金融业务的扶持力度，通过出台定向优惠政策和提供贷款补贴等措施，降低银行开展普惠金融业务的资金成本，从而刺激更多金融资源流向普惠金融领域。商业银行设立专项资金池支持中小微企业贷款、降低贷款利率或提供无抵押贷款等举措，将有助于支持中小微企业的发展和满足个人的消费需求，进一步促进经济的增长和社会的稳定。

（四）普及金融知识，促进金融包容发展

商业银行需要向尾部市场群体普及金融知识，通过开展金融教育和理财培训活动，提升中低收入群体和中小微企业主的金融素养和风险意识。同时，银行可以根据尾部市场的特点和需求，设计差异化的信贷产品，如小额信贷和消费信贷，满足多样化的金融服务需求。这些举措将有助于激发尾部市场的信贷需求，帮助更多群体融入金融体系，推动经济社会可持续发展。

Chapter 9

第九章

普惠金融监管

第一节

普惠金融运行风险

一、普惠金融的主要风险类型

普惠金融旨在通过提高金融服务的可得性，特别是低收入群体、中小微企业等的金融服务的可得性，增强经济包容性，促进社会公平。然而，金融机构在推进普惠金融的过程中，面临着多种风险类型，若不妥善管理这些风险，可能会影响普惠金融的可持续发展。以下是普惠金融运行过程中主要的风险类型。

1.信用风险

信用风险是普惠金融领域中最为常见的风险类型，是指借款方或投资项目未能按照合同约定履行还款义务，导致金融机构遭受损失的风险。普惠金融的服务对象多为中小微企业、低收入群体等，由于这些群体往往缺乏足够的信用记录或抵押担保，对于部分金融理念理解不深刻，使得金融机构在评估其信用状况时面临较大挑战。图9-1展示了普惠金融服务对象对于金融产品收益和风险关系的看法。

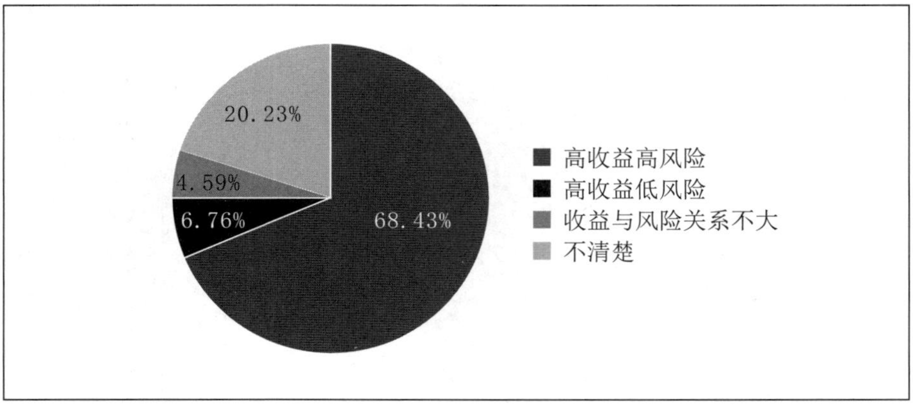

图9-1　普惠金融服务对象对于金融产品收益和风险关系的看法调查

资料来源：《中国普惠金融指标分析报告（2022年）》。

2.操作风险

操作风险指金融机构在提供普惠金融服务过程中可能出现的内部流程失误、人员操作失误、系统故障、欺诈等行为导致的资金损失、服务中断或声誉损害等风险。另外，普惠金融通常依赖数字化和简化流程来降低成本、提高效率，这可能伴随着更高的操作风险。

3.流动性风险

流动性风险是指金融机构在短期内无法筹集到足够的资金以偿还其债务或履行其他支付义务的风险。在普惠金融领域，由于资金需求的不确定性和资金来源的不稳定性，流动性风险尤为突出。

4.市场风险

市场风险是指因金融市场的波动而导致金融机构资产价值或利益发生不利变动，从而造成损失的风险，包括利率风险、汇率风险等。在普惠金融领域，普惠金融产品定价和资产配置若对市场变化敏感，则可能导致金融机构的投资收益下降或资产价值缩水。

5.法律和监管风险

法律和监管风险指金融机构在遵守法律法规和监管政策方面可能面临法律制裁、财务损失或声誉损害等风险。尽管普惠金融发展迅速，但相关的法律法规尚未完善，监管政策也可能存在滞后性，导致金融机构在合规性方面面临挑战。

6.技术风险

技术风险主要指金融机构在采用新技术提供服务时可能遇到的风险，包括因系统故障、数据安全、隐私保护等问题产生的风险。随着金融科技的快速发展，普惠金融机构越来越多地依赖技术系统提供服务和进行风险管理，因此普惠金融对技术风险尤为敏感。

二、风险产生的原因分析

了解并分析普惠金融风险产生的原因，是制定有效风险管理策略和政策的重要前提。下面将详细探讨普惠金融的主要风险（包括信用风险、操作风险、流动性风险、市场风险、法律和监管风险、技术风险）产生的原因。这些风险是多种复杂因素交织的结果，这些因素包括借款人的信用状况、机构内部管理的完善程度、外部经济环境的变化、市场价格的波动、法律法规的不确定性及技术系统的复杂性等。通过深入分析这些风险产生的原因，可以为普惠金融机构提供有针对性的风险管理措施，从而保障其在服务社会的同时，实现自身的稳健发展。

（一）信用风险产生的原因

信用风险产生的原因主要是信息不对称和信用评估有难度。普惠金融服务对象通常缺乏完整的信用记录历史，金融机构难以通过传统方式准确评估其信用风险。此外，这些群体的财务状况可能较为复杂，这增加了金融机构对其进行信用评估的难度。再者，由于普惠金融服务对象的多样性，金融机构在制定统一的信用评估标准时可能面临困难，导致信用风险管理上的不一致性。

（二）操作风险产生的原因

操作风险的产生通常与金融机构内部管理不善有关。在普惠金融推广过程中，金融机构可能为了迅速扩大服务范围，而忽视了内部流程的规范化和风险控制机制的建立。此外，由于普惠金融服务的复杂性和多样性，金融机构在操作过程中可能面临更多的不确定性和变数，这增加了操作失误的可能性。技术系统的不稳定性、员工专业能力的不足以及内部监督机制的缺失也是操作风险产生的重要原因。

（三）流动性风险产生的原因

流动性风险的产生与金融机构的资金管理策略密切相关。普惠金融机构在资金筹集和资产配置上可能面临更多的限制，如资金来源单一、资金使用效率不高等。此外，由于普惠金融服务对象的资金需求可能存在波动性，金融机构在短期内可能面临较大的资金流动性压力。再者，金融机构对市场资金状况的预测不准确、资金调配能力不足以及应急资金储备不足等也可能导致流动性风险。

（四）市场风险产生的原因

市场风险的产生与宏观经济环境和金融市场的波动密切相关。在普惠金融领域，金融机构可能面临利率变动带来的影响，如市场利率上升可能导致资金成本增加，而贷款利率下降可能影响收益。汇率波动也可能对涉及跨境业务的普惠金融机构产生影响。金融机构对市场趋势的预测不准确、风险对冲策略的缺失或执行不力以及对市场变化的敏感度不足是市场风险产生的主要原因。

（五）法律和监管风险产生的原因

法律和监管风险的产生与金融监管环境的变化密切相关。普惠金融作为一种新兴的金融服务模式，其监管框架和法律法规可能尚未完全建立或更新，导致金融机构在业务开展过程中面临合规方面的不确定性。此外，监管政策的变动可能对普惠金融机构的业务模式和盈利模式产生影响，增加金融机构适应监管要求的难度。金融机构对监管政策的理解不充分、合规性管理机制的缺失以及对监管变化的应对不力也是法律和监管风险产生的重要原因。

（六）技术风险产生的原因

技术风险的产生与金融机构对技术系统的依赖程度密切相关。随着普惠金融服务的数字化转型，金融机构越来越依赖技术系统提供客户服务、进行风险评估和决策。然而，技术系统的复杂性和不确定性也带来了新的风险。金融机构在技术系统的设计、开发和维护过程中可能存在缺陷，导致出现系统故障或安全漏洞。此外，金融机构在数据管理和隐私保护方面的不足，可能导致客户数据泄露或被滥用。金融机构对技术发展趋势的把握不足、对数据安全和隐私保护的重视不够以及技术系统的安全性和稳定性不足是技术风险产生的主要原因。

三、风险防控的主要措施

制定和实施一系列全面的风险防控措施对于普惠金融的健康发展至关重要。这些措施需要综合考虑普惠金融的特殊性，包括服务对象的多样性、服务方式的创新性以及服务环境的复杂性。通过建立健全的风险管理体系，普惠金融机构能够更有效地识别、评估、应对和控制风险，保障金融服务的安全性和可靠性，同时，促进金融资源的合理配置和金融市场的稳定发展。以下将深入探讨针对普惠金融面临的各类风险的防控措施，以期为普惠金融的稳健运行提供参考和指导。

（一）信用风险防控措施

第一，建立完善的信用评估体系。普惠金融客户群体缺乏传统信用记录，因此需要开发基于多维数据的信用评估模型，利用大数据和人工智能技术构建多维度信用评估体系，提升评估能力。

第二，加强贷款审核和监控。普惠金融机构应制定严格的贷款审批流程，确保充分的风险评估和审核，并在发放贷款后进行持续监控，以及时应对违约风险。

第三，引入多元化担保和保险机制。普惠金融的借款人通常缺乏传统的抵押物，因此可以引入多元化的担保和保险机制来降低信用风险。

第四，加强借款人信用教育和财务管理培训。普惠金融机构应通过信用教育和财务管理培训，提升借款人的信用意识和还款能力，从源头上降低信用风险。

（二）操作风险防控措施

第一，加强员工培训和风险意识教育。普惠金融机构应定期组织员工培训，提高员工的专业知识和操作技能，增强其风险意识和合规意识。

第二，加强技术系统的可靠性和操作安全防控。针对操作风险，普惠金融机构应投入更多资源优化信息技术系统的设计与维护，确保系统在高负载及突发情况下的稳定性。同时，重点提升网络安全防护能力，防范因操作漏洞导致的黑客攻击、数据泄露等事件，保障客户信息和交易数据安全，减少技术性操作风险发生。

第三，建立应急预案和危机管理机制。普惠金融机构应制定详细的应急预案和危机管理机制，应对可能的操作风险事件。

（三）流动性风险防控措施

第一，加强资产负债管理。普惠金融机构应通过科学的资产负债管理，优化资产结构，确保资产的流动性和收益性平衡。同时，定期进行流动性压力测试，评估不同情景下的流动性状况，提前制定应对策略。

第二，建立多元化的融资渠道。普惠金融机构应拓展融资渠道，减少对单一融资来源的依赖。除了传统的存款和银行借款外，可以考虑采用发行债券、引入战略投资者或与其他金融机构合作进行资金拆借等方式，提高资金来源的多样性和稳定性。

第三，提升现金流管理能力。普惠金融机构应加强现金流管理，确保日常运营所需的现金流充足。通过精细化管理客户存款和贷款的流动性需求，合理安排资金，提高资金周转效率。此外，建立流动性储备，以便在突发情况下能够迅速动用资金，保障流动性需求。

第四，加强客户存款稳定性管理。普惠金融机构应通过提高存款利率、优化存款产品设计等方式，吸引和稳定客户存款。

（四）市场风险防控措施

第一，建立市场风险监控体系。普惠金融机构应建立完善的市场风险监控体系，实时监控市场利率、汇率等关键市场指标的变化。

第二，优化资产负债结构。普惠金融机构应根据市场风险情况，优化资产负债结构，减少对单一市场因素的依赖。此外，适时调整资产配置比例，灵活应对市场利率和汇率的波动，确保资产负债结构的稳定性和安全性。

第三，利用金融衍生工具进行对冲。普惠金融机构可以利用金融衍生工具，如利率互换、汇率期权等，进行市场风险对冲。当面临汇率波动风险时，可以通过汇率期权锁定外币资产或负债的价值，降低汇率波动的影响。

第四，建立市场风险应对预案。普惠金融机构应制定详细的市场风险应对预案，明确在市场剧烈波动时的应对措施和流程。定期进行市场风险应急演练，提高应急响应能力和决策效率，确保在市场风险事件发生时能够迅速应对、有效控制风险。

（五）法律和监管风险防控措施

第一，建立健全的合规管理体系。普惠金融机构应建立完善的合规管理体系，确保各项业务活动符合相关法律法规和监管要求。定期进行内部审计和合规检查，及时发现并纠正违规行为。

第二，加强与监管机构的沟通和合作。普惠金融机构应积极与监管机构保持良好沟通，及时了解最新的法律法规和监管政策变化，确保机构的业务活动始终符合监管要求。主动向监管机构报告业务情况和合规进展，接受监管机构的指导和监督。

第三，提高员工的合规意识和法律素养。普惠金融机构应加强员工的合规意识和法律素养教育，确保全体员工了解并遵守相关法律法规和合规要求。同时，可以建立有效的合规激励和惩戒机制，鼓励员工主动遵守合规要求，对违规行为进行严肃处理。

第四，建立法律风险应对机制。普惠金融机构应制定详细的法律风险应对预案，定期进行法律风险评估，识别和分析潜在的法律风险，明确在法律和监管风险事件发生时的应对措施和流程。

（六）技术风险防控措施

第一，构建健全的技术安全管理体系。普惠金融机构应建立健全的技术安全管理体系，确保信息系统的安全性和可靠性，定期进行安全审计和风险评估，及时发现和修补系统漏洞，防范黑客攻击和数据泄露。

第二，提升信息系统的稳定性和可靠性。普惠金融机构应投入足够的资源进行信息系统的开发和维护，建立完善的系统监控和运维机制，确保系统的稳定性和可靠性。

第三，加强数据保护和隐私管理。普惠金融机构应建立严格的数据保护和隐私管理制度，明确数据的收集、使用和保护原则，确保客户信息的安全和隐私不受侵犯。

第四，制定技术风险应对预案。普惠金融机构应制定详细的技术风险应对预案，定期进行技术风险应急演练，明确在技术风险事件发生时的应对措施和流程。

四、典型案例与经验总结

（一）中国建设银行湖南省分行的普惠金融风险防控

中国建设银行湖南省分行利用大数据技术筛选出优秀的小微企业，通过新一代核心系统与政府数据平台对接，实现公共信息共享，为客户精准画像。该分行强化风控管理，以“看得见、理得清、控得住”为要求，确保业务高质量发展。2018年实现普惠金融贷款270亿元，新增85亿元，完成全年监管计划的336%，同时，小企业贷款不良率下降2.23个百分点。

中国建设银行湖南省分行的案例表明，利用大数据和金融科技进行客户筛选和风险评估是有效手段。通过与政府数据平台合作，可以获取更全面的数据，为小微企业精准画像，降低信息不对称风险。此外，强化风险管理，建立清晰的风险控制流程和标准，有助于提升资产质量，实现业务的可持续发展。

（二）国家融资担保基金的风险共担机制

国家融资担保基金通过股权投资形式支持各省（区、市）开展融资担保业务，引导和带动各方资金扶持中小微企业和“三农”。2018年，中国光大银行与国家融资担保基金联合印发指导意见，在合作体系建设、业务模式构建、风险共担机制建立、信息共享等方面深化合作。

国家融资担保基金的案例表明，建立政府、银行业金融机构、融资担保公司之间的合作机制是分散和降低普惠金融风险的有效途径。通过股权投资和政策引导，可以扩大融资担保业务规模，提供较低的费率，吸引更多资金支持普惠金融。同时，风险共担机制能够降低单一金融机构所承担的风险，增强整个普惠金融体系的稳定性。

（三）浙江台州的银政风险共担机制

浙江台州采取政府出资为主、银行捐资为辅的方式设立小微企业信用保证基金，建立银政风险共担机制。同时，发挥保险增信作用，探索形成“政府+银行+保险”小额信贷风险共担模式，保险公司承担部分贷款风险，政府专项资金给予一定风险补偿、保费补贴和利息补贴。

浙江台州的案例强调政府、银行和保险公司三方合作在风险共担中的重要性。通过设立信用保证基金，可以为中小微企业提供增信服务，降低融资门槛。同时，政府的参与不仅提供了风险补偿和保费补贴等，还增强了银行发放贷款的积极性。这种模式有助于构建一个更加稳健的普惠金融生态系统，实现风险的有效分散和控制。

（四）中国工商银行的普惠金融风险防控

中国工商银行通过创新新能源汽车场景融资，精准滴灌全产业链，实现普惠金融支持中小微企业发展。该行通过业务创新驱动普惠金融发展，通过银担合作提升服务质效。

中国工商银行的案例突出业务创新在普惠金融风险防控中的作用。通过针对特定行业（如新能源汽车）的融资模式创新，可以更精准地满足中小微企业的融资需求，同时，通过银担合作，可以提升服务质效，降低风险。这种模式有助于银行更好地理解和评估行业特有的风险，从而提供更加定制化的金融服务。

（五）中国农业银行的普惠金融风险防控

中国农业银行通过业务创新驱动普惠金融发展，通过银担合作提升服务质效。该行通过优惠利率、新增授信、信用贷款、展期续贷等方式，提供抗击新冠疫情和助力企业复工复产所需的普惠金融服务。

中国农业银行的案例表明，通过提供优惠的贷款条件和灵活的还款安排，可以在风险可控的前提下，更好地支持中小微企业和个体工商户。银担合作模式可以增强银行对普惠金融服务的信心，通过担保机构的参与，降低银行的信贷风险。同时，这种合作也有助于提升普惠金融服务的覆盖率和可得性。

第二节

普惠金融机构监管

一、监管的必要性与目标

普惠金融的监管主体和监管对象是构成监管体系的两个基本要素。普惠金融的监管主体主要涉及国家层面的金融监管机构以及地方金融监督管理部门。在国家层面，由国家金融监督管理总局及其派出机构和中国人民银行进行监管。国家金融监督管理总局及其派出机构对银行业和保险业实施统一监管，其中包括对普惠金融领域的监管。普惠金融司作为国家金融监督管理总局内部的一个部门，专门负责推进和监管银行业普惠金融工作，既包括对银行类金融机构的监管，也包括对小额贷款公司等非传统金融机构的监管。中国人民银行在普惠金融政策制定、信用体系建设、支付清算系统改进等方面发挥作用，间接影响普惠金融的监管环境。在地方层面，由地方政府设立的地方金融监督管理机构负责本地区的金融监管工作，主要负责监管“7+4”类机构，即小额贷款公司、融资担保公司、区域性股权市场、典当行、融资租赁公司、商业保理公司、地方资产管理公司以及地方各类交易场所、开展信用互助的农民专业合作社、投资公司、社会众筹机构。

普惠金融的监管对象主要包括商业银行、农村信用合作社、小额贷款公司、互联网金融公司等机构。这些机构在提供普惠金融服务时，需要遵守国家关于金融监管的法律法规，同时接受监管机构的监督和管理。监管的重点在于确保这些机构的服务质量、风险控制能力以及对消费者权益的保护，从而推动普惠金融健康可持续发展。

普惠金融监管的必要性源于其服务对象的特殊性和金融服务的普遍性，具体来说包含以下四个方面。

1.防控金融风险

普惠金融服务对象通常是传统金融机构覆盖不到的中小微企业、农户和低收入群体，这些群体往往风险识别和管理能力较弱，易受金融风险影响。监管机构通过制定相应的风险防控措施，可以有效降低系统性风险。

2.保护消费者权益

普惠金融服务对象普遍缺乏金融知识，容易受到不公平交易和欺诈行为的侵害。监管机构需要确保消费者权益得到保护，提供透明的服务和公平的交易条件。

3.促进金融市场的包容性发展

普惠金融旨在缩小金融服务差距，提高金融服务的普及率。监管机构通过制定和执行相关政策，可以推动金融机构扩大服务范围，实现金融资源的均衡分配。

4.支持可持续发展

普惠金融注重长期的社会效益和经济效益，监管机构需要确保金融机构的业务模式和发展战略符合可持续发展的原则。

普惠金融机构监管的目标是多方面的，监管机构致力于构建一个既充满活力又稳健安全的普惠金融生态系统。这不仅要求确保普惠金融服务的质量和可获得性，还必须维护金融市场的稳定，保护消费者免受不当行为的侵害。具体而言，普惠金融机构监管的目标可概括为以下五点。

1.保障金融稳定性与安全性

金融稳定性是普惠金融监管的首要目标。监管机构需确保普惠金融活动不会触发系统性风险，维持金融市场的稳定运行。因此，需要监测金融机构的资本充足率、资产质量、流动性管理、内部治理结构等，确保它们具有足够的抗风险能力。

2.促进金融服务的普及与深化

普惠金融的核心在于“普”与“惠”，即金融服务的广泛覆盖与深度渗透。监管机构应鼓励金融机构扩大服务网络，尤其是向农村、边远地区和低收入群体延伸，确保所有人都能享受到基础金融服务。

3.提高金融服务的质量和效率

监管机构需要推动普惠金融机构提高服务质量，降低服务成本，提升服务效率，以满足不同客户的需求。

4.维护市场公平竞争与防止市场垄断

普惠金融市场的健康发展需要一个公平竞争的环境。监管机构应防止市场集中度过高，限制大型金融机构滥用市场优势，保障中小金融机构和新型金融服务提供商的生存和发展空间。

5.鼓励创新与支持可持续发展

创新是普惠金融发展的重要驱动力。监管机构应创造一个鼓励创新的环境，允许金融机构尝试新的业务模式和技术，如区块链、人工智能等，以提高服务效率、降低成本，并开拓更多服务场景。同时，监管机构也应确保创新活动符合可持续发展的原则，考虑其对环境、社会的长期影响，推动绿色金融、社会责任投资等新型金融产品的开发与应用。

二、机构监管的模式与实践

（一）监管模式

我国普惠金融机构的监管模式在过去数年间经历了显著的发展与创新，形成了多层次、宽领域、高效能的监管模式。

我国普惠金融监管的核心架构以国家金融监督管理总局与中国人民银行为主导，明确了监管主体与责任归属，确立了普惠金融发展的政策导向与基本原则。监管主体不仅负责宏观审慎监管，还积极参与普惠金融政策的制定与实施，确保金融市场的稳定与服务的普及。

在监管职能划分方面，我国采取了精细化管理策略，根据金融机构类型、业务范围及风险特性，将监管任务合理分配至各专业监管部门。例如，国家金融监督管理总局侧重于普惠信贷、保险服务的规范与推广，中国证监会则关注与资本市场相关的普惠金融创新。这样的分工既避免了重复监管，又保证了监管的针对性和专业性。

为了应对普惠金融涉及面广、参与主体多样的现实，我国建立了跨部门、跨层级的监管协调机制。通过定期开展协调会议、搭建信息共享平台、联合检查等方式，实现了不同监管主体之间的高效沟通与合作，提升了监管的协同效应，降低了监管成本，增强了监管的有效性。

数字技术的应用是我国监管模式的一大亮点。国家金融监督管理总局强调将数字普惠金融全面纳入监管框架，重视基础设施建设（如完善公共信用信息共享平台，以缓解信息不对称问题），同时，推进农村支付环境建设，完善知识产权质押融资等新型金融服务的监管政策。利用大数据、云计算等技术提高监管的智能化水平，实现对数字普惠金融活动的实时监控与风险预警。

政策引导与激励机制在监管模式中扮演关键角色。政府通过制定普惠金融发展目标，提供税收优惠、补贴、低息贷款等激励措施，鼓励金融机构加大对普惠金融的投入，特别是对中小微企业、农业及偏远地区的金融服务。同时，通过设定量化指标考核金融机构的普惠金融绩效，促使金融机构平衡商业利益与社会责任。

风险管理和合规框架的建设得到高度重视。监管机构致力于强化对普惠金融风险的识别与管控，包括信用风险、市场风险、操作风险等，确保金融市场的稳定性。同时，通过制定严格的合规要求，加大对违法违规行为的查处力度，维护良好的市场秩序。

金融消费者权益保护被置于监管模式的重要位置。监管机构致力于提升公众的金融素养，通过教育、宣传增强消费者的风险意识和自我保护能力。同时，建立健全金融消费者投诉处理机制，确保消费者权益得到有效维护。

此外，逆周期监管、信息披露监管、差异化监管等监管模式在不同地区应对不同机构的风险管控中也有着灵活的运用，我国普惠金融机构的监管模式依托全方位、立体化的监管体系，不仅关注服务的普及和深化，更强调在创新与风险之间寻求平衡，通过科技赋能、政策激励、风险防控和消费者权益保护等多维度策略，推动普惠金融的稳健发展，确保金融体系的健康与社会经济的包容性增长。

（二）监管实践

在普惠金融的十年发展中，各地普惠金融机构监管实践都取得了历史性成就，以浙江省为例，其在普惠金融机构监管实践方面采取了一系列创新和有效的措施，以解决中小微企业融资难、融资贵问题，推动金融服务普及和深化。

1.搭建信息共享平台

浙江监管局利用"数字浙江"这一信息化基础工程，牵头搭建了浙江省金融综合服务平台，实现了政府公共数据的行业共享，有效缓解了中小微企业融资中的信息不对称问题。该平台融合了58个省级部门的公共数据，支持了近70%的银行信贷数据需求，大幅提升了金融服务效率。

2.推动政府性融资担保体系改革

针对融资抵押物不足的问题，浙江监管局推动了政府性融资担保体系的改革，整合了县级融资担保机构资源，并逐步向省市两级过渡，有效放大了担保倍数，增强了风险防控能力。

3.实施差异化监管政策

浙江监管局加强了小微金融专营化体系建设，推动银行设立小微金融管理部门，单独考核普惠金融业务，并提升了考核权重。此外，还建立了小微金融、乡村振兴监管考核评价机制，推动机构开展还款方式创新，加强了对普惠金融服务的监管和引导，激发了金融服务的内生动能。

4.创新服务模式

浙江监管局针对不同类型的中小微企业，如供应链型、科技创新型、吸纳就业型等企业，出台了差异化的工作方案，提升了服务的精准度，特别是对农民资产的盘活和信用贷款的发放，有效拓宽了普惠金融服务的覆盖面。

5.推进普惠保险

浙江省积极推进普惠保险，针对农业、科技及特定群体的风险保障问题，推动保险产品创新和提质扩面，为各类风险提供了更加全面和有效的保障。

三、机构监管的挑战与对策

普惠金融机构监管是确保金融市场健康稳定发展的重要组成部分，普惠金融机构在监管方面面临着诸多挑战，这些挑战不仅关系金融机构自身的稳健性，也关系整个金融系统的稳定性和普惠金融服务的普及性。面对普惠金融领域特有的挑战，监管机构需要在鼓励金融创新、扩大服务范围与保护消费者权益、维护金融稳定之间寻找平衡点。普惠金融机构监管面临的挑战及其对策如下。

1.金融服务覆盖不足

尽管普惠金融的理念已经深入人心，但部分偏远地区和特定群体仍然面临金融服务可获得性的障碍。特别是农村信用合作社和小额贷款公司在覆盖这些地区和群体时，可能因成本高、收益低而不愿意深入。监管机构既需要激励这些机构扩大服务范围，又要确保其商业可持续性。

对此，监管机构应实施差异化的监管政策，比如对为农村或边远地区提供服务的金融机构实施税收减免、补贴或优惠贷款等激励措施。同时，通过设立专项基金支持普惠金融项目，降低机构运营成本，增加其服务动力。

2.风险管理与贷款质量控制

普惠金融机构往往面向风险较高的客户群体，如无信用记录的中小微企业或个人。这可能导致普惠金融业务贷款违约率高于传统金融业务，给机构带来较大风险。监管机构面临的挑战在于如何在鼓励放贷和控制风险之间找到平衡点，制定合理的风险评估和缓释机制。

对此，可以引入更先进的信贷评估模型，如利用大数据和人工智能技术进行信用评分，提高风险识别能力。监管机构应鼓励并指导金融机构采用这些技术，同时建立风险预警系统，及时监测和应对潜在风险。创新传统银行监管方法，用好信息披露和市场约束，强化机构主体责任，发挥市场和公众监督作用。

3.数字化转型与数据安全

随着数字普惠金融的发展，数据泄露、网络攻击等风险日益增加，这对金融机构的合规能力和数据保护能力提出了更高要求。

对此，应当制定全面的数据保护法律法规，明确金融机构在收集、存储、使用个人信息过程中的责任和义务。监管机构应加大对数据滥用行为的处罚力度，保障客户信息安全，建立公众信任。鼓励和支持金融科技企业在普惠金融领域的创新，保持开放态度，适时调整监管框架以适应技术创新，同时确保市场公平竞争。

4.金融素养教育不足

普惠金融的推广还受到目标客户群体金融素养普遍较低的限制。监管机构需要推动金融机构开展金融教育，提升公众的金融知识和风险意识，以促进更加理性的金融消费行为。

对此，监管机构应与金融机构、教育部门和社会组织合作，广泛开展金融知识普及教育，特别是在农村和边远地区。同时，加强消费者权益保护，建立健全投诉处理机制，确保普惠金融用户能够得到公平对待。

5.“数据孤岛”问题

普惠金融客户群体的信用数据分散在不同部门和供应商中，银行等相关普惠金融机构获取数据难度大，制约了数字普惠金融的发展。

对此，可以加强公共信用信息共享，推进农村支付环境建设，完善知识产权质押、动产融资登记等基础平台。推动数据服务平台建设，打破“数据孤岛”，推动建立跨行业、跨领域、跨区域的数据服务平台，实现客户精准画像和动态管理。

6.监管资源分配面临挑战

普惠金融服务的供给主体类型多样，不同类型的普惠金融机构可能面临不同的监管要求，这可能导致监管套利、规则不一致等问题，监管资源分配面临挑战。

对此，应当加快中小银行改革化险步伐，完善治理机制，对普惠金融业务服务量较大或增长迅速的机构进行深入分析，综合考虑是继续在量上“压担子”还是提升质量和优化结构。根据不同类型机构的业务模式、风险特性、服务贡献度等实施分类监管，设定差异化的监管标准。

7.法规和制度不完善

普惠金融领域需要明确的法规和制度来指导和规范金融机构的行为，目前相关法规和制度尚不完善。

对此，应当鼓励开展普惠保险理论和相关法律研究，探索发展规律，完善政策制度及相关法律法规，增强普惠金融的法治化建设。

四、机构监管的未来方向

在普惠金融快速发展的背景下，各类金融机构也积极参与其中。为了确保普惠金融的可持续发展，监管机构需要制定科学合理的监管政策。未来，对于普惠金融机构的监管主要有以下七个方向。

1.提高准入门槛，加强市场准入监管

普惠金融机构的发展需要规范的市场准入机制。一方面，监管机构应设定合理的准入门槛，确保进入市场的机构具备足够的资本实力和风险管理能力；另一方面，应加强对新进入市场机构的审查和监管，防止无资质、不合规的机构扰乱市场秩序。

2.完善信息披露制度

透明的信息披露是普惠金融机构健康发展的重要保障。监管机构应建立和完善普惠金融机构的信息披露制度，包括定期信息披露、重大事项披露等，确保信息披露的及时性、准确性和完整性。

3.强化数字化监管能力

随着数字技术的广泛应用，普惠金融服务的提供方式日益多样化，包括但不限于移动支付、在线借贷、区块链金融解决方案等。监管机构需不断提升自身的数字化监管能力，运用大数据、云计算、人工智能等技术，对市场活动进行实时监测和风险预警，确保监管的有效性和前瞻性。例如，建立健全数字普惠金融监管信息系统，要求各类机构定期或实时上报业务数据、交易记录、风险指标等，以便于监管机构实施精准监管和风险识别。

4.完善法规框架，明确监管边界

快速发展普惠金融呼唤更加完善的法律与政策支持。监管机构应继续出台或修订相关法律法规，明确不同类型金融机构在普惠金融中的角色、责任及经营边界。特别是对于新兴的互联网金融公司，需要有专门的监管框架来指导其合规经营，防止市场混乱和风险累积。此外，还需加强对跨行业、跨市场的金融产品和服务的监管，避免监管套利和监管盲区。

5.鼓励产品和服务创新

监管机构应当鼓励金融机构在风险可控的前提下，创新金融产品和服务模式，以满足普惠金融服务对象多样化的金融需求。例如，推广无抵押信用贷款产品，利用大数据风控模型提高审批效率和风险管理能力；发展供应链金融、绿色金融等特色服务，支持中小微企业和农村经济转型升级。同时，建立创新容错机制，允许金融机构在一定范围内试错并及时调整策略，激发市场活力。

6.加强消费者权益保护

普惠金融的宗旨之一是保障所有人群都能公平、安全地获取金融服务。因此，监管机构必须强化对消费者权益的保护措施，包括提高金融教育和普及程度，增强消费者风险意识和自我保护能力；完善投诉处理机制，确保消费者在权益受损时能够及时得到有效的救济；严厉打击非法集资、金融诈骗等行为，维护良好的金融秩序。

7.完善风险防控机制

普惠金融的推广伴随着风险防控的挑战，主要的风险包括信用风险、操作风险和市场风险等。监管机构需督促金融机构建立健全风险评估和管理体系，加强内部审计和合规文化建设。同时，推动建立风险分担和补偿机制，比如政府性融资担保体系、信用保险等，分散金融机构承担的风险，提高其提供普惠金融服务的积极性。

第三节

普惠金融行为监管

一、行为监管的内涵与意义

普惠金融行为指的是金融机构在提供金融服务时，确保所有社会成员，特别是低收入群体、中小微企业和偏远地区居民，能够以合理的成本获得适当、有效的金融服务。这种金融服务包括但不限于存款、贷款、支付、保险和理财等。普惠金融的核心是金融包容性，即通过普及金融产品和服务，减少金融排斥，促进社会公平和经济均衡发展。

普惠金融行为监管是指政府、中央银行、金融监管机构以及其他相关主体，通过制定法律法规、政策指导、监督执行和评估反馈等手段，对金融机构及服务提供者在普惠金融领域的市场行为进行规范和管理。其目的在于促进普惠金融体系的健康发展，维护金融市场的稳定，保护消费者权益，尤其是弱势群体的利益，同时鼓励创新和竞争，提高金融服务的质量和效率。普惠金融行为监管主要有以下四个特点。

一是预防性。强调事前监管和风险防范，通过设定准入门槛、业务规范和服务标准，减少金融风险和消费者权益受损的可能性。

二是包容性。监管框架应考虑到普惠金融的目标群体特性，确保监管政策不构成额外的进入壁垒，而是促进金融服务的广泛可得。

三是灵活性与适应性。鉴于普惠金融领域快速的技术进步和市场变化，监管需保持灵活性，适时调整策略，鼓励创新技术的应用。

四是强调消费者权益保护。强化对消费者权益的保护，包括提高透明度要求、完善投诉处理机制、加强教育与咨询服务等，确保消费者能作出知情决策。

普惠金融行为监管对于促进经济发展、社会公平、金融稳定具有深远的意义，具体体现在以下七个方面。

1.推动经济包容性增长

通过确保所有社会成员都能有效利用金融服务，普惠金融行为监管有助于缩小贫富差距，激发底层经济活力，促进经济增长模式由少数人驱动向全民参与转变。

2.增强社会稳定性

提供广泛的金融服务能够帮助家庭和小微企业更好地管理风险、应对经济冲击，减少因财务困境导致的社会不稳定因素。图9-2展示了2017—2022年脱贫人口贷款余额情况。脱贫人口贷款余额较快增长，金融服务的广泛易得使得他们能够更好地应对风险。

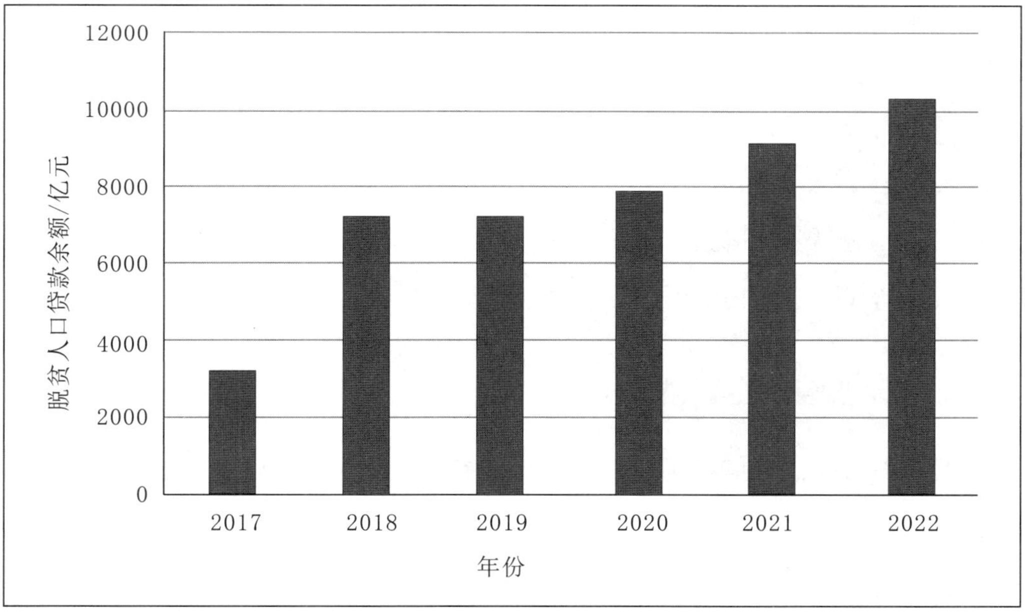

图9-2 2017—2022年脱贫人口贷款余额情况

数据来源：2017—2022年中国普惠金融指标分析报告。

3.提高金融体系的稳定性与可持续性

通过规范市场行为，避免过度借贷、高利贷等问题，普惠金融行为监管有助于维护金融市场的健康运行，降低系统性风险。

4.提升金融素养与加强消费者权益保护

加强金融教育和消费者权益保护不仅能提升公众的金融决策能力，还能增强公众对金融系统的信任，为普惠金融的长期发展奠定基础。

5.促进金融创新与技术应用

合理的监管框架可以为金融科技的发展创造有利环境，推动创新解决方案（如数字支付、区块链贷款平台等）的出台，提升金融服务的效率和扩大覆盖范围。

6.支持可持续发展目标

普惠金融行为监管与联合国可持续发展目标（SDGs）特别是消除一切形式的贫困、体面工作和经济增长、减少不平等等紧密相连，对建设一个更加公正、可持续的世界具有重要贡献。

7.响应社会需求

监管机构通过监管措施，引导金融机构更好地响应社会需求，特别是在教育、医疗、养老等民生领域提供更加精准的金融服务。

二、行为监管的主要措施

普惠金融行为监管措施深刻体现了金融体系对社会经济包容性增长的支持与承诺。从存款到贷款，从支付到保险，再到理财，每一个环节的监管政策和措施都旨在打破传统金融服务的界限，确保所有社会成员都能在安全、公平的环境中获得适宜的金融服务，促进经济机会平等共享。现行具体的行为监管措施如下。

（一）存款业务监管

1.准入门槛与资质审查

在普惠金融的要求下，设定合理的准入门槛尤为关键。这不仅是对金融机构资本实力的考验，更是对其服务普惠群体能力的考量。监管机构大力支持那些致力于开发适合低收入人群的储蓄产品的机构，确保这些机构拥有健全的风险管理体系和合规文化，从而在保障存款人资金安全的同时，拓宽金融服务的覆盖面。

2.存款保险制度

对于小额存款者而言，存款保险制度是重要的安全网。它减轻了储户对银行破产的担忧，促进了金融信任。特别是在普惠金融领域，这一机制有助于增强低收入家庭的储蓄意愿，为他们提供基本的经济安全感，是提升金融包容性的基石之一。

3.利率管理

监管机构合理设定利率上下限，旨在平衡金融机构盈利与存款人利益，同时维护市场竞争秩序。对于普惠金融而言，合理的利率水平可以激励金融机构向偏远地区和低收入群体提供服务，而不至于因为利润微薄而放弃这些市场。

（二）贷款业务监管

1.风险控制与信贷政策

普惠金融要求金融机构在控制风险的同时，加大对中小微企业和弱势群体的支持力度。这意味着信贷政策不仅要严谨，还应具有灵活性，能够基于客户的实际还款能力和潜力来定制贷款方案，而不是简单地遵循旧的信用评估标准。

2.利率上限规定

设定小额贷款利率上限，是防止贫困和弱势群体陷入“债务陷阱”的重要手段。监管机构需定期评估市场情况，确保利率上限既能保护借款人免受剥削，又不会影响金融机构提供贷款服务的积极性。

3.信息透明度

增强贷款条款的透明度，是提高普惠金融服务接受度的关键。这有助于借款人作出更为理性的借贷决策，避免因信息不对称导致的不合理负债。

（三）支付系统监管

1.安全与效率

在普惠金融中，支付系统是连接金融服务供给与需求的桥梁。确保支付安全，特别是采用数字支付方式，可以极大地提升金融包容性，尤其是对于偏远地区和无银行账户人群。同时，提升支付效率，降低交易成本，使金融服务更加触手可及。

2.市场准入与竞争

提高支付服务提供商的多样性，鼓励竞争，激发创新，提供更多样化、更贴近用户需求的支付解决方案。这对于扩大普惠金融服务范围至关重要。

3.用户权益保护

建立健全的用户权益保护机制，如快速响应的争议解决系统，增强用户信心，使得即便初次接触金融服务的群体也敢于尝试，从而推动普惠金融的深化。

（四）保险业务监管

1.产品设计与销售

在普惠金融框架下，设计更加贴合普通民众实际需求的保险产品，如农业保险、小额健康险等，为农村居民和低收入家庭提供基本的风险保障。加强对销售人员的监管，避免误导销售，是确保保险服务真正惠及民众的基础。

2.偿付能力监管

保障保险公司的偿付能力，意味着当风险发生时，保单持有人能够及时获得赔付。这对于建立民众对保险行业的信任至关重要，也是普惠保险服务可持续发展的保证。

3.消费者教育

加强公众对保险的认知和理解，有助于人们根据自身需求作出明智的选择，提升保险服务的利用效率，尤其是在保险意识较弱的地区和人群中。

（五）理财产品监管

1.信息披露

在普惠金融视角下，理财产品的信息披露不仅要全面，还要易于理解，以便各类投资者，特别是初次接触理财的低收入群体，都能基于清晰的信息作出投资决策。

2.投资者适当性原则

确保理财产品与投资者的风险承受能力相匹配，是保护投资者利益、避免市场风险传导至脆弱群体的关键。通过个性化推荐和风险提示，帮助普惠金融的受众作出合适的投资决策。

3.流动性管理

流动性管理不仅关系金融机构的稳定，也直接关乎投资者能否灵活调配资金，对于提升普惠金融理财产品的吸引力和实用性极为重要。

（六）金融科技应用监管

1.创新与风险平衡

金融科技的快速发展给普惠金融带来了前所未有的机遇，监管机构需在鼓励创新与控制风险之间找到平衡点。通过沙盒监管等方式，既保护消费者免受新技术潜在风险的伤害，又不抑制创新活力。

2.数据保护与隐私

在数字普惠金融时代，个人数据安全与隐私保护成为监管的重点。确保金融科技公司合法合规处理用户数据，不仅关乎个体权益，也是构建公众对金融科技信任的基础。

3.监管科技的应用

利用大数据、人工智能等监管科技，可以提高监管效率，实现对金融市场的精准监测和早期预警。这对于防范系统性风险、维护普惠金融市场的稳定运行具有重要意义。相关监管文件详见表9-1。

表9-1　普惠金融监管文件

发布时间	文件	内容提要
2015年2月	《中国银监会办公厅关于做好2015年农村金融服务工作的通知》	积极搭建事前有承诺、事中有监测、事后有考核的支农服务监管框架，并提高对分支机构“三农”业务考核的分值权重；强化差别措施，赋予涉农不良贷款更大的容忍度；加强风险防控
2016年2月	《中国银监会办公厅关于2016年推进普惠金融发展工作的指导意见》	搭建信息查询平台，完善信用评价体系；加强银税互动，促进以政府为主体的融资担保、再担保机构发展
2016年2月	《中国银监会办公厅关于做好2016年农村金融服务工作的通知》	要因地制宜，研究建立农村地区的金融服务评估体系，加强村镇以及下属地区的银行业金融机构支农服务的考核工作；落实银行业金融机构精准扶贫，促进基础金融服务全覆盖，加强工作规划；完善差异化的监管体系，给予涉农不良贷款更大容忍度；强调要切实补足金融服务短板，努力实现涉农信贷投放持续增长，并深化农村信用社改革，更好发挥支农主力军作用，还需加大对“三农”的金融资源配置，提升专业化服务水平，以支持农业转变发展方式，推进农村产业融合发展；落实城乡网点设立挂钩政策，提高贫困农村地区机构网点的准入标准，畅通绿色准入通道，缩短审批时间，规范涉农信贷发放流程；督促银行业金融机构加强涉农贷款风险管理，完善尽职免责制度，完善有助于加大涉农信贷投放力度的绩效考核制度
2016年4月	《中国银监会关于银行业金融机构积极投入脱贫攻坚战的指导意见》	银行业金融机构到贫困地区乡镇和村庄开设服务网点，采取更宽松准入政策；重点扶持贫困地区小额贷款公司和融资担保机构及农民资金互助组等金融服务形式，鼓励发展各类金融服务业态；加强业务管理和金融风险防控，重点加强贷款风险管理，落实还款保障条件，继而保障扶贫项目合规
2017年1月	《银行业金融机构贷款管理暂行办法》	加强对系统性金融风险的防控力度，进一步落实差异化监管
2017年3月	《中国银监会办公厅关于做好2017年三农金融服务工作的通知》	建议完善有关“三农”普惠金融服务监管制度，推动银行业金融机构积极构建支农服务的目标、方式及责任监管体系

续表

发布时间	文件	内容提要
2017年6月	《关于进一步加强银行业金融机构市场准入管理的若干意见》	从市场准入门槛、业务经营等方面提出具体要求
2017年7月	《中国银监会 财政部 人民银行 保监会 国务院扶贫办关于促进扶贫小额信贷健康发展的通知》	强化贷款管理、定期监测分析借款人的生活及产业经营情况、建立资金监管机制及跟踪监督机制；稳妥推进无还本续贷；区别对待逾期与不良贷款，适当提高不良贷款容忍度；加快完善尽职免责制度
2017年12月	《人民银行 银监会 证监会 保监会关于金融支持深度贫困地区脱贫攻坚的意见》	银行信贷机构需要不断加强对扶贫情况的监测分析，采取适当的宽松政策，完善融资风险分担和补偿机制
2018年1月	《中国银监会关于开展投资管理型村镇银行和“多县一行”制村镇银行试点工作的通知》	提高农村地区的金融服务水平，确定其金融机构的发展方向和监督体系
2018年2月	《中国银监会办公厅关于做好2018年银行业三农和扶贫金融服务工作的通知》	各银行业金融机构应在年度报告中主动披露本行三农和扶贫金融服务情况，包括机构机制建设、信贷投放、客户情况、贷款成本等基本信息，作为履行社会责任的重要内容，接受社会公众监督
2019年1月	《中国银保监会办公厅关于推进农村商业银行坚守定位 强化治理 提升金融服务能力的意见》	农村地区的商业银行经营管理更加完善，为农村地区的商业银行转型升级提供有利条件
2019年5月	《中国银保监会 财政部 中国人民银行 国务院扶贫办关于进一步规范和完善扶贫小额信贷管理的通知》	强调坚持和完善扶贫小额信贷政策，明确政策要点、支持保障对象、明确贷款用途、明确贷款条件，切实满足建档立卡贫困户信贷资金需求，稳妥办理续贷和展期，妥善应对还款高峰期，并进一步完善风险补偿机制
2019年10月	《中国银保监会 发展改革委 工业和信息化部 财政部 住房和城乡建设部 农业农村部 商务部 人民银行 市场监管总局关于印发融资担保公司监督管理补充规定的通知》	规范融资担保业务牌照管理及融资担保经营行为，从严管理住房置业担保公司和其他信用担保公司

续表

发布时间	文件	内容提要
2019年11月	《中国银保监会农村中小银行机构行政许可事项实施办法（征求意见稿）》	银保监会作为监管主体，农村地区的中小银行作为监管对象，对其在监管事项上的行政要求提出相关建议
2020年1月	《银行业保险业消费投诉处理管理办法》	规范金融市场，有效保护消费者合法权益
2020年7月	《商业银行互联网贷款管理暂行办法》	强化互联网金融的市场管理规定，在互联网贷款业务方面，提升商业银行的服务水平
2020年12月	《互联网保险业务监管办法》	保险机构业务范围逐渐扩大，市场管理需要强化，快速推进保险业务的监管规范
2021年4月	《银行保险机构许可证管理办法》	加强对银行和保险机构的经营许可管理，规定许可证类别、许可范围
2022年1月	《银行保险机构关联交易管理办法》	加强金融市场的审慎监管，保障银行和保险机构的交易独立稳健运行，对普惠金融市场有着促进作用
2022年7月	《保险资产管理公司管理规定》	加强保险公司的监管，规范保险资产管理公司行为，规范金融市场，进一步保护消费者的合法权益
2022年12月	《商业银行托管业务监督管理办法（征求意见稿）》	为各类资产管理产品及社保基金、养老金、保险资金等提供财产保管及相关服务，商业银行开展托管业务遵循诚实信用、勤勉尽责、独立审慎、风险隔离原则，保障托管财产的独立性，进一步强化持续监管措施、监管处罚、数据报送和自律管理等相关安排
2022年12月	《银行保险监管统计管理办法》	明确监管数据的统计归档管理办法，发挥监管数据的价值，保障数据安全
2023年2月	《商业银行金融资产风险分类办法》	完善风险管理制度，有效防控信用风险，加强监管力度
2023年9月	《国家金融监督管理总局关于优化保险公司偿付能力监管标准的通知》	加强机构监管、行为监管、功能监管、穿透式监管、持续监管，加强偿付能力管理，进一步提升服务实体经济和人民群众质效
2023年9月	《保险销售行为管理办法》	完善行为监管制度体系，构建保险销售行为监管框架

续表

发布时间	文件	内容提要
2024年2月	《汽车金融公司监管评级办法》	健全和完善汽车金融公司风险监管体系，强化分类监管，引导汽车金融公司专注主业，大力促进汽车消费，不断提升服务实体经济质效
2024年3月	《人身保险公司监管评级办法》	落实中央金融工作会议精神，加强人身保险公司机构监管和分类监管，推动人身保险公司高质量发展

三、行为监管实践中的问题与对策

普惠金融旨在为社会各阶层和群体，特别是中小微企业、农民、城镇低收入人群等提供可负担、便捷、有效的金融服务。然而，普惠金融的各类行为在实践中面临着诸多监管问题，这些问题不仅关系金融体系的稳定性，也直接影响普惠金融服务的质量和效率。下面将深入探讨普惠金融在存款、贷款、支付、保险、理财、金融科技应用等关键领域的监管问题，并提出相应的对策。

（一）存款监管问题

普惠金融机构，尤其是农村信用合作社、小额贷款公司等，常面临因公众对其信任度不足导致的资金来源不稳定问题，加之存款保险制度的不完善和存款服务的普及率不高，增强了储户风险感知，进而影响了普惠金融机构的资金吸纳能力。这不仅限制了普惠金融机构服务“三农”、中小微企业等薄弱领域的资金供给，也加剧了其自身风险管理的复杂性。

对此，应建立更加完善的存款保险体系，明确赔付标准和流程，增强储户信心。同时，监管部门应实施分类监管策略，对于那些专注于普惠金融服务并具有良好社会效应的机构给予一定的政策扶持，如降低存款准备金率、提供再贷款支持等。此外，通过金融科技手段提升存款业务的透明度与便捷性，也是稳定资金来源、增强风险管理能力的有效途径。

（二）贷款监管问题

除了信贷资源分配不均，还存在着对中小微企业和农户风险评估机制不健全、信用体系建设落后等问题，这些问题导致金融机构贷款意愿不高。此外，高利率、隐形费用等问题也影响了普惠金融的“普惠”性质。

对此，监督机构应引入更多的金融科技工具，如大数据风控模型，以更全面、准确地评估中小微企业的信用状况，降低信息不对称程度，提高贷款可获得性。同时，监管机构需加强对金融机构贷款定价的监督，确保利率合理，减少不必要的中间费用，为中小微企业和农户营造更加公平、透明的融资环境。此外，通过政府担保、设立风险补偿基金等方式，分担金融机构的部分风险，激励其扩大对普惠领域的贷款投放。

（三）支付监管问题

在偏远地区，由于网络基础设施落后、支付习惯差异等，电子支付的普及面临挑战。同时，网络安全攻击、欺诈行为等风险也不容忽视。

对此，政府和监管机构应加大对农村及偏远地区网络基础设施的投资，推动移动支付、数字钱包等现代支付工具的普及。同时，建立健全支付安全技术标准和应急处理机制，加强对支付数据的加密保护，确保用户隐私与资金安全。此外，开展广泛的金融知识普及教育，帮助民众正确使用电子支付工具，增强民众防范意识。

（四）保险监管问题

保险产品设计往往未能充分考虑低收入群体和农村居民的实际需求，产品复杂、保费偏高，导致保险服务普及率低。

对此，应推动保险公司开发更多符合农村居民和低收入群体需求的保险产品，如小额保险、指数保险等，简化理赔流程，提高赔付效率。同时，利用政府补贴、税收优惠等政策杠杆，鼓励民众参与保险计划，提升保险的覆盖率和渗透率。加强与农业合作社、农村金融机构的合作，共同推广农业保险等服务，构建多层次的农村保险服务体系。

（五）理财监管问题

普惠理财市场中，部分产品存在信息披露不充分、风险提示不到位的问题，投资者教育工作亟待加强。

对此，应加强对理财产品的分类监管，特别是针对低风险承受能力的普惠金融客户，要求金融机构提供更加简单易懂的产品说明，明确揭示风险等级和预期收益。建立投资者教育长效机制，利用线上线下多种渠道普及金融知识，提升大众的财务规划能力和风险识别能力，促进理性投资。

（六）金融科技应用监管问题

数字普惠金融在提高服务效率的同时，也面临着数据泄露、侵犯隐私、算法歧视等风险。

对此，应建立全面的数据保护框架，明确数据收集、使用、存储的界限，保护个人信息安全。加强对算法模型的监管，防止算法偏见，确保金融服务的公平性。推动金融科技伦理建设，引导企业负责任地使用技术，同时鼓励技术创新与合规发展并重，通过监管沙盒等机制，平衡创新与风险控制的关系。

四、未来行为监管的建议

普惠金融作为推动经济社会包容性增长的关键力量，正以前所未有的速度重塑着金融生态。下面将就当前监管实践中的问题提出未来行为监管的合理化建议。

（一）强化并安全地推进数字基础设施建设

1.构建数字身份认证体系

构建全国统一的、基于区块链及生物识别技术的数字身份认证平台，强化身份验证的真实性和安全性，缩小普惠金融服务的准入差距。

2.构建智能风控模型与明确普惠定位

激励金融机构采用人工智能及大数据分析，精密构建风险评估模型，根据普惠目标群体特性定制风险管理策略，降低人工审核成本，提升服务效率与受众广度，增强普惠金融服务的可得性与针对性。

3.强化数据安全与隐私保护的法律框架

制定严格的法规以保护数据安全和个人隐私，明确界定金融机构及科技企业在处理个人信息时的责任，设立专责监管机构执行监督，确保普惠金融在安全的环境中稳健发展。

（二）优化并完善监管框架与协作机制

1.动态调整监管规则适配新兴业态

建立灵活的监管机制，依据市场和技术的演进定期调适政策，确保监管制度既能拥抱金融科技的创新，又能有效管控风险，为普惠金融的长期稳定增长保驾护航。

2.建立跨部门协同监管机制

加深金融监管与通信、工商、税务等部门的合作与信息共享，形成全面协同的监管网络，协同打击非法金融行为，维护市场的公正与秩序，保障普惠金融环境的纯净。

3.加强国际监管合作，促进跨境普惠

在全球视野下，与国际伙伴紧密合作，探索跨境普惠金融的最佳监管实践，协调监管标准，保障跨境金融服务对象的权益，拓宽普惠金融的服务边界。

（三）深化合作与数据共享，赋能普惠金融精准服务

1.政府、企业和社会的协同创新

促进政府、金融机构、非政府组织三方深度合作，通过建立数据共享机制，在确保数据安全的前提下，整合多方资源，提升普惠金融服务的精确度与有效性。

2.跨界数据融合促进个性化服务

运用大数据整合社保、税务、电信等领域数据，为普惠金融产品定制与风险评估提供科学决策支持，实现服务的精细化与个性化投放，直达普惠目标群体的需求核心。

（四）强化社区参与与反馈，确保普惠金融的民生导向

1.制定消费者金融素养提升计划

携手教育机构、非政府组织和金融机构，广泛开展金融知识普及教育，特别是在农村、偏远地区及低收入群体中，提升其金融意识与能力，奠定普惠金融的群众基础。

2.建立反馈机制，贴近民生需求

构建多元化的社区参与渠道，如公开听证、在线论坛、意见征询等，确保普惠金融的受益群体能直接反馈意见，使监管政策更贴合实际需求，有效提升普惠金融服务的实效性和民众满意度，切实增进民生福祉，改善人民生活。

第四节

完善普惠金融监管机制

一、我国普惠金融监管存在的问题

我国的普惠金融发展大致经历了三个阶段。第一阶段是2000年以前，主要通过农业银行的放贷行为实现惠农导向，具体政策很少。第二阶段是2000—2005年，是普惠金融的推广阶段，2005年中央一号文件首次提出在农村探索建立小额信贷组织。第三阶段是2005年至今，央行在推动小额贷款公司试点方面进行了较多的努力和尝试，银保监会也降低了相关机构的准入门槛，政策出台更加迅速和密集。

现行的普惠金融监管政策由于较少考虑普惠金融自身的特点及普惠金融机构与传统金融机构的差别，政策的有效性和针对性较低，存在监管政策体系不完善、监管权责划分不清、没有针对不同普惠金融供给主体进行差异化监管等问题。具体表现在：第一，监管政策体系不完善。截至2024年，我国仍没有一部全国层面的专门的法律对普惠金融进行监管。2023年浙江省台州市出台的《台州市小微企业普惠金融服务促进条例》是全国首部以“小微企业普惠金融服务促进”为主题的地方性法规；2023年，为规范普惠金融发展专项资金管理，财政部印发了《普惠金融发展专项资金管理办法》；2024年8月，为完善银行业金融机构普惠信贷管理机制，推动普惠信贷持续健康发展，国家金融监管总局印发了《关于普惠信贷尽职免责工作的通知》。尽管上述政策和法规的出台标志着我国在普惠金融领域的监管逐步迈向规范化，但整体来看，监管政策体系依然存在碎片化、区域化的问题。第二，统一监管模式与差异化供给主体的冲突。我国在制定普惠金融监管政策时，较少考虑普惠金融机构相较于传统金融机构的差别、各个不同普惠金融供给主体之间以及不同发展水平地区之间的差别，影响了普惠金融的发展并造成了监管的低效率。第三，在市场准入要求上，小额贷款公司并不具备金融机构的身份，却被要求严格按照金融机构的准入标准进入市场。此外，严监管使得较多的金融机构出现不同程度的融资问题。第四，不同地区之间的普惠金融监管标准无差异。我国东西部由于经济发展水平不同，普惠金融发展水平也存在很大差异。但我国的监管政策并未区分东西部，还在使用着相同的农户贷款比例、单户贷款最高限额、业务范围限制、贷款申请通过率、不良贷款容忍度和成本收入比等指标，对地区差异的考虑仍然较少。

二、普惠金融差异化监管框架

普惠金融差异化监管框架主要由监管主体、差异化监管政策和差异化风险监管指标构成。

1.监管主体

普惠金融监管主体包括“一行一总局一会”等中央监管主体、地方金融监督管理局等地方监管主体。我国普惠金融监管体系的建立速度与普惠金融需求的快速发展仍不匹配。

2.差异化监管政策

差异化的含义有三个维度：一是传统金融机构与普惠金融机构间的监管应当不同；二是各类普惠金融机构的监管要存在差异；三是不同经济发展程度的地区之间的普惠金融监管要存在差异。

3.差异化风险监管指标

普惠金融领域主要存在着信用风险、流动性风险、操作风险和利率风险等，设计监管政策要从防范这些风险的角度出发，对资本充足率、存贷比、损失准备、贷款集中度等指标进行具体的设计。

三、普惠金融差异化监管的具体内容

（一）监管主体之间的协调

我国的监管主体框架存在很多不足之处，并随着金融业的发展而愈加明显。一是监管机构之间各自为政，存在着信息不对称问题，协调机制不健全、监管效率低下、监管成本较高，并且容易形成监管死角。二是普惠金融的主要服务地区是城镇和农村，但监管机构的基层组织人员有限，派出最基层的机构也只是县级行政区，监管资源有限，在具体实施监管政策时十分困难，难以应付我国农村金融市场的复杂性和多元化情况。

所以，在全新的监管框架下，要根据不同普惠金融机构的特性重新定位监管的职能与范围。中国人民银行主要进行宏观监管，定期召开监管联席会议，秉承监管联席会议机制的初衷，推动各个监管机构的合作。国家金融监督管理总局主要负责制定具体的普惠金融监管政策，进行地方性监管机构的业务指导与监督管理，适当放权于地方性监管机构，不直接参与具体的监管。

地方性监管机构的目标不是实施地方保护，而是对地方性金融机构进行有效的监管。应使地方金融监督管理局发挥更大的作用。

（二）差异化监管对象

1.农村信用合作社的差异化监管

我国农村信用合作社在资金获取方面存在着资金少、融资渠道窄的问题。以支持“三农”为出发点，国家在政策上应当给予优惠，如减免征收营业税和利息税等。除此之外，应结合农村信用合作社的特点，制定不同于商业银行的差别存款准备金率、政策性贷款利差补贴、允许申请央行再贷款等措施。

在对内部风险进行监管和控制时，应对农村信用合作社的资产进行监管，对资产负债比的合理性进行评估。成立地方资产管理公司，对农村信用合作社的不良资产进行剥离，分散信贷风险，切实提高农民抵御风险的能力，对已发生的风险给予一定的保险赔偿。

2.农村资金互助社的差异化监管

我国互助性普惠金融组织主要以农村资金互助社为代表。它具有三个显著特征：第一，资金服务的适应性。农村金融需求具有分散性和小额性的特点，农村资金互助社恰好适应这种特点，有利于农村经济的发展。第二，业务活动范围的有限性。农村资金互助社是以服务社员的存贷款业务为主的微型金融机构，业务范围也集中在农村，可以有效控制风险。第三，运行成本低。农村资金互助社的金融活动发生在“熟人”之间，借贷手续极其简单，减少了交易成本。同时，农村资金互助社独有的声誉机制、道德约束机制等可以保证借款人如期履约，减少呆账坏账。

在监管方面，我国没有专门针对农村资金互助社的监管政策，仅有2007年银监会颁布的《农村资金互助社管理暂行规定》。实际执行中，往往将商业银行的监管标准直接应用于农村资金互助社，这不仅限制了农村资金互助社的发展，更无法体现其服务的特殊性，也无法提高其经营的积极性。所以，结合农村资金互助社的特点，完善差异化监管政策非常必要。

那么，如何完善差异化监管政策呢？第一，制定针对性的法律法规。农村资金互助社作为一种体现成员之间互助性的微型金融机构，现行法律尚未考虑其特殊性。应当完善法律框架，规范农村资金互助社的发展。第二，降低市场准入门槛和放宽业务活动范围限制。针对农村资金互助社的特点设计有针对性的原则，拓宽资金获取渠道。第三，逐步形成审慎性监管，将自律和外部监督相结合，加强外部监管以提高监管的有效性。对农村资金互助社主要开展非现场检查，辅之以对资本充足率、资产质量和流动性等的现场检查。

3.小额贷款公司的差异化监管

小额贷款公司作为“发展金融”和“普惠金融”模式下的一种发展工具，为中低收入群体和农村经济的发展提供了有效的支持。小额贷款公司具有如下业务特征：第一，借款门槛低、贷款快捷便利灵活。第二，多以短期贷款为主。小额贷款公司的资金来源主要是股东资本。小额贷款公司发放的贷款利率较高，服务对象较广，致力于促进民间融资金融阳光化和改善农村金融服务。

在监管方面，首先，明确法律地位。虽然小额贷款公司不能吸收存款，但应立法明确其非银行金融机构的属性。由地方金融监督管理局对小额贷款公司进行审慎性监管。其次，严格准入条件和健全退出机制。现行监管法律对小额贷款公司注册资本的门槛规定得并不高，应当适度提高准入门槛，为该领域内的市场竞争引入良性基因。最后，形成激励型监管机制。对经营规范、参与涉农贷款的小额贷款公司，可以提供税收优惠、财政补贴和融资支持等直接经济激励，同时，还可以提供间接经济激励，具备条件的小额贷款公司可以申请转制为村镇银行。

4.村镇银行的差异化监管

作为我国农村金融改革的一项组织创新，村镇银行的设立和运行有以下三个特点：一是商业化。村镇银行的资金来源和资金运用都实行市场化运作，自担风险、自负盈亏。二是引导性。引导各类资本参与农村金融体系建设，并配套财政税收优惠政策，引导城市资金流入农村。三是本地化原则。机构定位为服务当地“三农”，避免农村资金外流。除以上三个特点外，村镇银行在服务对象、运行机制和经营目标上也与传统金融机构不同。村镇银行的主要客户是风险承受能力低的城镇、农村居民，且业务经营范围受限，只能在当地农村经营以存贷款为主的业务。村镇银行这些独特的特点导致其风险分散能力差、资金来源方式单一。我国对村镇银行实施审慎监管，在市场准入、最低注册资本额上有着相应的法律规定，在业务范围的管理上，村镇银行虽然可以和其他商业银行一样经营信贷业务，但是不能进行异地贷款。由于村镇银行在服务中小微企业和“三农”方面的作用比较明显，是农村和城镇重要的普惠金融服务提供机构，因此建议采取差异化的监管政策。具体如下：

对村镇银行实行差别化货币信贷政策。适度降低村镇银行存款准备金率，为村镇银行特别制定税收优惠政策或特别项目补贴政策。但要严格监管财政补贴的资金去向，财政补贴只能用于补充资本、弥补亏损、提取拨备，不得用于分红。拓宽村镇银行资金的来源，允许村镇银行发行由政府担保的债券。

在市场准入方面，村镇银行具有高杠杆、高风险和高外部性的特征要求。因此，村镇银行发起人资质要求应当与一般商业银行相同，确保村镇银行具备稳定的股权基础。

在最低注册资本要求方面，村镇银行最低注册资本不宜过小，也不宜过大，要充分考虑到村镇银行较高的经营成本和有限的资金来源，以及“三农”和中小微企业对村镇银行强烈的资金需求。至少要覆盖固定成本和预期经营损失的费用。

在业务范围限定方面，要严格限制村镇银行服务于农村市场，防止机构的非理性扩张。除了严格监管外，还应采取如税收优惠、财政补贴、成立专项贷款基金等措施，以激励村镇银行专注于监管所限定的经营范围。

5.公益性普惠金融机构的差异化监管

我国公益性普惠金融机构可以分为政府资助设立的小额信贷扶持低收入群体项目和国外NGO设立的独立非政府组织。在我国，公益性普惠金融机构并没有纳入金融监管部门的监管范围[1]。

对公益性普惠金融机构实施差异化监管政策。第一，应明确公益性普惠金融组织的法律地位，针对其特性及法律地位给予政策扶持。加大对公益性普惠金融组织的财政支持和税收支持。成立行业指导协会，专职保护普惠金融组织权益。第二，规范并完善公益性普惠金融组织的融资渠道，通过公开招标、竞争性谈判等竞争性方式，以及银行委托贷款和捐赠等方式获取基金，并制定专项基金使用细则。第三，完善外部监督和内控制度，明确产权制度。完善多主体参与的监管机制，让捐赠者增加信任，以确保公益性普惠金融组织的规范可持续经营，促进地区普惠金融的发展。

---

[1] 我国公益性普惠金融机构的设立、运行主要受到《社会团体登记管理条例》和《民办非企业单位登记管理暂行条例》的约束，登记部门为各级民政部门。

（三）差异化风险监管指标

截至2020年，我国对以村镇银行、农村信用合作社为代表的普惠金融性质的金融机构在监管指标的设计上过于强调标准的一致性，而忽视了这些普惠金融性质的金融机构有着与大型商业银行不同的业务区域、主要客户对象、管理方式和贷款技术，使其风险存在差异。

1.资本充足率

国际经验表明，无论是美国的社区银行，还是拉丁美洲的微型金融机构，监管当局对普惠金融机构资本充足率的要求都比传统商业银行更高。因为与传统商业银行相比，普惠金融机构的服务对象主要是城镇低收入者、农民和中小微企业，其共同特点就是经营规模小、抵押品不足、更易出现违约。这种小额的贷款更加容易受到风险的冲击，所以普惠金融机构的资产风险更大，当危机来临时，风险扩张的速度和贷款质量恶化的速度比商业银行的一般贷款更快。另外，由于信用风险管理数据的缺失，相关风险的识别和计量普遍存在较大困难。

基于上述原因，应当对普惠金融性质的金融机构设定更高的资本充足率，或提高对农户和中小微企业贷款的风险权重。此外，可以引入动态资本监管要求以实现逆周期调控。

2.信用风险

对于信用风险管理，应加强内部控制，并进行差别化贷款风险分类。

（1）加强内部控制。普惠金融贷款与商业银行贷款应当区分开来，要有严格的划分标准。避免人为地对商业银行贷款使用中小微企业贷款的标准，降低授信条件，进行监管套利。在内部控制方面，普惠金融机构的贷款大多是关系型贷款，所以应加强对信贷人员行为的监督。

（2）差别化贷款风险分类。鉴于普惠金融机构的贷款普遍具有期限较短、还款频率高、提前还款比例大的特点，贷款监测和分类标准应作相应调整，不宜照搬商业银行的贷款分类标准。

3.流动性风险

对于流动性风险的控制应从以下方面入手：首先，根据普惠金融机构资产和负债的动态性特点，制定不同于商业银行的流动性风险管理指引，明确流动性管理系统和程序要求，以计量、监测和控制流动性风险。监管机构可规定普惠金融机构持有达到存款一定比例的没有阻碍的流动性资产和单一融资来源集中度比例，设置普惠金融机构保持正常经营所需的最低流动性缓冲指标，设计简单适用的普惠金融机构压力测试方案并要求普惠金融机构定期开展压力测试，一些情景参数可根据不同地区进行调整，使之与普惠金融机构的当地环境更加适应。在总结各普惠金融机构成功经验和良好做法的基础上，建立普惠金融机构流动性风险管理模型。其次，监管机构应当对普惠金融机构的流动性应急方案进行定期评估。在发起银行方面，指导发起银行向普惠金融机构提供流动性支持，签署救助协议或承诺。最后，高度关注货币政策特别是利率市场化改革，逐步完善对普惠金融机构流动性风险的监管机制。

4.操作风险

监管机构应重点关注普惠金融机构识别、评价、监控和缓解操作风险的风险管理政策和程序，确保每一单项评估结果符合该机构业务的规模和风险大小。

5.利率风险

面对利率市场化改革的推进，农村金融机构普遍无法适应。作为新型农村金融机构，普惠金融机构面临更大的困难。因为利率市场化对银行的存贷款定价能力、资产负债管理能力和信息系统建设能力的考验恰恰是普惠金融机构与一般商业银行相比最大的三个劣势。普惠金融机构存贷款业务的品种比较简单，因此利率风险管理系统的设计和功能在绝大多数情况下没有必要使用复杂模型。普惠金融机构只需建立简单实用的模型，大量采集农村金融机构贷款样本和历史数据，估算借款人的违约率和违约损失率。

由于普惠金融机构有着与传统金融机构不同的服务对象、业务特点、盈利模式和发展目标等，因此不同的供给主体、不同地区的普惠金融机构都具有自身特色。当前，我国普惠金融仍存在着监管政策体系不完整、监管权配置混乱和市场准入门槛过高等问题，央行、国家金融监督管理总局、证监会、地方政府和行业自律组织应从资本充足率、信用风险、流动性风险、操作风险和利率风险出发，基于普惠金融机构资金来源的差异，以及是否涉及吸收公众存款这一原则，进行审慎或非审慎监管，制定和完善我国的普惠金融监管政策，完善监管机制，促进普惠金融健康有序发展。

Chapter 10

第十章

普惠金融政策

第一节

普惠金融政策支持的必要性

一、解决普惠金融发展中的委托代理问题需要政策支持

普惠金融体系与传统金融体系一样，存在严重的信息不对称问题，由此产生的道德风险和逆向选择会引发严重的委托代理问题。整体而言，每一对借贷关系中都存在着或多或少的委托代理问题。为了防止这种委托代理问题对金融服务市场的稳定性造成冲击，通过政策引导进行监管和扶持显得尤为重要。同时，从普惠金融机构的角度出发，构建起较为完善的监管政策框架也有利于其长期发展，金融机构不仅能够通过提升在投资者心中的地位来获取更多低成本融资，还能够通过评级机构进行自我宣传，进而获得更好的发展机会。因此，对于金融机构和监管机构来说，规范普惠金融领域的监管框架都是不可或缺的。

二、普惠金融的需求主体需要政策扶持

普惠金融，以一个“普”字为先。金融知识普及大众，金融服务覆盖更广，就是“普”的含义。普惠金融的服务主体主要包括中小微企业、农民、城镇低收入群体和残疾人、老年人等金融弱势群体，这些群体既是需求主体，也是普惠金融的主要服务对象。而这些群体往往受各种条件的限制，不能很好地获取外界信息，无法对普惠金融形成较好的理解，或是考虑到获取金融服务的成本太高而放弃享受金融服务的权利。因此，普惠金融的需求主体需要政府通过政策进行教育和引导。

（一）需求主体需要政策加强普惠金融普及教育

普惠金融的主体往往不会主动去了解相关政策，甚至是采取避而远之的消极态度，尤其许多生活在偏远地区的农民，普遍缺乏金融意识，靠着一亩三分地和镇上

的集市，过着简单的循环式的经济生活。由于普惠金融最需要服务的人群往往就是这些并不了解金融、没有机会接触金融的人群，因此，普惠金融的扫盲工作就显得十分重要。只有通过政策从根本上对金融弱势群体进行金融普及教育，让每一个人都真正了解普惠金融的本质，将普惠金融更透明地呈现在大众的面前，金融机构才能可持续地发展下去，普惠金融才能稳步发展。

（二）需求主体需要政策降低普惠金融服务成本

对于一部分金融群体而言，他们有机会接触到金融服务，却常常因为成本太高，“惠”的程度很低，而选择放弃享受金融服务的机会。此时，降低普惠金融的操作成本就成了重要的一环。比如偏远地区的农民，由于没有便利的交通到达最近的营业网点，取款汇款十分不方便，因此，他们大多数没有把现金存到银行的习惯，而是选择持有现金。

对于中小微企业而言，向银行申请贷款往往意味着漫长的材料准备阶段、审核阶段和审批阶段。银行通过充分的尽职调查最大限度地规避风险本无可厚非，但冗长的贷款程序往往给中小微企业带来一定的经济损失。中小微企业本来就面临着资本实力有限的问题，若是陷入短期流动性困境，繁杂的贷款申请过程可能使它们不得不转而向民间金融机构求助。民间金融机构往往意味着较高的融资成本，也因此，由信息不对称导致资源低效率配置，无形之中增加了整个社会的成本。

因此，通过政策的指引降低金融服务成本，既能够激发金融机构提供金融服务的动力，也能够激发金融需求者享受金融服务的动力，同时，保证了金融机构的可持续发展，一举多得。

三、普惠金融的供给主体需要政策激励

不论在什么境遇下，利润始终是金融机构经营的主要目标。不少银行不愿意从事普惠金融事业，或是根本不愿意进入农村。金融机构缺乏参与普惠金融动力的根本原因还是成本过高、收益过低、风险较大。因此，通过政策倾向解决金融机构服

务理念的商业化和普惠金融在政策上要求“保本微利”之间的矛盾，是激发金融机构投身普惠金融事业动力的关键所在。

（一）供给主体需要政策指引拓宽融资渠道

资金是金融发展的命脉，普惠金融的发展也是如此。我国金融机构融资来源还比较单一，拓宽融资渠道是对金融机构最为直接的帮助。通过政策指引，相关部门可逐渐放宽标准，吸引民间资本更多地参与到普惠金融服务中来。国家有关部门多次强调要坚持推动民间资本设立民间中小型金融机构。当然，这也在无形之中拓宽了农民、中小微企业的融资渠道，更进一步激发了市场活力，资源配置的效率得到了进一步优化。要在一定程度上放宽普惠金融领域的准入标准，提升普惠金融市场活力，毫无疑问，这会对监管部门提出更高的要求。

（二）供给主体需要政策倾向鼓励创新产品、服务

普惠金融面对的是农民、中小微企业、城镇低收入群体等金融弱势群体，若金融机构能够有意识地针对这类群体进行金融产品、金融服务的创新，往往会起到事半功倍的作用。

四、普惠金融的外部环境需要政策优化

由于普惠金融存在道德风险、逆向选择以及委托代理等问题，因此需要政策监管的支持和良好的外部环境。近年来，普惠金融的违约和以普惠金融为名义的诈骗层出不穷，更说明了良好的外部环境是普惠金融体系良好运作的关键。外部环境涉及基础设施、社会信用体系、法律法规等各个方面。

（一）基础设施建设需要政策支持

基础设施建设是一切金融发展的根本前提，其中包含银行硬件基础设施和网络基础设施。尤其在偏远落后地区，亟待政策倾向加强金融基础设施和交通基础设施的建设，让更多的人以更低的金钱成本、时间成本享受到应有的金融服务。

（二）社会信用体系的建设和完善需要政策引导

融资需求者和金融机构间的信息不对称问题，尤其是征信信息的不对称，使得银行的信息搜寻成本居高不下，辨别资金需求者的资信困难较大。去中介化的发展趋势对征信体系的建立提出了更高的要求。

正是由于信息不对称，金融机构又不愿意付出过多的信息甄别成本去识别融资需求者，所以当金融机构无法识别贷款者资质时，其往往选择放弃供给贷款以规避不必要的潜在风险。由此，相关部门不仅要构建一批能够为农民和中小微企业评估信用的评级机构，还要从多个方面收集汇总信息，做到信息采集对象广覆盖及采集维度多元化。普惠金融的发展对征信体系的全面完善提出了更高的要求，征信体系的完善是解决信息不对称问题的关键所在。完善、健全的征信体系可以帮助金融机构最大限度地规避信用风险，也可以大大缩短金融支持的审批流程。这一举措需要权威机构整合企业、个人征信并形成体系，将征信体系程序化、系统化。

（三）监管需要政策实现差异化

近年来，出现了越来越多的借贷平台和融资模式，这对监管部门提出了更高的要求。监管部门应明确各自的职责，将行业监管与功能监管相结合，实行差异化的监管制度；通过健全监管机制、确立权责来规避风险。最重要的是，监管机构相互之间要做到权责分明，无监管盲点、无遗漏。

（四）法律法规需要政策完善

我国关于普惠金融方面的法律法规还不够完善，尚未形成一套系统的体系。在普惠金融发展初期，金融产品种类多样、良莠不齐。而金融弱势群体普遍缺乏辨别能力，无法辨别金融产品的好坏。很多情况下，金融弱势群体不仅没有得到融资服务，反而雪上加霜，造成难以弥补的经济损失。

在金融服务市场还不够规范的大环境下，更加需要法律法规对普惠金融产品尤其是互联网普惠金融产品进行严格界定和规范。同时，应制定相关惩罚措施，对于触犯法律条款的个人或组织，追究到底，严惩不贷，以此来维护金融弱势群体的合法权益，保证金融市场的安全性和透明性。

第二节

国外普惠金融支持政策

本节重点分析国际组织、发达国家和发展中国家发展普惠金融的组织结构、具体做法和政策。

一、相关国际组织的普惠金融政策

在国际组织层面，有两家组织在推进普惠金融发展方面较有特色：一家是普惠金融全球合作伙伴（GPFI），它是二十国集团框架下专门研究和推进普惠金融发展的半官方组织；另一家是普惠金融联盟（AFI），它是民间性质的组织。除此之外，联合国、世界银行、国际货币基金组织等也在全球大力推动普惠金融的发展，联合国还特设了普惠金融大使。另外，一些比较有名的专家学者也在研究并推动普惠金融发展。

（一）普惠金融专家组和普惠金融全球合作伙伴及其政策

1.普惠金融专家组（FIEG）

普惠金融专家组于2009年12月在美国华盛顿成立。2008年金融危机后，二十国集团为了更好地履行在美国匹兹堡峰会上作出的“更好地为穷人提供金融服务”的承诺，将推进普惠金融发展作为主要任务并成立了普惠金融专家组。普惠金融专家组下设创新金融服务专家组和中小微企业融资组两个分组，分别负责处理低收入群体和中小微企业的融资难、融资贵问题。

2.普惠金融全球合作伙伴（GPFI）

为了推进普惠金融的进一步发展，并加强全球各国之间的相互配合，二十国集团进一步成立了普惠金融全球合作伙伴。普惠金融全球合作伙伴的主要目的是创造并完善一个高效的信息共享机制，在信息充分交流的基础上，对各国的普惠金融活动作出协调，推动全球普惠金融的深化。

（二）普惠金融联盟及其政策

普惠金融联盟（AFI）由发展中国家发起成立于2008年9月，总部位于马来西亚吉隆坡，实行非商业化运作。截至2024年6月，普惠金融联盟已有90个机构成员，覆盖全球75%的无银行服务地区。中国银监会于2011年8月加入普惠金融联盟，成为该组织的第79位机构成员。

二、发达国家对普惠金融的政策支持

（一）美国对社区银行型普惠金融的政策支持

美国普惠金融的主要形式是社区银行。美国的社区银行是只在当地经营的小型银行性质的金融机构，类似于我国的农村信用合作社等县级商业银行。美国40%以上的低收入群体和企业的资金都是来源于社区银行。

美国政府针对规模小、资本金较少、服务对象还款能力和信用记录较差、抵御金融危机能力较弱的社区银行有一套完整的扶持措施。美国出台了《社区再投资法》，规定社区银行不用缴纳存款准备金，建立信用社存款保险，并且依据社区银行满足中低收入社区的信贷需求情况的量化考核结果给予相应的税赋减免。除此之外，监管机构还对社区银行实施差异化监管。美国政府对社区银行除了给予有力的扶持之外，还积极防范其可能发生的风险。政府相关部门的专职监管，协会组织的自律监管和中介组织的社会监督，《社区再投资法》和《小企业法》对社区银行的运行机制、风险防控的严格规范和约束，最大限度地防范了风险。

（二）日韩对普惠金融的政策支持

实现城乡统筹发展、促进城乡金融资源均匀分布也是发展普惠金融的一个重要课题。日本、韩国的人均耕地面积小，曾经是传统的小农国家，其历史背景并不优越，但通过自身农业的现代化发展，成为亚洲GDP的重要贡献国家。这得益于日本和韩国的农协合作型普惠金融。就全世界范围而言，虽然存在着各种农业合作社等互助机构，但在农业合作体系建设方面，最成熟的当数日本和韩国。

1.日本的普惠金融

日本城乡一体化的实现和农村经济的快速增长，得益于其发展农业合作经济，建设了一套符合日本国情的农协制度。日本在1947年颁布了《农业协同组合法》，建立起全国性集体经济组织日本农业协同组织（简称“农协”）。之后，农协得到快速发展，到了1950年，日本全国范围内的农协已逾4000个，基本覆盖日本全境，超过99%的农民都加入了农协组织。

日本普惠金融体系以农协为核心，主要提供信用、保险等服务。在具体实践方面，农协的金融机构除了提供优惠的存贷款业务，还开展了信用服务和防范意外灾害的保险服务，实现了农民收入的增值并满足了其活动资金的需求。通过吸收存款、发放贷款，农协实现了农村资金的有效利用。农户的闲散资金被集中起来，统一发放和使用，促进了农业现代化的建设。最终，在农协等机构的共同作用之下，日本迅速实现了城乡一体化。

2.韩国的普惠金融

韩国学习和借鉴日本的农协制度，其运作方式与日本相同。1970年，韩国针对工农失衡困境启动的新村运动，是政府主导的促进农村经济和社会发展及实施农村工业区计划的运动。韩国开展新村运动和发展普惠金融是以农协为载体的。具体而言，韩国农协的普惠金融事业主要由依托城市进行发散的农协银行和以基层农协为重心的合作金融组成，两部分各司其职、共同作用。韩国农协真正由农民主导，并将农民组织和金融服务相结合，切实满足了农民的需求。

三、发展中国家对普惠金融的政策支持

（一）福利主义小额信贷的典型代表——孟加拉乡村银行

孟加拉乡村银行来源于经济学家穆罕默德·尤努斯20世纪六七十年代关于小额

信贷的试验。孟加拉乡村银行成立后，在仅仅十几年的时间里，发展了1000多家分支机构，覆盖了4万多座村庄，累计发放贷款逾1000亿美元，形成了完整的借贷系统、运作模式和担保体系。但是，其实现利润大多来源于政府捐赠、隐性补贴和优惠贷款，这说明孟加拉乡村银行在2000年前不能实现收益覆盖成本，不能实现可持续发展。

从2001年开始，孟加拉乡村银行决定不再接受捐赠，并首次吸收来自非会员的存款。3年后，孟加拉乡村银行实现了储蓄额高于未偿还的贷款额，利润覆盖了成本，成为能够独立自负盈亏的商业银行。

在监管层面，孟加拉乡村银行建立了一个有层级的，可以互相激励、互相监督的组织结构。在具体的组织层面，该银行以借款小组和乡村中心作为银行运行的基础，其中借款小组由5个代理人自愿组成，乡村中心则由6个借款小组组成。借款小组和乡村中心都有各自的领导人，领导人定期组织会议。这种模式可以保证成员之间互相监督还款，用内生性激励代替抵押担保，形成了一个典型的团队激励机制，提高了贷款的还款率。

（二）制度主义小额信贷的典型代表——印度尼西亚人民银行

印度尼西亚人民银行成立于1895年，2003年在纽约上市。在其相关业务中，农村小额信贷业务主要由村银行部负责。

村银行部成立之后，其贷款量迅速上升，然而，项目却连年亏损，主要原因是村银行部的资金主要来源于政府补贴，并且面临着贷款回收率低、运营成本高等困境。1983年，印度尼西亚政府决定，在向印度尼西亚人民银行注资2000万美元后，不再给予任何形式的补贴。于是，村银行部开始了向商业化经营模式转变的改革。村银行部将乡村信贷部改造为提供完全金融服务的乡村银行，要求乡村银行的资金必须来自储蓄，存贷款利差能够覆盖成本。截至2004年，印度尼西亚人民银行拥有4000余家乡村银行，其中96%的乡村银行实现盈利，贷款总额占该行总数的15%，利润占大部分。这是制度主义小额信贷成功的典范。

在监管方面，基于现金流的贷款管理技术，印度尼西亚人民银行采取分期还款的机制。首先在贷款时要从贷款中扣除10%的贷款保证金，并且采取每月还本金利息的做法，对于按期还款者给予0.5%的退息优惠。并且，贷款人只有在严格的贷前审查后才能够取得贷款，即银行对未来经营和贷款偿还形成正确预期，确认客户具有较好的资质时，才会予以发放贷款。在开始对客户发放贷款后，银行还会对客户进行贷款再调查，每周至少有一天要下乡访问客户，以确保其经营状况和还款能力，随时掌握信息。这样可以预警借款人还款能力的下降，并且保证资金的流动性，降低不可偿还风险。

第三节

中国普惠金融支持政策

我国的普惠金融支持政策可追溯到20世纪90年代。从普惠程度的视角出发，其历史可分为小额信贷、微型金融、普惠金融三个阶段，其内涵和外延也在不断扩大，普及范围越来越广，金融产品的种类也日益增多。国家关心金融弱势群体，不断推出相关政策以促进普惠金融的发展。

一、小额信贷（20世纪90年代至21世纪初）

小额信贷是指专门为低收入群体和中小微企业提供信用贷款的信贷服务，其主要特点是贷款额度较小，且借款人无须提供抵押品或第三方担保，仅凭自身信誉取得贷款。小额信贷由孟加拉国经济学家穆罕默德•尤努斯教授提出，他认为绝大多数农民生活困难的原因在于初始投资资金的缺乏，而此类弱势群体常常被正规金融机构拒之门外，他们也无力承担利息过高的高利贷，而小额信贷正是帮助他们摆脱低收入泥淖，从而增加社会总福利的可行措施。

自改革开放后，我国才产生小额信贷的需求。由于国家推行家庭联产承包责任制，农民的生产积极性大幅提高，随之产生了较多的资金需求。一方面，国家倡导在农村建立农村信用合作社，为农民提供小额信贷。另一方面，也有许多社会组织以政府拨款或国外银行捐款为资金来源，学习国外经验，对小额信贷市场展开积极的尝试和探索。

最为成功的实践要数中国社会科学院农村发展研究所于1993年成立的扶贫经济合作社。通过学习孟加拉乡村银行的经营模式，中国社会科学院农村发展研究所先后在四川、河北等地的6个县城成立了扶贫经济合作社，为当地人民提供小额信贷服务，其中河北省易县扶贫经济合作社取得了不错的成果。

二、微型金融（21世纪初至2005年）

随着小额信贷的不断发展，其对于经济发展的效果日益显现，人们对金融服务产生了更多的诉求，微型金融应运而生。微型金融是为低收入家庭提供金融服务的金融形式，包括贷款、储蓄、保险及货币支付。微型金融是在传统金融的基础之上发展而来的，与传统金融相比，其服务范围更大，金融产品种类更多，在服务深度和广度上都有了提升。

多样化的金融服务保证了金融机构的可持续发展，因此，微型金融的参与者也越来越多，主要包括私人商业银行、农村信用合作社以及信贷联盟等。2000年，中国人民银行以农村信用合作社为试点单位，通过借鉴NGO的经验，推广普及农户小额信用贷款和农户联保贷款业务。此类贷款发放多以农户信誉为担保，对于低收入农民的资产要求并没有那么高。中国人民银行的这一举措影响深远，在此背景下，商业性金融机构也在政府的推动下开展了小额信贷。2002年，多部委共同发布《下岗失业人员小额担保贷款管理办法》，开始了全国性的小额担保贷款工作。

三、普惠金融（2005年至今）

与微型金融相比，普惠金融更具有整体性和结构性，是微型金融的延伸和发展，不再单单指代对某个群体提供的某项金融服务，而是指将覆盖低收入群体的金融服务有机地融入微观、中观、宏观等各个层面的包容性金融体系，是国家金融体制的重要组成部分。

2008年的美国次贷危机引起了世界对金融结构的关注。二十国集团（G20）以及金融稳定委员会（FSB）认识到，只有完善针对个人和中小微企业的金融服务，全球经济才能在稳定中增长。在此基础上，G20成员吸收各国经验，制定了G20创新性普惠金融原则。

在我国，中共中央也先后出台一系列政策支持农村和中小微企业金融发展。2009年，国务院强调了中小企业对于推动国民经济发展的重要性，提出应该切实解决中小企业融资难的问题。2012年，为了加快普惠金融的发展，我国先后设立温州市、珠江三角洲、泉州市3个金融改革创新综合试验区。

2014年《政府工作报告》强调了普惠金融的重要性。政府部门把发展普惠金融增加到“推动重要领域改革取得新突破”的“深化金融体制改革”中，这不仅显示出未来的金融改革发展成果将更多更好地惠及大众的政策取向，更代表政府关注民生与经济发展的执政理念。

2015年，《中国银监会关于2015年小微企业金融服务工作的指导意见》发布，将原来的“两个不低于”目标调整为“三个不低于”目标。指导意见中，衡量小微企业金融服务质量的指标不再局限于贷款增速和增量，对户数也作了要求，从贷款增速、贷款户数和申贷获得率3个维度更加全面地考察小微企业的贷款情况。中国银监会旨在引导商业银行注重服务质量的提高和服务覆盖面的扩大。同年，国务院印发《推进普惠金融发展规划（2016—2020年）》，其作为我国首个发展普惠金融的国家级战略规划，确立了推进普惠金融发展的指导思想、基本原则和总体目标，从普惠金融服务机构、产品创新、基础设施、法律法规和教育宣传等方面提出了一系列政策措施和保障手段，对推进普惠金融实施、加强领导协调、开展试点示范等作出了相关安排。

2017年，《中国人民银行关于对普惠金融实施定向降准的通知》印发，将定向降准政策考核范围由小微企业贷款和涉农贷款调整为普惠金融领域贷款，并且扩大了金融机构的覆盖范围。通过对普惠金融实施定向降准，建立普惠金融领域贷款投放的正向激励机制，有助于促进金融资源向普惠金融倾斜，优化信贷结构。

2018年，《人民银行 银保监会 证监会 发展改革委 财政部关于进一步深化小微企业金融服务的意见》（简称《意见》）印发。《意见》主要从货币政策、监管考核、内部管理、财税激励、优化环境等方面提出措施，旨在督促和引导金融机构加大对小微企业的金融支持力度，缓解小微企业融资难、融资贵问题，切实降低企业成本，促进经济转型升级和新旧动能转换。

2019年，《国务院办公厅关于有效发挥政府性融资担保基金作用切实支持小微企业和“三农”发展的指导意见》发布，从引导降费让利、实行差别费率、清理规范收费等方面，积极推进降低小微企业和“三农”综合融资成本。

2020年，国务院常务会议决定将普惠金融在银行业金融机构分支行综合绩效考核指标中的权重提升至10%以上，鼓励加大小微信贷投放。这一政策有助于推动银行发挥考核指挥棒的导向作用，将发展普惠金融的政策在基层机构落实落细。

2023年，《国务院关于推进普惠金融高质量发展的实施意见》印发，重点强调普惠金融发展要突出加强党的全面领导，聚焦重点领域，发挥好保险和资本市场的作用，有序推进数字普惠金融发展，还需重视基础设施和发展环境建设，并统筹发展和安全。

在普惠金融的发展过程中，由于信息不对称，会进一步产生道德风险和逆向选择等问题，并引发委托代理问题，而需求主体需要政策扶持、供给主体需要政策激励、外部环境需要政策优化，因此要对普惠金融给予政策支持和监管。但对普惠金融的政策支持和监管调控不同于传统金融机构，需要根据不同地区、不同类型的普惠金融机构进行差异化的政策支持和监管。

国际上成立了普惠金融专家组、普惠金融全球合作伙伴和普惠金融联盟专门对普惠金融进行支持。我国应从美国社区银行、孟加拉乡村银行和印度尼西亚人民银行的政策支持实践中学习经验。

第四节

促进普惠金融发展的政策建议

普惠金融服务的供给者类型多样，有银行等正规金融机构，也有小额贷款组织或公司等其他金融机构。对于这些金融服务供给主体，需要采用不同的宏观调控政策，如差异化货币政策、信贷政策，监管标准要因地制宜，提供相应的信贷保险、担保等风险防控制度保障，增强其抗风险能力，实现商业可持续性发展。本节将探讨普惠金融的差异化调控政策。

一、差异化调控政策的特征

完善的差异化调控政策应具有以下特征：第一，调控方式的综合性。采用多种宏观调控手段综合进行调控，包括货币政策、财政政策、产业政策、信贷政策等。各项政策的目标和操作手段应互相协调配合，避免出现政策标准矛盾、政策覆盖遗漏等情况。这要求各地区、各行业的财政金融管理部门和监管部门加强沟通，在政策制定前进行全面的评估和考量。第二，调控指标的差异性。调控不再是“一刀切”，而是针对不同调控主体的特点，采用不同的调控标准，使得调控政策结构更加合理。如针对东中西部不同地域、一线二线三线不同城市、城镇和农村不同金融机构实行不同的监管标准，对于金融机构不同种类的业务采用差异化的评价标准等。第三，调控的总量平衡和结构优化。调控手段和目标具有层次性，一方面保持总量平衡，避免政策频繁变化造成不良影响，重视政策的平稳性；另一方面适当进行动态调整、优化结构，根据不同的现实情况对政策进行调整和优化。

二、差异化调控政策体系

在我国各地区、城乡经济金融发展不平衡的情况下，各地区特别是落后地区的经济金融发展，将直接决定全国总体经济的增长及均衡发展。构建普惠金融差异化调控政策体系，目标在于根据不同类型和不同规模金融机构的特点，实行差异化的、弹性的调控政策，更好地调控社会金融的资源配置，引导各地经济金融要素紧密结合，缩小地区、城乡之间的经济金融发展差距，推进信息化普惠金融体系的构建，促进国民经济长期稳定且持续健康增长。

普惠金融差异化调控政策的重点和难点在于差异化程度的确定和不同政策之间的协调统一。各地区各行业的财政金融管理部门和监管部门加强沟通，即在政策制定前进行全面的评估和考量，保证政策体系的目标一致、策略协调，并在政策执行时相互配合，这是保证普惠金融差异化调控政策实施有效性的关键所在。

普惠金融差异化调控政策体系由信贷政策、货币政策、财政政策和产业政策组成。不同政策类别的操作工具和调控目标如表10-1所示，后文将进行具体阐述。

表10-1 普惠金融差异化调控政策体系

政策类别	操作工具	调控目标
信贷政策	信贷配置	运用差异化信贷政策，引导资金向城市弱势群体、中小微企业配置，解决城市弱势群体和中小微企业融资难、融资贵等问题
货币政策	存贷比，存款准备金率，再贷款、再贴现	运用差异化货币政策，影响存款类金融机构的流动性，对符合普惠金融政策的业务项目提供优惠，引导金融机构将信贷资金投向中小微企业或农业
财政政策	差异化政府转移支付，差异化企业税率	运用差异化财政政策，为中小微企业提供无偿的资金支持，并对中小微企业和为中小微企业提供业务的金融机构提供税收优惠，促进中小微企业发展
产业政策	差异化产业扶持，差异化市场准入	运用差异化产业政策，扶持科技型中小微企业，放宽新型农村金融机构的市场准入，助力中小微企业和农村金融机构的发展

资料来源：作者整理。

三、差异化调控政策的具体内容

（一）差异化信贷政策

中小微企业由于固有的资产规模小、风险高的特性，融资渠道普遍较窄，基本无法通过直接融资的方式获取资金支持，银行仍然是中小微企业获取外源融资的主要渠道。但在金融排斥客观存在的情况下，中小微企业仍在融资过程中面临着贷款批准难、融资成本高等问题。而解决这一问题，需要政府和金融机构对中小微企业信贷提供特殊的政策支持，形成一个比较完善的促进中小微企业发展的体系。

自2013年起，我国对中小微企业开始实施一些差异化调控政策，引导信贷配置向中小微企业倾斜。2013年8月，国务院提出坚持“两个不低于”的小微企业金融服务目标。2013年9月，中国银监会明确要求各银行业金融机构在可持续发展和有效控制风险的前提下，争取实现“两个不低于”的目标，同时要求银行业金融机构根据自身风险状况和内控水平，在合理范围内增加对小微企业不良贷款的容忍度。2015年3月，中国银监会又将原来的“两个不低于”目标调整为“三个不低于”目标。2018年6月，《人民银行 银保监会 证监会 发展改革委 财政部关于进一步深化小微企业金融服务的意见》更是提出要加大信贷资源向小微企业倾斜，放宽小微企业信贷授信额度，旨在通过加大信贷支持力度，提高金融机构服务小微企业的能力和水平。

进一步推动普惠金融发展的差异化信贷政策，对于提升中小微企业的融资可获得性和降低融资成本至关重要。尽管我国已出台一系列政策，但要确保这些政策的落地和效果，仍需在以下五个方面加强力度：

第一，需要构建完善的中小微企业信贷支持体系。这不仅包括提供更加多元化的金融产品和服务，还包括鼓励金融机构创新业务模式，开发专门针对中小微企业的金融产品。例如，可以推广基于大数据和人工智能的风控模型，通过对中小微企业的经营数据进行智能分析，提供更为精准的信贷支持。这类基于技术创新的差异化信贷政策，不仅能帮助银行降低风控成本，还能提升中小微企业的融资效率。

第二，加强金融机构与中小微企业之间的信息对接和交流。当前，许多中小微企业缺乏获取金融信息的渠道，导致其在申请贷款时处于被动地位。为此，可以建立专门的金融服务平台，集中提供信贷产品信息发布、政策解读以及贷款申请指导等服务。通过这种信息共享机制，不仅可以帮助中小微企业更好地了解信贷政策，也能为金融机构提供更多精准的客户数据，提升信贷配置效率。

第三，应进一步完善中小微企业的信贷担保和风险分担机制。目前，中小微企业由于缺乏足够的抵押资产，常常难以获得银行贷款。为解决这一问题，政府应加大对信贷担保机构的支持力度，扩大担保资金池的规模，并探索多种形式的担保模式，如知识产权质押、供应链金融担保等。此外，还可以通过设立专项的政府风险补偿基金，分担金融机构在向中小微企业发放贷款时面临的部分风险，增强金融机构的放贷意愿。

第四，针对中小微企业贷款的利率问题，应实施更具弹性的差异化定价政策。金融机构可以根据中小微企业的经营状况、信用评级等，实行灵活的贷款利率政策，并在政策支持下对符合条件的中小微企业提供优惠利率。同时，政府可以通过贴息政策，进一步降低中小微企业的融资成本。例如，针对在特定行业或特定区域的战略性新兴产业、中小微企业，可以给予更高的贴息比例，鼓励金融资源向这些领域倾斜。

第五，加强对中小微企业信贷政策执行效果的监管和评估。为确保差异化信贷政策真正惠及中小微企业，政府应设立独立的第三方评估机构，对政策执行情况进行定期评估和监督。评估结果应及时反馈给政策制定部门，以便根据实际效果进行政策调整和优化。此外，还可以通过公开透明的方式，将评估结果向社会公布，接受公众和市场的监督，确保政策执行的公平性和有效性。

（二）差异化货币政策

为了更好地促进普惠金融的发展，差异化货币政策在其中起着关键作用。通过制定和实施适应不同金融机构、区域和客户需求的货币政策，可以引导金融资源向普惠金融领域倾斜，提升金融服务的广泛性和可得性。

1.差异化存贷比政策

存贷比作为银行信贷管理中的重要指标，对金融机构的资金配置和风险控制有着直接影响。为了支持普惠金融的发展，差异化存贷比政策可以进一步细化。例如，可以考虑将小微企业贷款从存贷比的计算中剔除，进一步激励银行将更多资金投入中小微企业和“三农”领域。这不仅有助于缓解中小微企业的融资难题，还能降低银行在推进普惠金融过程中面临的流动性压力。还可以引导银行业金融机构通过发行专项金融债券，为普惠金融项目筹集资金，并通过政策性银行的再融资支持，确保这些资金能够顺利进入市场。与此同时，应加强对银行存贷比的动态监测，及时调整政策以应对市场变化，确保政策实施的有效性。

2.差异化存款准备金政策

存款准备金率是中央银行调控银行信贷能力的重要工具。为了更好地支持普惠金融发展，差异化存款准备金政策应继续得到强化和完善。具体来说，对于服务中小微企业和农村地区的中小型金融机构，可以继续实施较低的存款准备金率，释放更多的资金用于支持普惠金融项目。为了避免差异化存款准备金政策可能带来的流动性风险，政府应建立相应的风险监控和预警机制。例如，可以通过定期评估中小银行的流动性状况，确保这些机构在扩大贷款投放的同时，保持足够的流动性安全边际。此外，可以考虑根据经济周期的变化，灵活调整存款准备金率，以应对不同阶段的经济形势和市场需求。

3.差异化再贷款和再贴现政策

再贷款和再贴现政策是中央银行提供低成本资金支持的重要手段。为了更好地服务普惠金融，差异化的再贷款和再贴现政策应进一步拓展覆盖面和提高力度。例如，可以增加对中小微企业、农业等领域的再贷款和再贴现额度，并适度下调其利率，以降低金融机构的融资成本，鼓励其加大对普惠金融的支持力度。此外，政府可以通过再贷款和再贴现政策，引导金融机构创新金融产品和服务，更好地满足特定群体和区域的需求。例如，通过支持绿色金融、科技金融等新兴领域的再贷款，推动金融机构向这些领域倾斜资金配置，为普惠金融注入新的活力。同时，为了确保再贷款和再贴现政策的有效实施，政府应加强对资金使用情况的监督管理。通过建立透明的资金流向监控系统，确保这些资金真正用于支持普惠金融项目，避免资金被挪用或滥用。

4.差异化利率政策

利率政策是影响金融机构资金成本和贷款意愿的关键因素。为了支持普惠金融的发展，可以考虑实施差异化的利率政策。例如，对中小微企业贷款和农村金融项目，可以适度降低贷款利率，提供更为优惠的融资条件。这不仅可以减轻中小微企业的财务压力，还能提升金融机构对这些领域的贷款意愿。政府还可以通过设立利率优惠机制，鼓励金融机构向特定领域和人群提供低息贷款。例如，对参与教育、医疗等社会公益项目的金融机构，给予一定的利率优惠，以激励它们积极参与到这些领域的普惠金融服务中。

5.加强差异化货币政策的协调与配合

为了确保差异化货币政策的有效性，政府应加强各项政策之间的协调与配合。例如，可以通过建立货币政策与财政政策的联动机制，确保两者在政策目标和实施路径上相互支持。通过加强中央银行与金融监管机构之间的沟通合作，确保差异化货币政策能够顺利落地并发挥应有的作用。此外，政府应加强对差异化货币政策实施效果的评估，及时发现和解决政策实施中的问题，不断优化政策设计和执行路径，以提高政策的精准性和有效性。

（三）差异化财政政策

我国政府主要以专项资金等转移支付的形式支持我国中小微企业的融资和发展，助力普惠金融体系的构建。然而，从运行效果看，专项资金效用并不明显。专项资金通常直接无偿划拨给企业，拨付后管理上有一定的随意性，后续监督管理不完善。此外，利用差异化企业税率进行普惠金融调控是促进普惠金融发展的另一种思路。一类是向金融机构征收的、对资金融通进行间接性调控的税收优惠措施，另一类是直接向非金融性企业征收的、直接性的税收措施。在市场经济体制的改革发展阶段，我国政府对中小微企业的支持政策仍处于不断探索和完善的过程中，尚存在一些问题。首先，各项财政政策的综合协调性不足，在政策实施的过程中，对各类中小微企业资金存在多头管理现象。其次，财政政策工具中，我国很少使用政府采购、财政贴息等方式，大多采用资金直接支持的方法；而税收政策也仅限于对所得税、增值税等的优惠，措施多为减免，较为单一。

进一步促进普惠金融的发展，差异化财政政策在其中扮演着至关重要的角色。需通过精确设计和有效实施政策，缓解金融服务供给的不平衡，促进金融资源向普惠金融领域倾斜，助力经济的全面、可持续发展。

1.完善差异化政府转移支付

为了更好地发挥政府转移支付在普惠金融发展中的作用，首先需要对现有的转移支付机制进行优化。当前的专项资金多采用无偿划拨的方式，这在一定程度上导致资金使用效率低下、管理随意等问题。因此，可以考虑引入竞争性分配机制，让地方政府或企业根据具体项目申请资金，通过绩效考核和评估机制来决定资金的分配。这不仅可以提高资金使用的效率，还能激励各地政府和企业积极参与到普惠金融的推广中。

此外，应加强资金使用的后续监督和管理。在资金拨付之后，政府应建立严格的监控机制，对资金的使用情况进行全程跟踪，确保资金真正用于支持中小微企业和农村金融机构的发展。通过定期审计、绩效评估、信息公开等方式，增强资金使用的透明度和公信力。

2.实行差异化的税收政策

在税收政策方面，政府可以进一步扩大对普惠金融领域的税收优惠范围。除了继续对中小微企业和农村金融机构给予增值税和所得税的优惠外，还可以考虑对符合条件的金融科技公司提供税收减免，鼓励它们开发创新性的金融产品和服务，以更好地满足普惠金融的需求。

同时，政府应对各类税收政策进行统筹规划，避免政策之间的矛盾和重复。通过整合和优化现有的税收优惠政策，形成对普惠金融发展的全方位支持。此外，还可以探索引入更多的税收激励措施，例如对积极推动普惠金融服务的金融机构和企业，给予税收抵免或税收减免，以激发市场主体的积极性。

3.强化财政补贴和贷款贴息

财政补贴和贷款贴息是促进普惠金融发展的重要工具。政府可以根据不同地区、不同产业的实际情况，制定差异化的补贴和贴息政策。例如，在经济欠发达地区，可以适当提高补贴和贴息的标准，以鼓励金融机构向这些地区提供更多的金融服务。同时，政府应明确补贴和贴息的使用范围和条件，确保资金真正流向需要支持的中小微企业和农村金融机构。此外，应加强对补贴和贴息资金的管理，避免资金滥用和流失。可以通过信息化手段，建立完善的资金管理系统，对资金的申请、审批、发放和使用进行全过程监控，确保资金使用的合规性和有效性。

4.推动政府采购政策的普惠化

政府采购政策也是促进普惠金融发展的重要手段。通过制定差异化的政府采购政策，可以将更多的采购机会向中小微企业倾斜。例如，在政府采购项目中，可以设定一定比例的采购额专门面向中小微企业，或者在评标过程中给予中小微企业适当加分。这不仅可以直接增加中小微企业的收入，还能提升它们的市场竞争力，从而为普惠金融的发展提供支持。政府采购政策的普惠化还应考虑到不同地区的实际情况。例如，在经济欠发达地区，可以对中小微企业的投标保证金进行减免，降低它们参与政府采购的门槛。同时，政府还可以为中小微企业提供投标培训和技术支持，帮助它们提高投标成功率。

5.差异化财政政策的综合协调

为了确保差异化财政政策的有效实施，政府应加强各项政策之间的协调与配合。可以考虑设立专门的普惠金融发展协调机构，负责统筹规划和协调各项财政政策，避免政策之间的冲突和重复。这个机构还可以负责评估政策实施效果，并根据实际情况进行调整和优化政策。此外，政府还应加强与金融机构、企业、地方政府之间的沟通与合作，通过建立政策沟通机制，确保各方在政策实施中的协调配合，共同推进普惠金融的发展。

（四）差异化产业政策

为了更好地促进普惠金融的发展，应当进一步深化差异化产业政策的实施，尤其是在农村金融服务领域。差异化产业政策旨在根据区域、产业、企业规模以及客户群体的不同，提供有针对性的金融支持和政策引导，以实现资源配置效率最大化，降低金融资源在特定领域的集中度，促进普惠金融的可持续发展。

第一，政府应进一步完善对新型农村金融机构的扶持政策。这包括进一步降低这些机构的准入门槛、简化审批流程、提供税收优惠和财政补贴等。此外，还可以通过设立专项基金或提供优惠贷款，为新型农村金融机构提供资本支持。通过这些政策措施，能够鼓励更多社会资本进入农村金融市场，推动新型农村金融机构的发展壮大。

第二，应加大对特定行业和产业的金融支持力度。比如，对于那些对地方经济有重要影响的特色产业，政府可以通过差异化产业政策，提供专项金融支持。这可以包括通过设立政府引导资金、设立产业发展基金、提供专项贷款等形式，扶持这些产业的发展。这种差异化产业政策能够有效推动地方经济的多样化发展，同时也能为普惠金融的推广创造更广泛的市场需求。

第三，应加强对不同区域的差异化金融支持。由于我国各地区经济发展水平和金融需求的差异较大，所以政府应在不同区域实行差异化的金融政策。例如，对于经济欠发达地区，可以通过给予财政贴息、提供低息贷款、简化金融服务流程等方式，增强当地金融机构的服务能力，促进金融资源向欠发达地区倾斜。同时，对于发达地区，可以通过放宽金融创新的监管政策，鼓励金融机构在发达地区开展更多的金融创新试点，以便这些创新模式能在未来推广到其他地区。

第四，应大力推动金融科技的发展。金融科技在普惠金融的发展中扮演着越来越重要的角色，政府应通过差异化的政策措施，鼓励金融科技企业开发适合不同人群和产业的金融产品和服务。例如，通过大数据、人工智能等技术，精准定位客户需求，为不同地区、不同群体提供定制化的金融服务。与此同时，还可以通过搭建金融科技创新平台，促进传统金融机构与金融科技企业之间的合作，推动普惠金融服务的数字化转型。

第五，政府应加强对差异化产业政策实施效果的评估和监督。应建立健全的监测评估机制，及时掌握政策实施过程中的问题与不足，并根据实际情况进行动态调整。同时，政府还应加强对金融机构的监管，确保其在落实差异化政策时，不出现资金流向不合理、金融资源配置失衡等问题。

差异化产业政策在普惠金融发展中具有重要的引导作用。通过不断完善和优化这些政策措施，能够更好地满足不同群体、不同地区的金融需求，推动普惠金融体系的全面发展，为实现共同富裕提供坚实的金融基础。

参 考 文 献

贝多广，2016. 普惠金融：理念、实践与发展前景[J]. 金融博览（7）：60–61.

陈斌开，林毅夫，2012. 金融抑制、产业结构与收入分配[J]. 世界经济，35（1）：3–23.

陈小丽，王磊，2016. 城乡居民收入差距与新型城镇化推进的关联研究[J]. 统计与决策（19）：126–129.

程名望，韩佳峻，杨未然，2022. 经济增长、城乡收入差距与共同富裕[J]. 财贸研究，33（10）：1–17.

程章，黄乃静，2024. 数字化金融何以影响中国居民储蓄率：基于双通道心理账户理论的分析[J]. 经济学动态（1）：93–110.

崔海燕，2017. 数字普惠金融对我国农村居民消费的影响研究[J]. 经济研究参考（64）：54–60.

杜金岷，韦施威，吴文洋，2020. 数字普惠金融促进了产业结构优化吗？[J]. 经济社会体制比较（6）：38–49.

杜晓山，2006. 普惠性金融体系理念与农村金融改革[J]. 中国农村信用合作（10）：23–24.

杜晓山，2007. 建立可持续性发展的农村普惠性金融体系：在2006年中国金融论坛上的讲话[J]. 金融与经济（2）：33–34，37.

甘犁，赵乃宝 ，孙永智，2018. 收入不平等、流动性约束与中国家庭储蓄率[J]. 经济研究，53（12）：34–50.

郭峰，王靖一，王芳，等，2020. 测度中国数字普惠金融发展：指数编制与空间特征[J]. 经济学（季刊），19（4）：1401–1418.

贺茂斌，杨晓维，2021. 数字普惠金融、碳排放与全要素生产率[J]. 金融论坛，26（2）：18–25.

胡绘明，陈美丝，蔡艺婷，等，2018. 新三板市场对中小企业融资性推动作用的案例研究[J]. 企业政策与管理（13）：3-4.

黄漫宇，曾凡惠，2021. 数字普惠金融对创业活跃度的空间溢出效应分析[J]. 软科学，35（2）：14-18，25.

黄益平，陶坤玉，2019. 中国的数字金融革命：发展、影响与监管启示[J]. 国际经济评论（6）：24-35，5.

焦瑾璞，2010. 构建普惠金融体系的重要性[J]. 中国金融（10）：12-13.

焦瑾璞，黄亭亭，汪天都，等，2015. 中国普惠金融发展进程及实证研究[J]. 上海金融（4）：12-22.

李继尊，2015. 关于互联网金融的思考[J]. 管理世界（7）：1-7，16.

李建军，韩珣，2019. 普惠金融、收入分配和贫困减缓：推进效率和公平的政策框架选择[J]. 金融研究（3）：129-148.

李建军，李俊成，2020a. 普惠金融与创业："授人以鱼"还是"授人以渔"？[J]. 金融研究（1）：69-87.

李建军，彭俞超，马思超，2020b. 普惠金融与中国经济发展：多维度内涵与实证分析[J]. 经济研究，55（4）：37-52.

李建军，王德，2015. 搜寻成本、网络效应与普惠金融的渠道价值：互联网借贷平台与商业银行的小微融资选择比较[J]. 国际金融研究（12）：56-64.

李实，朱梦冰，2022. 推进收入分配制度改革　促进共同富裕实现[J]. 管理世界，38（1）：52-61，76，62.

李涛，徐翔，孙硕，2016. 普惠金融与经济增长[J]. 金融研究（4）：1-16.

李晓，吴雨，李洁，2021. 数字金融发展与家庭商业保险参与[J]. 统计研究，38（5）：29-41.

刘培林，钱滔，黄先海，等，2021. 共同富裕的内涵、实现路径与测度方法[J]. 管理世界，37（8）：117-129.

刘湘云，吴文洋，2018. 科技金融与高新技术产业协同演化机制及实证检验：源于广东实践[J]. 广东财经大学学报，33（3）：20-32.

罗楚亮，陈国强，2021. 富豪榜与居民财产不平等估算修正[J]. 经济学（季刊），21（1）：201-222.

沈坤荣，谢勇，2012. 不确定性与中国城镇居民储蓄率的实证研究[J]. 金融研究（3）：1-13.

石盛林，2011. 县域金融密度与经济增长的实证研究：基于垄断竞争的解释[J]. 中央财经大学学报（4）：39-44.

唐松，伍旭川，祝佳，2020. 数字金融与企业技术创新：结构特征、机制识别与金融监管下的效应差异[J]. 管理世界，36（5）：52-66，9.

滕磊，马德功，2020. 数字金融能够促进高质量发展吗？[J]. 统计研究，37（11）：80-92.

田杰，陶建平，2012. 农村金融密度对农村经济增长的影响：来自我国1883个县（市）面板数据的实证研究[J]. 经济经纬（1）：108-111.

万广华，江葳蕤，陈亚会，2022. 中国农村推进共同富裕的目标与路径[J]. 农业经济问题（11）：57-69.

万海远，陈基平，2021. 共享发展的全球比较与共同富裕的中国路径[J]. 财政研究（9）：14-29.

汪亚楠，谭卓鸿，郑乐凯，2020. 数字普惠金融对社会保障的影响研究[J]. 数量经济技术经济研究，37（7）：92-112.

王博，张晓玫，卢露，2017. 网络借贷是实现普惠金融的有效途径吗：来自“人人贷”的微观借贷证据[J]. 中国工业经济（2）：98-116.

王修华，赵亚雄，2019. 中国金融包容的增长效应与实现机制[J]. 数量经济技术经济研究，36（1）：42-59.

王颖，曾康霖，2016. 论普惠：普惠金融的经济伦理本质与史学简析[J]. 金融研究（2）：37-54.

温涛，朱炯，王小华，2016. 中国农贷的“精英俘获”机制：贫困县与非贫困县的分层比较[J]. 经济研究，51（2）：111-125.

谢平，徐忠，沈明高，2006. 农村信用社改革绩效评价[J]. 金融研究（1）：23-39.

谢雪燕，朱晓阳，2021. 数字金融与中小企业技术创新：来自新三板企业的证据[J]. 国际金融研究（1）：87-96.

谢绚丽，沈艳，张皓星，等，2018. 数字金融能促进创业吗？：来自中国的证据[J]. 经济学（季刊），17（4）：1557-1580.

星焱，2015. 普惠金融的效用与实现：综述及启示[J]. 国际金融研究（11）：24-36.

星焱，2016. 普惠金融：一个基本理论框架[J]. 国际金融研究（9）：21-37.

邢春冰，贾淑艳，李实，2013. 教育回报率的地区差异及其对劳动力流动的影响[J]. 经济研究，48（11）：114-126.

邢乐成，赵建，2019. 多维视角下的中国普惠金融：概念梳理与理论框架[J]. 清华大学学报（哲学社会科学版），34（1）：164-172，198.

杨碧云，毛钦兵，易行健，等，2024. 收入风险、普惠金融与居民消费跨期平滑：基于CHFS的经验证据[J]. 金融经济学研究，39（1）：92-111.

易行健，周利，2018. 数字普惠金融发展是否显著影响了居民消费：来自中国家庭的微观证据[J]. 金融研究（11）：47-67.

尹振涛，舒凯彤，2016. 我国普惠金融发展的模式、问题与对策[J]. 经济纵横（1）：103-107.

尹志超，吴雨，甘犁，2015. 金融可得性、金融市场参与和家庭资产选择[J]. 经济研究，50（3）：87-99.

尹志超，吴子硕，蒋佳伶，2022. 移动支付对中国家庭储蓄率的影响[J]. 金融研究（9）：57-74.

张斌昌，兰可雄，林丽琼，2020. 数字金融发展对家庭储蓄的差异性影响：基于CFPS和数字普惠金融指数的实证分析[J]. 福建农林大学学报（哲学社会科学版），23（4）：52-60.

张金林，董小凡，李健，2022. 数字普惠金融能否推进共同富裕？：基于微观家庭数据的经验研究[J]. 财经研究，48（7）：4-17，123.

张晓晶，2021. 金融发展与共同富裕：一个研究框架[J]. 经济学动态（12）：25-39.

张勋，万广华，张佳佳，等，2019. 数字经济、普惠金融与包容性增长[J]. 经济研究，54（8）：71-86.

张勋，杨桐，汪晨，等，2020. 数字金融发展与居民消费增长：理论与中国实践[J]. 管理世界，36（11）：48-63.

赵曼，王玺玮，2017. 农村公共教育支出与地区经济增长：基于劳动力流动视角的分析[J]. 中国人口科学（5）：29-39，126.

邹伟，凌江怀，2018. 普惠金融与中小微企业融资约束：来自中国中小微企业的经验证据[J]. 财经论丛（6）：34-45.

邹新月，王旺，2020. 数字普惠金融对居民消费的影响研究：基于空间计量模型的实证分析 [J]. 金融经济学研究，35（4）：133-145.

ADASME O，MAJNONI G，URIBE M，2006. Access and risk-friends or foes? lessons from Chile[M]. Washington DC：World Bank.

BANERJEE A V，NEWMAN A F，1993. Occupational choice and the process of development[J]. Journal of political economy，101（2）：274-298.

BECK T，PAMUK H，RAMRATTAN R，et al.，2018. Payment instruments，finance and development[J]. Journal of development economics，133：162-186.

BRUHN M，LOVE I，2014. The real impact of improved access to finance：evidence from Mexico[J]. The journal of finance，69（3）：1347-1376.

CEBULLA A，1999. A geography of insurance exclusion：perceptions of unemployment risk and actuarial risk assessment[J]. Area，31（2）：111-121.

CHAKRAVARTY S R，PAL R，2010. Measuring financial inclusion：an axiomatic approach[R]. Mumbai：Indira Gandhi Institute of Development Research.

CULL R，DEMIRGUC-KUNT A，MORDUCH J，2007. Financial performance and outreach：a global analysis of leading microbanks[J]. The economic journal，117（517）：107-133.

DUPAS P, ROBINSON J, 2013. Savings constraints and microenterprise development: evidence from a field experiment in Kenya[J]. American economic journal: applied economics, 5 (1): 163-192.

GLAESER E L, KERR W R, PONZETTO G A M, 2010. Clusters of entrepreneurship[J]. Journal of urban economics, 67 (1): 150-168.

GUPTE R, VENKATARAMANI B, GUPTA D, 2012. Computation of financial inclusion index for India[J]. Procedia-Social and behavioral sciences, 37: 133-149.

KEMPSON E, WHYLEY C, 1999. Kept out or opted out? understanding and combating financial exclusion[M]. Bristol: The Policy Press.

KETTERER J A, 2017. Digital finance: new times, new challenges, new opportunities[R]. Washington DC: Inter-American Development Bank.

KHAN H R, 2011. Financial inclusion and financial stability: are they two sides of the same coin? [R]. Speech at Bancon, organized by the Indian Bankers Association and Indian Overseas Bank, Chennai.

KING R G, LEVINE R, 1993. Finance and growth: Schumpeter might be right[J]. The quarterly journal of economics, 108 (3): 717-737.

LEYSHON A, THRIFT N, 1993. The restructuring of the U.K. financial services industry in the 1990s: a revesal of fortune? [J]. Journal of rural studies, 9 (3): 223-241.

MICHELACCI C, 2003. Low returns in R&D due to the lack of entrepreneurial skills[J]. The economic journal, 113 (484): 207-225.

MISHKIN F S, 1999. Global financial instability: framework, events, issues[J]. The journal of economic perspectives, 13 (4): 3-20.

PIKETTY T, 2014. Capital in the twenty-first century[M]. Cambridge MA: The Belknap Press of Harvard University Press.

SARMA M, 2008. Index of financial inclusion[R]. New Delhi: Indian Council for Research on International Economic Relations.

SCHUMPETER J A，1934. The theory of economic development：an inquiry into profits，capital，credit，interest，and the business cycle[M]. Cambridge MA：Harvard University Press.

TODARO M P，1969. A model of labor migration and urban unemployment in less developed countries[J]. The American economic review，59（1）：138-148.

YAO T，SONG L R，2023. Fintech and the economic capital of Chinese commercial bank's risk：based on theory and evidence[J]. International journal of finance & economics，28（2）：2109-2123.